SAFETY VIEW

리더의 조건
다양성의 7가지 원칙

SAFETY VIEW

리더의 조건
다양성의 7가지 원칙

윤용구 지음

미래의 리더로서 갖춰야 할 것들이 무엇인지?

KSi 한국학술정보(주)

　이 책은 리더에 관한 다른 여러 책들과는 달리 미래의 리더들이 가져야 할 조건과 전략을 안전과 접목시켜 안전리더가 되기 위한 철학을 담고 있다.

　윤용구 박사는 2002년 9월에 대한안전경영과학회에 가입했는데 학회 활동에도 남다른 열정을 가지고 있었다. 〈반도체 산업에서의 재해 예방 모델 개발〉, 〈Chemical 공장 안전사고의 Human Error 방지에 대한 연구〉, 〈Human Error에 의한 첨단장비의 사고 분석 연구〉 등 총 8편의 논문을 안전경영과학회지에 게재하였다. 또한 〈인적오류 분석에 대한 요인모델과 에러모델 간의 관계 분석으로 인적오류 예방모델 유추〉, 〈Fault Tree Analysis에 의한 첨단설비 Arm 안전사고의 분석〉, 〈첨단산업에서의 안전사고 분석 패턴추출모델 연구〉, 〈Reason's Model을 응용한 불안전한 행동(사람)에 대한 사고 원인 예방모델(ACPM) 추출〉 등 다수의 논문을 학술대회에서 발표한 바 있다.

　안전에 대한 남다른 철학을 가지고 있는 그가 쓴 안전리더의 철학을 담은 이 책을 읽으면서 안전과 관련된 한 학회의 회장으로서 과연 리더란 무엇인가 다시 한번 생각해 보았다.

　리더는 인간적인 모습을 보여 주는 사람이다. 조직원들은 리더에 대해 알기를 원한다. 리더의 가치관과 목표와 꿈이 무엇인지를 알고 싶어 한다. 리더에 대해 많이 알수록 인간적으로 더욱 신뢰하게 되는 것이다.

리더는 칭찬하고 격려하는 사람이다. 사람들은 고맙다는 말을 들었을 때 상사가 자신의 공헌을 고맙게 생각한다는 것을 알게 된다. 그렇게 인정을 받으면 더 열심히 일해야겠다는 동기가 생기게 된다.

리더는 미래를 예측할 수 있어야 한다. 매일 보는 것들을 새로운 시각으로 바라보아야 하며 그 안에서 차이점을 발견해내야 한다. 패턴을 찾고 현상을 여러 각도에서 살펴보며 약한 신호에도 귀를 기울여야 한다.

리더에게는 비전만이 중요한 것은 아니다. 구성원들이 기대하는 것은 리더의 비전이 아니다. 리더가 미래를 내다볼 수 있어야 하는 것은 사실이지만 그들이 기대하는 것은 예언자나 천리안을 가진 사람이 아니다. 그들이 정말로 듣고 싶어 하는 것은 리더의 비전이 아니라 그들 자신의 열망이다.

리더는 항상 행동한다. 리더들은 행동함으로써 발전하고 성장한다. 계획하고 숙고할 시간이 적은 가운데서도 내적인 강함과 깊이를 소유함과 동시에 조직원들에게 모범을 보이며 행동하는 리더십을 보여줘야 한다.

이처럼 리더지만 리더가 무엇인지, 리더로서 무엇을 해야 하는지 잠시 잊고 있던 나에게 안전리더에 대한 철학을 알게 해준 책이 바로 이 책이다. 많은 이들이 읽고 각자 자신이 처한 환경에서 미래의 리더로서 갖춰야 할 것들이 무엇인지 알아가길 원한다.

대한안전 경영과학학회 회장 강경식

아름다운 인류복지의 근간은 안전에서부터라는
메시지를 가지고 온 아침

요즈음 서점에 가면 리더에 관련된 책들을 많이 접하게 되는데 이것은 그만큼 사람들이 '리더'에 많은 관심을 가지고 있다는 말일 것이다.

리더는 정치나 기업에서부터 동아리 같은 소규모 조직에 이르기까지 조직의 원활한 운영과 관리를 위해 필요한 존재이다.

당신도 지금까지 살아오면서 어떤 형식으로든 한번쯤 리더의 역할을 해 본 경험이 있을 것이다. 그리고 그때 리더의 역할이 얼마나 중요한지 리더로서의 책임감과 조직원들이 리더에게 거는 기대감을 직접 피부로 느껴봤을 것이다.

만약 지금 당신이 리더의 자리에 있다면 리더로서의 의식과 지식과 행동으로 조직이나 구성원들의 상황에 신속하면서도 유연하게 대처할 수 있어야 한다. 리더는 조직이 추구하는 이상적인 비전과 미션과 목표의 달성을 위해서 조직원이 하나가 되어 성과를 극대화할 수 있게 만드는 것이 그 본질이다. 리더는 조직과 구성원의 개혁자이며, 혁신자이며, 행동론자이며, 카멜레온자(다양성에 능동적으로 대처하는 자라는 임의가칭)로서 코칭과 멘토를 하고 카운슬러의 역할을 할 수 있어야 한다.

리더로서 어떻게 해야 하는지 고민해본 적이 있다면 당신은 이미

훌륭한 리더가 될 수 있는 조건을 갖추기 시작했다고 할 수 있다. 이제는 진정한 리더로 한 단계 도약하기 위한 자기 점검이 필요한 시점이다.

이 책을 내면서 리더에 관한 책들이 넘쳐나고 있는 상황에서 내가 또 한 권의 책을 보태는 것이 무슨 의미가 있을 것인지 많이 망설여졌다. 기업의 여건에 따라 리더들의 상황이 다 다를 수밖에 없는데 그들에게 얼마나 도움이 되겠는가 하는 생각도 들었다. 그러나 서점에 나와 있는 대부분의 책들이 기업의 CEO가 갖춰야 할 리더의 조건이나 미래의 리더, 최고의 리더, 글로벌 리더의 원칙 등에 관한 내용이어서 환경안전을 운영·관리하는 사람으로서 안전의 관점에서 본 리더의 역할에 관한 책은 찾아볼 수 없다는 점이 안타까웠다. 그래서 안전의 팀 리더로 일하면서 실무경험을 바탕으로 터득한 안전리더로서 갖추어야 할 조건과 역할에 대해 많은 사람과 공유하고 싶다는 생각을 하게 되었다. 한 걸음 더 나아가서는 피력하고자 하는 행동과 의식과 지식이 안전과 마찬가지로 타 업무에도 스며들어 타산지석이 되었으면 하는 바람이고, 좀 더 욕심을 낸다면 안전한 우리나라를 만들기 위해 리더들의 사고(思考)방식을 업그레이드(Up-Grade)하는 공감대의 시간이 되었으면 하는 바람이다.

안전업무로 인해 과거에는 편협되어 있었거나, 현재의 업무에 불만족하였거나, 미래에 대한 목표가 불확실하였거나, 확고한 안전철학과 안전문화의 구축이 부족하거나, 명확한 목표나 비전이나 생각이 유연하지 않았거나, 안전업무가 나의 확실한 미래 비전을 갖게할 수 있을까라는 궁금증을 가지고 있었다면 이 책을 통해 리더로서의 조건과 신조와 전략의 개념을 확고하게 가지는 계기가 되길 바란다. 현장에서 일어나는 안전에 대한 여러 상황에 신속히 대응할 수있는 능력을 갖추고, 사람의 중요성에 대한 안전의 위험요소를 제거해 프로세스를 구축하고, 설비안전의 풀 프루프(Fool Proof), 패일세이프티(Fail Safety)에 대한 안전장치 개념을 정립하고, 조직에 대한 리더로서의 철학과 사상을 갖게 되기를 바란다. 특히 현장에서의안전에 대한 부분이 '남만큼 해서는 남 이상 될 수 없다'는 현장이념을 갖게 되는 계기가 되었으면 한다.

안전은 나와 너와 우리가 상호 공존하여 내 목표가 작게는 기업에서 넓게는 인류를 위해 사건, 사고, 재해 등으로 서로의 마음을 상하게 하는 아픈 것이 아니라 무사고, 무재해라는 행복으로 이어져야한다.

글을 잘 쓰는 작가가 아닌 공학도의 시각으로 접근해 두서없는 습작으로 정리가 되었으나 안전리더가 되려는 사람에게 행동과 의식과 지식을 1% 다르게 가지라는 것을 보여 줄 수 있기를 바라는 마음이다.

저자 **윤용구**

▍목 차

추천사 / 4
프롤로그 / 6

1장 Safety View 리더의 조건; 상황편 / 19

01 유능한 리더 / 21

리더와 보스의 차이는? ──────────── 21
리더십발휘와 시간희생은 비례한다 ──────── 23
일과 다짐의 수칙을 만들어 지키게 한다 ───── 25
열정으로 일을 리드하라 ──────────── 30

02 리더의 목표 / 34

현재의 99% 만족보다 1% 부족을 찾아라 ───── 34
목표가 없는 사람은 있는 사람의 영원한 종이다 ── 35
성공의 확신학을 가져라 ──────────── 37
자기를 위한 성공의 인생을 디자인해라 ────── 40
안전의 핵심가치는 1.3% 차이로 이어진다 ───── 42
안전의 목표는 사람에게 맞추어라 ──────── 43

03 리더의 현실 / 46

마음이 무거우면 극한점을 극복하라 ─────── 46
원인에서 넓은 개념으로 대책을 세워라 ────── 47

실행에 옮기지 못하는 CEO는 쳐다보지 마라 ——— 49

안전의 속도는 어두운 면(Dark‑Side)이 좌우한다 ——— 51

2장 Safety View 리더의 조건; 행동편 / 55

행동 1 안전의 행동을 기반부터 다져라 / 57

윈윈(win‑win)의 작은 존중은 팀원에게 시작해라 ——— 57

6가지 리더의 행동패턴을 익혀라 ——— 59

위기일수록 생각과 행동을 일치시켜라 ——— 61

의지와 행동의 사고(思考)가 무사고(無事故)와 비례한다 ——— 63

행동 2 포지션 파워(position power)를 키워라 / 65

position power가 안전의 힘이 된다 ——— 65

늑대에서 리더를 배워라 ——— 67

안전의 자기원칙을 주관적으로 정립해라 ——— 68

일의 중심에 서라 ——— 70

치명적 약점을 강점화하는 행동계획을 세워라 ——— 71

행동 3 안전의 강약에 발을 맞춰라 / 74

안전관리에도 강약이 핵심이다 ——— 74

3기 원칙을 자신의 행동으로 극대화하라 ——— 75

피그말리온 효과의 기대치를 가져라 ——— 77

안전의 집중력은 인재·경쟁력·생존력이다 ──── 79
질문의 정확한 이해가 완성도에 접근케 한다 ──── 82

행동 4　발전지수와 상층구조는 일의 기본이다 / 83

열정(PASSION)은 마음의 상층구조이다 ──── 83
서로 좋은 점을 찾아야 상존한다 ──── 87
인생을 100점짜리로 만들기 위한 조건 ──── 89
열정과 젝 월치의 관계는 발전지수이다 ──── 90

행동 5　일의 수동적 자세와 능동적 자세는 백지 한 장 차이 / 92

안전의 스트레스는 칭찬의 비례관계로 상쇄된다 ──── 92
핵심인재를 많이 만들어 일을 끌고 가게 하라 ──── 93
안전의 기반은 사람에 의해 좌우된다 ──── 95
쫓기기보다 쫓아갈 것을 추구하라 ──── 96
안전 대화는 인간가치에서 시작된다 ──── 99

3장 Safety View 리더의 조건; 의식편 / 101

의식 1　안전의 인프라(infra: 제반요소)를 다양화해라 / 103

점검의 개념을 다른 각도로 보게 하라 ──── 103
단어로 인한 공감의 실수가 없게 하라 ──── 104
새로운 패러다임을 생각하라 ──── 106

　교육을 초기부터 차별화해라 ──────────── 107
　리더십의 변화와 패러다임은 상생조건이다 ──────── 108

의식 2　사소한 부분도 소홀히 하지 마라 / 110

　깨진 유리창은 크게는 회사와 작게는 조직의 좀이다 ──── 110
　실패에 대한 시각을 바꿔라 ──────────── 111
　위기관리는 안전의 필요충분조건이다 ──────── 113
　아이스버그와 피라미드의 관계를 중첩해라 ────── 115
　계절성 업무와 비업무 차이를 효율화해라 ────── 116

의식 3　안전의식을 한 차원 끌어 올려라 / 121

　우리의 안전의식 수준은 얼마인가? ────────── 121
　유목민정신(Nomad Spirit)을 안전정신으로 이어가자 ── 122
　공유와 공감의 차이를 조직의 의식에서부터 깨워라 ── 127
　혼을 담지 않으면 방심과 약점이 있다 ──────── 128
　bob와 wow의 개념을 의식에서부터 생각해보자 ──── 129
　신조의 중요성은 안 보이는 정신력의 가치이다 ──── 130
　의식의 차이는 기준의 차이를 가져온다 ────── 133

의식 4　브랜드로 안전의식을 심게 해라 / 135

　많은 브랜드로 안전문화를 만들자 ──────── 135
　좋은 브랜드로 안전의식을 선진화한다 ──────── 137
　한국의 아름다운 이미지처럼 안전의 20선을 만들어라 ── 139

의식 5　혁신도 보이는 것부터 실시해라 / 142

　혁신의 필요성을 기본부터 행하자 ──────── 142

혁신의 기본은 역할, 역량, 활동의 가시화이다 —————— 144

보이는 것이 안전생각의 눈높이다 —————————— 145

회사의 중급간부의 약점은 창의적 감성이다 ————— 146

4장 Safety View 리더의 조건; 기술편 / 149

기술 1 의사결정을 집중화해라 / 151

한국형 안전의 의사결정은 환경에 좌우됨을 명심해라 ——— 151

의사결정 회의에 관심을 가져라 —————————— 152

주변조건의 관계를 상호 보완적으로 만들어라 ————— 154

원활한 회의는 5W1H보다 3P로 해라 ———————— 155

기술 2 안전사고(thinking)를 높여라 / 158

사고(thinking)의 기술은 항상 실행의 첫 단계이다 ——— 158

안전의 사상과 일의 사상을 감동일치시켜라 ————— 161

신개념사고란 일의 손실(loss)을 최소화하는 것이다 —— 162

사고의 단점을 안전의 장점으로 써라 ———————— 163

안전의 갈등은 사고(思考)의 수준에서 온다 —————— 164

기술 3 안전습관처럼 기록문화를 구축하라 / 167

기록하는 문화는 몸에 밴 손과 머리의 정리이다 ——— 167

안전문제의 정의는 업무의 반이다 ————————— 168

pull(당기다)의 사람을 많이 만들어라 ──────────── 169

직업에 원칙을 두면 습관에 생각을 두어라 ──────── 172

기술 4 시스템을 구축해라 / 175

안전은 계획적이고 과학적으로 운영해라 ─────────── 175

만큼의 중요성은 발견의 확실성이다 ──────────── 176

안전의 기본선은 상식선이 최저치이다 ──────────── 177

MAKING MONEY IS SAFETY MONEY ──────────── 178

플래티늄 모델에서 다이아몬드 모델로 바꾸어라 ─────── 179

안전모델이냐 정신모델이냐 ─────────────── 181

5장 Safety View 리더의 조건; 문화편 / 183

문화 1 변화에 대하여 민감해라 / 185

시간의 변화보다 문화의 변화를 직시하라 ────────── 185

안전과 직결되는 색채의 문화에 민감해라 ────────── 186

변화에 민감한 리더가 되라 ─────────────── 188

조직의 변화를 다변화해라 ─────────────── 190

문화 2 안전의 문화를 만들어라 / 191

다방면 실천 사고가(multi-practinker)가 되라 ──────── 191

안전에도 인증 시스템을 구축하라 ──────────── 193

리더십의 영향력은 사람중심에 맞춰라 ——— 194

안전문화를 사회문화로 접목해야 하는 것은 당신의 몫 ——— 196

안전연상법은 해결의 수가 많아진다 ——— 197

문화 3 시간관리는 미래 자신의 청사진이다 / 199

시간관리에 긍정적인 사람(positive-man)이 되라 ——— 199

시간관리와 안전관리는 보완관계이다 ——— 203

소비시간을 분석하고 써라 ——— 204

꿈은 자신감의 산출물로 표출해라 ——— 206

문화 4 지수와 지표관리를 해야 목표가 보인다 / 208

숫자에 강한 습관을 길러라 ——— 208

숫자의 개념은 어느 정도인가? ——— 210

건강한 조직은 개인의 역량에서부터 출발한다 ——— 211

지표관리를 몸에 배게 하라 ——— 212

지수와 수치에 강한 분위기를 만들어라 ——— 214

리더십의 지수를 몸에 배게 하라 ——— 215

6장 Safety View 리더의 조건; 조직편 / 219

조직 1 조직을 단단하게 하라 / 221

조직에 수시로 변화된 환경으로 의식화하자 ——— 221

비전과 목표와 미션을 갖게 하라 ——————————— 222

안전의 조직은 팀워크로 뭉치게 하라 ——————————— 223

유효기간이 없는 미래: 조직부터 챙겨 보자 ——————————— 225

팔레시보(Placebo) 효과는 조직문화의 기반이다 ——————————— 226

조직 2   안전의 틀을 짜라 / 228

안전의 틀은 기본에서 갖추어라 ——————————— 228

기초부터 다듬어야 안전의 수준이 올라간다 ——————————— 230

당신의 가치를 개인에서 조직으로 업그레이드하라 ——————————— 231

작고, 적고, 사소하고 반복되는 것부터 기준을 잡아라 ——————————— 233

3개의 눈이 사고(事故)를 건너는 방법이다 ——————————— 235

조직 3   대인관계는 항상 긍정적으로 해라 / 237

대인관계를 스마일 파워로 해라 ——————————— 237

문턱 없이 팀원들의 말을 경청하라 ——————————— 238

말 한마디의 중요성은 경청의 매개체이다 ——————————— 240

트라이앵글(삼각형)로 A－C－T를 구축해라 ——————————— 242

조직 4   가이드라인(GUIDER LINE)문제가 없게 해라 / 245

웃음학과 안전학은 비례한다 ——————————— 245

조기검진 가이드라인으로 건강을 구축하라 ——————————— 247

팀원의 인격 문화요인을 높여라 ——————————— 250

리더는 자신만의 비전을 가져라 ——————————— 252

미래의 다양성을 갖추어라 ——————————— 254

7장 Safety View 리더의 조건; 전략편 / 257

전략 1 리더의 전략적 함수관계를 만들어라 / 259

전략은 현재와 미래의 성숙의 함수로 해야 한다 ──────── 259
가치가 있다면 합병하라: 전통적 리더십/서번트 리더십 ──── 261
안전의 전략은 고객주의에 입각해서 해라 ──────────── 263
의사결정의 과정은 정보와 사람과 시간으로 연결해라 ───── 264

전략 2 사고(THINKING)의 차이를 기본사상으로 삼아라 / 267

공상과 현실의 차이는 사고(THINKING)의 차이다 ─────── 267
지도자의 20조건은 안전관리자의 기본사상이다 ───────── 270
훌륭한 리더에 의해 일의 분위기가 좌우된다 ───────── 272
글로벌 준비전략으로 고객 요구력을 높여라 ───────── 274
외형적인 생각 컵에 내면적인 생각 소스를 집어넣자 ───── 277

전략 3 차별화는 두 가지를 병행해야 경쟁력이 된다 / 279

보여지는 것도 차별화가 필요하다 ─────────────── 279
CEO의 성공은 차별화에 있다 ─────────────────── 281
성공하는 리더는 무엇이 차별화인가? ──────────── 282
자기 조절 능력 중에 감성적인 요인을 조절해라 ─────── 283

전략 4 상생지수를 높여라 / 285

안전의 역지사지는 격불지지로 해라 ──────────── 285
"난 할 수 없어"의 장례식을 치러라 ───────────── 287

실패하는 기업인의 11가지 특성에는 안전비율이 있다 ——————— 288
리더의 공통분모를 찾아내어라 ——————————————— 290

전략 5 안목을 단계적으로 심층화해라 / 292

함께 일하고 싶은 리더가 되라 ———————————————— 292
안전의 5WHY는 ————————————————————— 295
과목(過目), 현목(現目), 미목(未目)보다는 안목(安目) ——————— 296
링겔만 효과(RINGELMANN EFFECT)를 숙지하라 ——————— 298

전략 6 안전의 최대목표는 인류복리 증진에 있다 / 300

안전의 좋은 비전은 인간존중이다 ——————————————— 300
미래를 위한 계획을 블록화하여
        자기창조(自創: self creation) 하여라 ————————— 302
미래의 인생계를 로드맵(Road Map)으로 구축하라 ——————— 303
리더에게 요구되는 자질을 얼마나 갖추고 있느냐 ———————— 307

참고문헌 / 309

Safety View

●
●
●

1장

리더의 조건; 상황편

유능한 리더

리더와 보스의 차이는?

의사소통에 위아래를 두지 마라.

리더는 인재를 아끼고 부하의 의견을 잘 들을 줄 알아야 하고, 리더가 신출귀몰해서 모든 것을 알 수는 없으나 실무자인 팀원들이 의사결정에 따라 빠르게 움직일 수 있도록 해야 한다. 리더의 의사결정은 실무자의 의견을 잘 경청하고 응답을 해주고, 의견을 존중해서 이를 바탕으로 실무자인 팀원이 심도있고 정확하게 의사결정에 움직이고 실행하고 보고하는 조직문화를 만들어야 한다. 기반조성은 우선 벽 없는 조직을 위부터 하여야 한다.

조직 간 벽을 허물어서 부서 간 내부 역량의 시너지를 극대화하여 함께 성장해야 하고 조직 간 조정기능이 중요하며 리더가 고집으로 문을 닫고 있으면 아무 것도 안 되고 조직의 리더가 문을 열어야 조직이 활성화된다.

리더가 열린 마음으로 조직들을 대한다면 보스는 닫힌 마음으로 대할 것이다. 시너지가 극대화됨으로 '내가 최고'라는 의식은 좋지만 너무 지나치면 자만이 생겨 발전의 저해 요소가 될 수 있으므로 금

물이며 관리자들은 현장을 찾아다니며 팀원들에게 많은 관심을 가져 주어야 한다.

리더와 보스의 차이는 롱턴(long-turn)이 실행 유무이다.

인재 발굴 및 부하 육성은 리더가 갖추어야 할 덕목이며, 리더가 레벨업(level-up)이 되려면 부하를 키워야 하고 정보나 업무 등을 빨리 하부로 이양해야 조직이 성장하며 리더는 부하들이 일할 수 있는 환경을 구비해 나가야 한다.

리더는 권한위임을 기본으로 해서 신뢰를 기반으로 하는 행동철학을 보이지만 보스는 자기행동에만 처신하는 단순행동으로 현재상황의 반행동 소유자이다.

분명히 보스와 리더는 생각과 행동의 차이를 두어야 한다. 글렌 반 에케렌의 〈너와 나누고 싶은 이야기가 있다〉 중에 보스와 리더의 차이를 표현하고 있다.

> 보스는 팀원들을 밀어붙이고, 리더는 팀원들을 가르친다.
> 보스는 '나'라고 말하고, 리더는 '우리'라고 말한다.
> 보스는 나쁜 일에 대한 비난에 집중하고, 리더는 그 일 자체에 집중한다.
> 보스는 일하는 방법을 알고 있고, 리더는 그 방법을 직접 보여 준다.
> 보스는 먹이를 잡아 주고, 리더는 먹이 낚는 방법을 가르친다. 보스는 '가라'고 말하고 리더는 '가자'라고 말한다.

의사전달의 매개체인 단어의 사용법도 리더는 달라야 한다. 자영업을 하는 사람들은 일 처리에 있어 자기 스스로의 독립성이 있으므로 명령체 단어의 사용이 많겠지만 여러 사람들이 모여 일을 해결해야 하는 팀 단위 중심으로 일이 진행되고 있다면 분명히 해야 할 부분이 있다. 아이디어를 구해야 할 사항이라면 리더는 청유형으로 접근하지만 보스는 강제형으로 할 것이고, 함께 해야 할 사항이라면 리더는 참여형으로 하지만 보스는 억지형으로 할 것이고, 강력한 규제가 시행되어야 한다면 리더는 설득형으로 하지만 보스는 추궁형으로 끌고 갈 것이다. 전문가 초점 그룹(FIG: Focus Interview Group)이나 자유분방한 의사소통의 일환으로 할 수 있는 브레인스토밍(Brain Storming: 자유로운 토론으로 창조적인 아이디어를 끌어내는 일)으로 하는 유도형 방식으로 해 보자.조직이나 부하직원들의 생각은 분명히 살아 있으므로 아이디어를 모을 때 반영시켜 보자. 안전의 CEO는 일의 성질에 따라 다르겠지만 보스의 기질보다는 리더의 기질이 참된 경영의 초석이 됨을 알아야 한다.

리더십발휘와 시간희생은 비례한다

서번트 리더십이란 그린리프(R. Greenleaf)라는 경영학자에 의해 처음 소개된 리더십 개념이다. 그린리프는 헤세(H. Hesse)가 쓴 '동방으로의 여행'이라는 책에 나오는 하인 레오(Leo)의 이야기를 통해 서번트 리더십의 개념을 설명하고 있다.

레오는 순례자들의 허드렛일이나 식사 준비를 돕고 때때로 지친 순례자들을 위해 밤에는 악기를 연주하며 순례자들 사이를 돌아다니면서 필요한 것들이 무엇인지 살피고 순례자들이 정신적으로나 육체적으로 지치지 않도록 배려를 하였다. 그러다 갑자기 레오가 사라져 버리자 사람들은 당황하고 순례자들 사이에 싸움이 잦아졌다. 사람들은 마침내 레오의 소중함을 깨닫고 그가 순례자들의 진정한 리더였음을 깨닫게 되었다 내용이다.

서번트 리더십(Servant Leadership)은 현장 실무자들에게 권한과 책임을 위임하고, 업무를 잘 수행할 수 있도록 지원해 주는 리더십이다. 급변하는 경영 환경 속에서 고객과 시장에 보다 유연하게 대처하기 위해서는 팀원들에게 명령하고 지시하는 기존의 전통적인 리더십 스타일보다 서번트 리더십 같은 스타일이 더욱 중요해지고 있다. 서번트 리더의 역할은 제시자, 파트너, 지원자로 볼 수 있다. 제시자는 미래의 비전을 가지고 조직이 나아가는 방향과 목표를 명확히 설명할 줄 알아야 하고, 파트너는 조직의 의견을 이끌어내기 위해 조율하고 조직의 역할과 능력이 적절한지 전체조화가 되는지를 담당한다. 지원자는 조직원들이 업무 수행을 원활히 할 수 있고 업무 외의 개인적인 삶에 있어서도 업무와 균형을 이룰 수 있도록 돕는 역할이며 일과 삶의 균형을 이룰 수 있도록 배려하는 것이다.

서번트 리더는 부하들이 찾아오기를 기다리기보다 먼저 찾아다니면서 도울 것이 없는지를 팀원들에게 묻고 다녀야 한다. 리더는 조직을 위해 시간희생을 함으로써 미래가치를 부여해주고 레오처럼 자기희생을 감수하는 만큼 리더십의 발휘 정도도 비례한다.

국제경영원최고경영자 월례 조찬회에서 김효준 BMW그룹 코리아 사장은 글로벌 리더십을 갖추기 위해선 "창조경영, 윤리경영, 언약적 관계의 확충, 세계적 이슈에 대한 관심, 가치 지향적 조직추구가 필요하다."고 주장한 바 있다.

시대적 여건과 이슈로 인한 변화에 대한 추구는 상당한 의식 변화와 환경에 대응하기 위한 많은 도전과 열정을 가지고 있다. 개인주의와 합리주의도 우리나라가 처음으로 서구문명을 받아들일 때 가장 큰 정신문화였음을 감안하면 중요한 부분으로 선행되어야 함에는 틀림없다.

일과 다짐의 수칙을 만들어 지키게 한다

안전의 관리에 대하여 경영인들은 전문적인 관련자가 일에 임하는 것이 조금은 수월하다고들 한다. 일반적인 개념을 넘어 사회적 개념이나 경영적 개념에 입각해서 현장의 실무적인 경험을 기본으로 운영이 된다면 보다 효율적일 것이다. 일반적인 개념은 안전사고에 대한 기본적인 발생의 대응이나 피해에 대한 대책이고, 사회적 개념은 사고나 문제로 사회에 미치는 영향을 말하는 것이고, 경영적 개념은 안전으로 인해 기업과 국민경제에 미치는 영향을 말한다.

일과 다짐의 차이는, 일은 조직원 개인의 근원적인 업무이고 다짐은 일의 파생적 개념이다. 일은 자아실현의 지름길이고 다짐은 이의 가지길이다. 일은 경제적 수단이고 다짐은 자생적 수단이다. 일은 결과중심의 가시화지만 다짐은 과정중심의 보이지 않는 마음의 결심이다. 일은 조직원들의 전체적 의미를 갖지만 다짐은 조직원들의 부분적 의미라고 본다.

다음은 안전리더로서 가지고 있었으면 하는 안전 효율 10대 원칙이다. 각 건물의 사무실 입구에 '우리의 다짐'이란 제목으로 패널을 만들어 천장에 매달아 전 부서원들에게 주지시켰던 내용으로 효과가 있어 사례를 들어본다.

➥ 일의 다양성(Work Variety)이다.

환경안전은 생각의 차이와 사고(思考)의 다양성이 필요하다. 단순문제와 복합문제 등의 해결책 접근은 조직환경과 작업관리와 현장의 수준에 따라 접근 방법이 다를 수 있기 때문에 다양하다고 본다. 문제가 발생되면 난순처리보다 발생원인에 대하여 다각도로 생각을 하고 결과에 대한 대책을 다양성을 가지고 찾아야 한다. 생각과 사상과 이론과 경험과 실사적인 측면이 거미줄처럼 되어 있어 실타래를 풀듯이 되어야 한다.

➡ 위험분석 및 실행(risk analysis and execution)이다.

현장에 대한 사고와 이상발생이 잠재되어 있을 때 직장에서는 필요한 상사나 해당 관리자가 주관이 되고 문제의 해결 실마리를 찾고, 가정에서는 전기나 화재 등 안전의 위험이 있을 때 육안으로 인지할 수 있는 어른이 공지 및 공유함으로써 사전인지를 하거나 주지시켜야 한다.

위험분석이나 실행은 위험의 난이도가 있으면 기업에서는 한 차원 높은 관리로 운영되지만 가정에서는 육안으로 가시화되는 것이 위험분석의 첫 단계이다. 직장에서는 종업원들이, 가정에서는 자녀들이 안전사고에 노출되지 않도록 예방해야만 한다. 공유를 하고 현재의 위험상태의 빈도, 강도, 중요도, 검출 및 중요성이 가중화된다면 분석과 해결책의 실행이 다를 수가 있다. 분석은 체계적으로 수반되어야하고 실행은 1차적인 행동의 대책요소로 수반되어야 한다.

➡ 빠른 의사결정(speedy decision marking)

의사결정은 선택 가능한 여러 대안 중 최적 방안을 선택하는 것으로 정의를 내리고 있으며 프로세스는 직관적이고, 계획적이고, 분석적인 의사결정을 거쳐야 한다. 안전의 의사결정은 기술적 이론으로 이어져 인간의 행동을 묘사하는 이론도 포함되고 좋은 의사결정 방법으로 처리하는 처방이론과 초이성적 인간이 할 수 있는 의사결정의 표준을 제공하는 규범이 되어야 한다. 조직과 부서원들이 업무를 스피드하게 진행할 수 있도록 신속하게 결정을 해서 일을 추진하게끔 해야 한다는 것이다.

➥ 기본업무 절차(fundamental process)이다.

안전의 리더로서 현장을 중시하면서 가장 기본적으로 역점을 두는 것이 사전안전작업 계획서와 현장중심의 기본 안전절차를 집중적으로 관리하고 점검하며 확인하는 것이다. 사람중심으로 작업자에 대해 관심을 많이 가지고 있으며 변경점에 대하여 많은 비중을 가지고 있다. 세계적인 패스트푸드 체인점인 맥도날드는 한 개의 대리점을 운영하기 위해 몇 개의 기본업무절차서가 필요하겠는가. 무려 수백 개의 절차서를 가지고 운영한다. 예를 들면 카운터의 종업원은 모자를 어떻게 써야 하고, 손님에게 돈을 받을 때는 어떻게 응대를 해야 하고, 햄버거는 섭씨 몇 도에 구워야 하고, 튀김용 감자의 길이는 가로·세로 어느 정도의 길이로 잘라야 하고, 어느 지역의 감자를 써야 하고, 몇 도에 튀겨야 하고 등등 기본적인 절차가 일반업무화가 되어 있다. 안전의 기본도 안전절차서를 기본으로 쉽게 만들고, 리더는 업무의 기본적인 절차를 현장적 응용으로 만들어 운영할 수 있도록 하고 조직원들은 그것을 몸에 배게 하는 습관이 필요하다.

➥ 무결점 운동(zero defects movement)이다.

무결점 운동은 1962년 미국의 마틴사가 미사일을 제조하는 과정에서 납기 단축에도 불구하고 종업원의 창의적 노력에 의해 결함 없이 미사일을 완성한 데서 비롯되었다고 한다. 이 운동은 종업원에게 계획기능을 부여하는 자주관리운동의 하나로 전개된 것으로 종업원들의 주의와 연구를 통해 작업상 발생하는 모든 결함을 없애는 것으로 인간의 사회적 욕구에 착안해 자발적인 행동을 유도하려는 점이 특징이며 품질관리 기법을 제조 면에만 한정하지 않고 일반관리 사무에까지 확대 적용하여 전 사적으로 결점이 없는 일을 하자는 것이다. ZD(Zero Defect: 무결점 운동)의 창안자는 품질 분야의 선구자인 크로스비(P. B. Crosby)이다. 그는 〈품질은 무료: Quality Is Free〉라는 저서에서 ZD란 기술적으로 가능하며 보다 경제적이라고 주장하고 품질의 4대 절대원칙 중 하나로 들고 있다. 이후 무결점 운동은 미국 기업의 소집단 활동으로 시작되어 미국뿐 아니라 전 세계의 산업현장에서 활용되고 있다. 품질 분야뿐만 아니라 안전의 부분까지도 무결점은 필요충분조건처럼 어느 분야이든 간에 적용이 되어서 완전무결한 운영이 되어야 한다.

🢖 안전 지향 문화(safety culture)이다.

안전에 대한 의식·생각·지식의 높고 낮음이 없이 전체에 대한 공유의 흐름을 가지고 상호 간에 전체적인 지식과 인식의 장이 되어야 한다. 사고의 흐름에 대하여 안전사고 없이 가기 위한 전체 안전지식의 기반의 장이 안전문화이고, 마치 콩나물 시루에 물 붓기처럼 지속적으로 프로세스를 구축해 나가는 것이 안전문화를 지향하는 것이며, 그 첫걸음은 사람중심으로 문화를 구축하고 그 다음은 시스템으로 프로세스화하고 한 단계 더 나아가 함께 할 수 있는 종합문화 (Total Culture)가 정립되어야 한다. 더 나아가 구축되는 문화로 이어지는 것이 우리나라의 안전불감증을 일찍 깨울 수 있는 값어치의 정신소산이다.

🢖 프로세스 전문가(process expert)이다.

일반적으로 알고 있는 운영 프로세스인 PDCA라는 것이 있다. 어느 대기업이든 중소기업이든 문제해결의 운영 프로세스로 활용하고 있다. 계획-실행-점검-행동으로 쉽게 접근할 수 있는 절차이고, 실행 흐름도로서 각 현장에 맞게 활용할 수 있을 것이다. 이 절차를 환경안전의 운영 프로세스라고 한다면 '점검일정 수립-현장점검-

실시자-실시'라고 덧붙이는 안전의 프로세스의 일종이 된다. 프로세스의 전문가란 어느 문제가 발생하였을 때 역할과 역량에 따라 우선순위의 일을 두고 순방향으로 진행할 수 있는 것을 말하고, 전문가란 이와 연관된 실무자가 해결방안의 절차를 프로세스화하는 것으로 위기 상황에 대한 중요한 부분이다.

➥ 조직 단위의 시스템(team building system)이다.

조직단위에 대한 중요부분은 각 개인의 역할과 역량과 일의 직무로 3개의 축이 네트워크로 구성 되고 지속적인 운영관리가 되어야 한다. 시설 위주의 하드웨어적인 측면이 되어야 하고, 시스템적인 정보공유, 의사결정중심의 소프트웨어적인 것이 운영되고, 교육, 홍보, 문화중심의 휴먼웨어적인 것이 구축되는 프로세스가 구축되는 시스템이 되어야 한다. 결국은 팀워크 중심이 일의 객관성을 포용하고 비판적인 발전성을 가지고 운영이 되는 것이 주된 단위의 구축이다.

➥ 사고 / 사건 / 비정상활동예방(accident / incident / abnormal event prevention)이다.

안전에서 추구하는 실질적인 업무의 25% 정도는 사건·사고의 철저한 분석과 실행중심의 대책과 횡전개 중심의 실사구시가 되어야 한다. 그라운드 룰이 어떤 경우에는 푸시(push: 타 부서가 주관이 되어야 하는 업무)방식이어야 하고, 어떤 경우에는 풀(pull: 자기 부서가 주관이 되어야 하는 업무)방식으로 타 시스템과의 연계로 이루어져야 하는 경우가 있다. 사고와 사건과 비정상활동 예방은 일차적인 원류관리를 철저히 해야 한다. 1차 방어적인 측면은 초기관리를 하고, 2차 방어적인 측면은 변경관리를 하고, 3차 방어적인 측면은 변화관리를 운영적인 측면으로 해야 한다. 정확한 목표와 지표를 세우는 계획(Plan) 단계와 현장실행의 'Do'와 달성과 실적에 누적되는 문제점을 보는 'See'와 문제에 대한 공유와 타 사업장과 공유할 수 있는 피드백(Feed back)이 되어 현재보다 업그레이드가 되도록 해야 된다.

🐾 현장관리(field management)

점검이 눈높이 되고 차별화되어 운영관리를 하고 작업자에 맞는 현장 관점, 불안전한 상태와 행동 및 자기설비제를 운영토록 하고 기본 지키기 운동, 손들기 운동부터 전개하고 전문적인 점검의 실행까지를 기준화시켜야 한다.

현장에 맞게 자기 안전운영 프로세스를 구축해서 자생력을 갖게 하는 것이 무엇보다 현장의 안정구축이 될 것이다.

열정으로 일을 리드하라

일에 임하면서 리더는 자기 나름대로의 규율을 가지고 일에 임해야 한다. 방법은 귀로는 경청하고 말로는 격려하며 손으로는 도와주고 마음으로는 믿고 맡기는 원칙을 적용해 보면 어떨까라는 생각이 든다. 열정을 가지고 일을 하는 데 필요한 LEADS 법칙을 아래와 같이 제안한다.

🐾 경청하라(Listen)

경청(傾聽)이란 단순히 상대의 말을 '듣는(hear)'는 것이 아니라 '귀를 기울여 주의해서 듣는다.'는 것을 의미한다. 사람들은 자신의 이야기를 잘 들어주는 사람을 만났을 때 가장 신명이 나는 반면 그렇지 않은 사람을 만났을 때는 의욕을 상실하게 된다. 리더는 중요한 부분과 궁금한 부분에 대해 대꾸도 하고, 질문도 하고, 행동으로 보이되 손과 목과 팔을 써서 간접적인 응답을 주어야 한다. 그러면 말하는 사람도 경청의 푸른 신호로 생각하고 리더가 궁금해 하는 질문에 대하여 답을 얻을 수 있을 것이다. 안전에 대한 의견을 듣고 경영에 반영하는 것이 구성원을 신나게 하면서 기업의 성과를 제고시킬 수 있는 바람직한 모습일 것이다.

➥ 격려하라(Encourage)

부하의 의견을 귀 기울여 듣는 것 다음으로 필요한 것은 부하 스스로 자신의 생각을 실행할 수 있도록 격려하고 성공을 거둘 경우에는 칭찬을 아끼지 않는 것이다. 격려는 조직원의 가치를 인정하고 존재의 힘에 대한 영향력을 키워 주는 것으로 리더가 필히 명심해야 하는 진심의 법칙으로 표현하는 것 중의 하나일 것이다.

　우리는 주변에서 잘못에 대한 질책은 많이 하지만 칭찬에는 인색한 리더들을 흔히 볼 수 있다. 치열한 경쟁에서 살아남기 위해서 달리는 말에 채찍을 더하는 것처럼 더 열심히 하라는 뜻으로 이해할 수도 있지만 보통은 팀원의 사기를 떨어뜨리는 경우가 많고 심하면 그들의 열정에 찬물을 끼얹는 셈이 될 수도 있다. 칭찬과 더불어 실수에 대한 관대한 포용도 그에 못지않게 중요하다.

　IBM의 최고경영자(CEO)였던 토마스 와튼이 회사에 큰 손실을 끼친 직원을 호출하자, 그 직원은 회사를 그만두라는 소리를 들을 것을 예상하고 침울한 마음으로 그의 방으로 찾아갔다. 그러나 와튼은 "너무 상심 말게. 자네의 교육비용으로 천만 달러를 쓴 거야."라고 말하면서 오히려 그를 격려해 주었다. 이 일은 그 직원을 더욱 노력하게 만든 것은 물론 조직 전체에 새로운 도전을 두려워하지 않는 풍토를 정착시키는 계기가 되었다.

➮ 도와주라(Assist)

실패를 두려워하지 않고 도전할 수 있도록 격려하는 것으로 리더의 역할이 끝나는 것은 아니다. 실제 실행 과정에서 발생하는 문제를 해결할 수 있도록 지원해 주는 역할이 필요하다. 간혹 리더들 가운데 지원의 중요성을 간과하여 부하가 봉착한 난관을 모르고 지나치거나 반대로 자신이 직접 나서서 지시를 하는 모습을 보이는 경우가 있다. 이 경우 팀원의 능력 개발 기회를 없애고 장기적으로 조직의 경쟁력을 약화시키는 결과를 초래하게 된다. 회사가 수년간 연속해서 수익상승 기록을 남길 만큼 탁월한 경영자라도 그가 '폭군'이라는 별명이 붙을 만큼 자기중심적인 인물이라고 한다면 임원들조차도 자신의 지시와 명령에 따르는 수동적인 위치로 전락하게 된다. 결국은 좋지 않은 결과가 되고 만다. 이런 사례가 아니더라도 주변에서 지나치게 독선적이거나 관리통제를 리더십이라고 오해하여 장기적인 조직의 건강을 해치는 잘못된 리더에 관한 사례를 쉽게 찾아볼 수 있다. 책상에 앉아 과제를 지시하고 보고서를 검토하는 방식에서 벗어나 직접 모범을 보이고 문제를 해결할 수 있도록 격려하고 지원하는 모습으로 바꿔 나가야 한다. 바람직한 리더는 의사결정만을 내리는 상사가 아니라 부하의 문제나 고민을 듣고 해결 방안에 대한 지원과 격려를 아끼지 말아야 할 것이다.

➮ 믿고 맡겨라(Delegate)

어려운 문제가 생겼을 때 지원을 해주되 지나친 간섭이나 관여는 구성원의 자율성을 저해하는 결과를 초래한다는 점 또한 잊어서는 안 된다. 한 번 부여한 과제에 대해서는 팀원이 스스로 결정을 내리고 추진할 수 있도록 끝까지 믿고 맡겨 줘야 한다. 사소한 일 하나하나마다 리더의 결정을 따라야 한다면 개인의 상상력과 다양성은 사라지고 만다. 리더는 일일이 관리통제하기보다 부하 직원들이 스스로 자신의 일에 대해 책임감을 가지고 최선을 다하도록 만드는 것이 바람직하다.

또한 리더와 부하의 관계는 신뢰가 밑받침되어야 한다. 이상의 노력들은 부하 직원의 사기를 진작시키는 리더십 행동이면서 동시에 리더와 부하 직원 사이에 신뢰를 형성하기 위한 첫걸음이라고 할 수 있다. 리더에 대한 신뢰는 상사가 부하의 이야기를 귀 기울여 듣고 부하의 문제를 해결해 주려는 노력을 기울이면서도 부하의 약점이 드러나지 않도록 배려해 주는 것에서부터 형성되기 시작한다. 리더와 팀원 간의 신뢰는 일에 대한 몰입도를 높임과 동시에 평가 결과에 대한 납득성을 높이고 보상에 대한 불만 을 최소화시키는 역할을 함으로써 궁극적으로는 기업의 성과에 긍정적인 영향을 끼치게 된다.

➥ 잡아라(Shake hand)

수고와 감사의 표현으로, 격려와 칭찬 의 일부분으로 손을 내밀어서 상대방의 손을 흔들어라. 이때 손을 내미는 사람의 감정이 충분히 조직원의 마음에 전달될 수 있게 하는 것이 좋다. 손의 교감을 통해 팀원과 하나됨을 느끼게 하는 좋은 방법이다.

리더의 목표

현재의 99% 만족보다 1% 부족을 찾아라

안전의 활동은 점검, 평가, 인증 및 개선, 절차, 기준화, 표준화, 시스템구축 및 운영이 안전관리의 대다수를 이루고 있으며, 불합리하거나 사고의 리스크가 있으면 안전관리자에 대한 리더십이 절실히 요구된다.

위험성과 심각성과 발생도 및 검출도에 따른 수준이 일의 방향과 규모와 일정을 결정하듯이 이에 따라 차별화 및 중요성이 판단되고 현장의 불만족과 불합리가 도출되면 이러한 결정 없이도 문제의 해결이 선행되기도 한다. 안전의 관리는 불만족한 일에 대하여 성취도를 높이는 것이다. 성취도를 높이기 위해 4가지 방법을 제시한다.

첫 번째는 자신의 적극적 사고방식이다. 수반 요소는 소명과 소신과 의욕과 성실성이다. 개선하기 위해 동원되어야 하는 방법을 모두 찾아보자. 생각할 때는 직위에 관계없이 리더가 먼저 마음의 문을 열고 팀원들의 생각을 적극적으로 수렴해라. 그러기 위해서 리더는 솔직해라. 그리고 분명한 소명감과 소신을 가져야 한다.

두 번째는 신속한 의사결정이다. 안전에 관한 한 일에 대한 업무의 의미부여를 정확히 판단할 수 있는 가치척도가 있어야 한다. 판단력과 결단력과 추진력을 가져야 한다. 특히 기업에서의 안전의 경영은 그 어느 업무보다 비중이 크다.

세 번째는 시스템적인 구축이 되어야 한다는 것이다.

항상 불만의 업무들을 얘기하고 문제를 도출시키는 사고의 틀을 만들어라. 사고의 틀은 시스템화해서 틀이 잡힐 때까지 계속 조이고 풀면서 열정을 보여야 한다. 문제가 생기면 3~4일 밤을 새우는 열정이 있어야 한다.

진정으로 팀원들이 따라오게 하는 방법은 현 상황에서 좀 더 나은 방향으로 생각하며 항상 현 조직이 실망스럽다고 생각하고 업무에 임하라. 그렇게 해야 이끌어 갈 수 있다. 만족한 돼지보다는 불만족한 소크라테스가 되길 원하라. 현장에 안전 문제가 없다고 일을 놓고 방관치 말고 지속적으로 찾아라. 일의 달인도 중요하지만 팀원들의 신사고방식, 일의 스타일, 조직원들이 해야 할 규칙과 룰을 만들고, 새롭게 개정하고, 신사고방식과 창조적 방식의 일에 가치가 부여될 수 있도록 달구어라. 조직원들이 현재만 바라볼 때는 후퇴임을 명심하고 미래를 준비할 수 있도록 조직의 분위기를 리드해라. 리더는 일에 대하여 절대만족을 하지 않고 상대기근으로 정립해야 리더의 조건을 구비할 수 있다.

목표가 없는 사람은 있는 사람의 영원한 종이다

처음 목표를 세울 때는 누구나가 자기중심 즉 1인칭 중심으로 일을 하게 된다. 점점 직위가 올라가고 통솔하는 팀원이 많아질수록 2인칭과 3인칭으로 일의 범위가 동작범위에서 일의 최대 허용범위로 확대

된다. 더 나아가면 더 큰 팀, 더 큰 조직으로 되고, 소·중·대기업으로 될 것이다. 과거, 현재, 미래에 대하여 영역별이나 팀원의 위상의 변화와 각자의 역할(내부와 외부, 주변)의 정립과 기능의 역할에 대하여 계획을 가지고 움직여야 한다. 계획과 실행에 대하여 점검해 보면서 더 나은 방법을 지속적으로 강구해야 한다. 자기진단의 목표에 대한 실행주기는 짧게는 일일, 주간, 월간, 분기, 반기이지만 길게는 1년, 5년, 10년 단위로 세우고, 변경이 되면 수정을 하고 계획대로 움직일 수 있도록 해야 한다. 일하는 방법도 자주 업그레이드해서 조직원 전체가 한 방향의 목표와 다양화의 기술을 가지고 임해야 한다.

목표를 위한 일의 관리도 다양성을 가지고 있어야 한다. 시간관리(time management), 일관리(work management), 선행관리(advance management)는 목표를 달성하기 위한 수단이다. 한 가지 일을 하든 두 가지 이상의 일을 하든 항상 진척율을 체크해라. 다만 조직원들이 업무의 추진상황을 공유하는 시스템을 가지고 있다면 업무의 공감대 및 공유로 인한 문제는 없어질 것이다. 계획과 목표가 없는 자는 항상 계획과 목표를 가지고 부지런히 행하는 자의 뒷사람이 될 수밖에 없다는 것을 명심해야 한다.

안전의 목표는 업무와 일에 대한 정확한 비전과 미션을 가지고 있어야 한다. 목표는 협의적인 일에 대한 매개체의 수단이지만 비전과 미션은 광의적인 일에 대한 결과물의 방법으로 안전관리의 리더는 직업과 연계된 일에 대한 연결고리의 수학적 관계이다.

일본의 세븐 일레븐의 창업자 스즈키 도시후미 회장은 '경영인으로서 가장 중요한 것은 업의 본질을 꿰뚫어 보는 능력'이라고 했다. 쿄세라 그룹의 이나모리 카즈오 회장은 "일에 대한 성공의 방식은 의욕과 생각과 노력과 운에 있다."고 했다. 의욕은 이렇게 두 가지로 나누어 볼 수 있다. 운동선수가 시합 전에 기합과 함께 소리를 지르면 소리를 안 지르고 있는 사람에 비하여 30%의 에너지가 더 발생된다고 하는 것과 같다. 의욕을 업의 기본으로 가지고 있다면 자기가 하는 일에 대한 업의 목표와 미래에 대한 변화치에 대하여 지속적인 관리를 해야 한다는 것이다. 수학의 점·선·면에 따라 일차원·이차원·삼차원이 되듯 생각도 다양화에 따라 일차원적인 단순생각과 이차원적인 다면생각과 삼차원적인 멀티(Multi)사고를 가지고 있어야 한다.

우리 부서는, 우리 사업부는, 우리 회사는 단순조치인가, 다수조치인가, 복합조치인가를 근간으로 생각한 창조적이고 합리적인 방법으로 방향이 되어야 한다는 것이다.

노력은 사람의 시간과 열정으로 이루어지고 있는 인적노력과 투자 및 경비로서 해결되는 물적 노력과 그리고 인적노력과 물적 노력의 병합된 연결고리를 하고 있는 인프라노력이 있어야 한다. 노력들이 복합적으로 유기체의 구성요소들을 갖추어 추진된다면 목표와 사고의 깊이를 높여야 한다.

성공의 확신학을 가져라

최근 들어 '성공'이란 단어가 널리 알려지고 있다. 그러나 막상 성공의 정의를 내리라고 하면 머뭇거리게 된다. 성공이란 '자신이 세운 목표를 달성해 나가는 과정'이라 생각한다. 성공은 최근 인터넷에서 성공이란이란 책을 검색하면 23600개 정도가 나온다고 한다. 누구나 열망하고 갈망하는 것이기도 하다. 물질적인 충족이 아니라면 정신적인 충족일 텐데 정신적인 충족에서 물질적인 충족으로 가는 것이 일반적인 생각이다.

성공이란 핵심을 이룩하기 위해서는 확신학(믿음이 굳건해서 목표가 계획대로 될 수 있다는 자신감이 충만한 상태)을 같이 갖기를 권하고 싶다. 때문에 성공학에서 목표의 설정은 핵심 중의 핵심이 된다. 어떤 목표를 세우느냐에 따라서 그 성공의 크기와 질은 달라진다. 인생의 목표설정을 위해 국제성공과학연구원의 우종철 원장은 "내 인생을 풍요롭게 만들어 줄 목표 설정을 위해서는 적어도 다음 네 가지는 반드시 고려해야 한다."고 강조하고 있다.

> 첫째, 변화를 각오해야 한다.
> 둘째, 자신의 탁월한 분야를 알아낸다.
> 셋째, 균형 잡힌 목표를 설정해야 한다.
> 넷째, 자신과 가장 가까이 있는 기회를 찾아내야 한다.

먼저 개인의 목표와 가정의 목표가 균형을 이루어야 한다. 개인의 목표가 너무 비현실적이거나 비중이 커서 가정의 목표와 불균형이 되어도 안 되고, 가정에 너무 치중해서 시간을 핑계로 개인의 목표를 너무 낮게 설정해도 안 된다. 자신이 소속되어 있는 조직의 목표와 자신의 목표가 상호 의존적이며 보완적인 관계가 되도록 명료하게 수치화해야 한다.

다음으로 사업 목표와 자신의 궁극적인 목표 사이에 균형이 이루어져야 한다. 자신의 궁극적인 목표를 달성하기 위한 방법의 하나로 사업을 시작했을 때 사업과 궁극적인 목표가 서로 보완 관계가 되도록 해야 한다. 사업에만 너무 치우쳐서 자신의 큰 그림을 놓쳐서도 안 되고 목표만 생각하느라 사업을 등한시해서도 안 된다. 균형 잡힌 자신을 만들기 위해 목표의 조화를 염두에 두어야 한다. 원만한 인격과 재능을 갖추고 사회와 국가의 발전에 기여할 수 있는 인물이 되기 위해 필요한 자질들을 계발해야 한다.

가장 가까운 기회를 찾아내는 사례를 보자.

남아프리카에서 다이아몬드 광산이 발견되던 시절 한 농부가 다이아몬드 광산을 찾을 꿈에 부풀어 자신의 농토를 팔아버리고 광산을 찾아 떠났다. 그는 평생을 남아프리카 일대를 누비며 돌아다녔지만 그 뜻을 이루지 못하고 재산만 탕진하고 말았다. 비관한 농부는 마지막으로 자살을 택했다. 한편 그 농부가 판 땅을 사들인 새 주인은 농토에 속한 한 개울을 지나다가 개울 바닥에서 반짝거리는 돌 하나를 주워 와서 집의 거실 선반 위에 올려놓았다. 하루는 친구가 와서 그 돌을 보더니 "이렇게 큰 다이아몬드를 어디서 구했어?"라고 물었다. 새 주인은 깜짝 놀랐다. 농토 개울 바닥에는 그런 것들이 수천 개나 깔려 있었기 때문이다. 인부들을 고용해 농토를 파헤쳐 보니 파는 곳마다 다이아몬드가 발견되었다. 결국 그 농토는 엄청난 규모의 다이아몬드 광산으로 변하게 되었다.

기회란 항상 자신과 가장 가까운 곳에서 기다리고 있다. 어쩌면 당신이 가장 어렵다고 느끼는 바로 지금 이 장소에 기회가 있을 수도 있다. 이 이야기는 자기 자신 속에 성공의 확신학이 무한한 가능성으로 내재되어 있음을 가르치고 있다. 자신이 현재 속한 조직 속에서 자신의 책임을 다할 때, 바로 그곳에 성공의 길이 있다는 메시지를 준다. 결국 목표 설정 시 가장 중요한 고려 사항은 멀리 있는 것이 아니라 바로 자신과 자신 가까이 있는 것이다. 때로는 그것이 너무 가까워서 미처 고려하지 못해 성공이 어설퍼지기도 하는 것이다. 리더는 멀리 있는 조직이 아니고 내 앞과 옆과 뒤와 주변에 있는 조직부터 충실하게 하는 것이 일의 확신감을 심어 주고 신뢰를 줘야 하는 조직임을 알아야 한다.

자기를 위한 성공의 인생을 디자인해라

피터 허쉬의 〈성공을 디자인하라〉는 글에서 보면 테오도르 루스벨트 대통령은 "비평가는 강한 사람이 어떻게 실수를 범하는지, 어디에서 더 잘할 수 있었는지를 지적하고 세는 사람이 아닙니다. 명예는 실로 그의 얼굴이 먼지와 땀과 피로 얼룩진 경기장에 있는 사람에게 주어지는 것입니다. 용맹스럽게 싸우는 사람, 실수도 하고 계속해서 노력해도 정상에 다다르지 못하는 사람, 커다란 감격과 숭고한 헌신을 알고 그 자신이 가치 있는 일에 쓰이기를 원하는 사람, 적어도 위대한 승리의 결말을 알고 최악의 경우에 실패하더라도 숭고하게 일하다가 실패한 사람, 이러한 사람들이 보여 준 영광스런 발자취는 승리도 패배도 알지 못하는 저 냉담하고 소심한 이들이 결코 접근할 수 없는 축복의 발자취입니다."고 얘기하고 있다. 실패가 있어야 불패를 알게 된다는 것이다. 그러나 불패의 전략은 안전에 있어 필요악이다. 절대적인 가치로 치중하지만 상대적인 부분으로 발생되기 때문에 불패는 실패의 연속점의 마침표가 되는 것인지도 모른다.

전설의 검객 미야모토 무사시의 〈오륜서〉에는 5가지의 기본철학이 있다.

1) 땅과 같이 굳건한 기본을 지켜라.
2) 변화무상한 물의 마음을 가져라.
3) 승부의 대세를 읽어라.
4) 상대를 바람처럼 속속들이 파악하라.
5) 흔들림 없이 진실한 마음으로 하늘의 도를 실천하라.

이렇게 제시한 글귀가 경마와 데이터의 관계처럼 일의 처음이라면 지금 달리는 경주마의 1등, 2등은 상관이 없다. 경주마의 경력, 조건, 장·단점, 기수의 경력과 능력을 데이터로 분석해야 한다. 그래야만 무턱대고 하는 사람보다 내기에서 이길 확률이 높은 것이다. 현재의 문제가 눈앞에 직면해 있는 상황에서 경주마가 앞서고 있고 뒤서고 있고는 아무런 도움이 되지 않는다.

손자병법 중 전기(田忌)의 경마 사례를 들어본다.

제(齊)나라에 전기(田忌)라 불리는 사람이 있었다. 그는 노름을 좋아하여 제나라의 공자(公子)들과 기사경주(騎射競走: 네 마리의 말이 끄는 수레를 한 조로 하여 3조의 수레가 각각 한 번씩 뛰기를 하여 그중 가장 많이 이기는 자가 승리하는 경기)에 돈내기를 즐기곤 했는 데 번번이 져서 돈을 잃었다. 어느 날 제왕(齊王)이 그에게 "듣자하니 네가 최근에 몇 필의 좋은 말을 샀다고 하던데 우리 한번 겨루어 보는 것이 어떠한가."라고 물었다. 전기는 자신의 말이 훌륭하다고는 하나 제왕의 말에는 미치지 못함을 알고 있었다. 지난번에도 졌으니 제왕은 자꾸 경주를 하자고 재촉하였다. 전기는 좋다고 대답하는 외에는 다른 방법이 없었다. 그때 손빈이라는 식객이 전기 장군이 번번이 패배하는 딱한 사정을 보다 못해 장군에게 귀띔을 해주었다. 손빈이 "장군과 같은 방식으로 경기를 하면 승리하실 기회가 없을 겁니다."라고 하자 전기는 패하는 이유를 물어 보았고, 손빈은 "제가 3조의 말을 각각 비교하옵건대 3조의 말들은 속력에 있어서 각각 등급이 다르옵니다. 그런데 공자가 좋은 말을 출전시킬 때는 장군께서도 좋은 말로 경쟁하려고 하시니, 그래서 지는 것이 당연합니다."라고 하자, 전기는 어떤 방식으로 바꾸어야 하는지에 대해 물어보았다. 손빈은 "3조의 수레를 세 등급으로 나누어 상대방이 상등 수레를 출전시킬 때는 장군은 하등 수레로, 상대방이 중등수레를 출전시킬 때는 상등수레로, 상대방이 하등수레를 출전시킬 때는 중등수레로 경주하게 하옵소서. 그렇게 하면 언제든지 2:1로 승리를 하게 될 것입니다."라고 하였다.

- 상: 하 → 패
- 중: 상 → 승
- 하: 중 → 승

후에 손빈은 전기 장군의 말이 경쟁자에 비해 절대적으로 열세임에도 불구하고 경기방식을 바꿈으로써 경주를 승리로 이끌 수 있었던 것이다.

안전의 핵심가치는 1.3% 차이로 이어진다

안전의 핵심가치는 두 가지 측면에서 볼 수 있다. 하나는 조직의 핵심가치로 조직의 이념과 비전과 방침을 '정확히 알고 있느냐'이며 '실천에 옮기고 있느냐'이며 조직의 가치에는 정신적인 가치와 문화적인 가치를 내재하고 있어야 한다. 또 하나는 업무적인 가치이다. 업무는 조직의 사람에서 나오는데 GE의 4가지 인재구분 형태를 보면 인재를 가치 수용도와 성과로 양분해서 평가했을 때 핵심인재가 있을 것이고, 기회제공형이 있을 것이고, 자연도태형이 있을 것이고, 마지막으로 의도적 퇴출형태가 있을 것이다.

인재에 대한 분명한 핵심의 가치를 두고 있는 것과 같다. 사람과 침팬지의 DNA 차이를 보면 인간 게놈프로젝트 결과 2만 개로 침팬지와 98.7%가 같고 다만 1.3%가 차이가 있다고 한다. 1.3% 차이에 의해 동물과 만물의 영장인 사람의 차이가 나타나는 것이다.

안전에서도 사람으로 인한 인적오류 사고를 보면 항공기 사고의 20~25%, 국내 원자력 발전소 전체 사고의 약 10~15%, 미국 내 발전소에서 발생한 결과의 약 20%(EPRI: Electric Power Research Institute: 미국전력연구소 발표), 화학공장에서 일어나는 사고의 35% 이상을 차지(William J. Waylettetal, 1986)하고 있는 것으로 나타나고 있다.

사람에 대한 오류의 가치에 대한 핵심가치가 좀 더 세분화하고 각 기업마다 핵심의 가치를 1.5류, 2류에 가지고 있는 페스트 팔로우(Fast Follow)가 아닌 1류가 가지고 있는 페스트 무버(Fast Mover)가 되어야 할 것이다.

안전의 목표는 사람에게 맞추어라

어느 기업이든 기업의 안전 목표는 "무재해"이고 회사마다 정문에 들어서면 산업안전보건의 주요 영역인 무재해기가 6개의 일반, 기계, 전기, 화공, 건설, 보건의 상징으로 직선과 곡선과 조화를 이룬 도안 형태를 띄고 안정성 있게 날리고 있다. 그중 두드러지게 보이는 것이 건설 현장이다. 우리나라의 제조업에 대한 산업재해를 보면 전체 산업의 재해자 수는 근로자가 증가하면서 2000년의 68,967명에서 2006년에는 89,910명으로 증가하였다. 요즈음 산업안전 캠페인으로 방송을 통해 한해 2,300명으로 일일 6.5명에 가까운 산업재해가 발생하고 있다고 나오고 있다.

재해자의 천인율(연간 재해자 수를 연간 근로자의 수로 나누어 1000을 곱해서 산정)의 경우 2000년 7.27명에서 2006년에는 7.69명으로 증가하여 재해율이 증가하는 것으로 나타났다. 사망자 수도 전체산업의 약 2,528명(천인율: 0.27)에서 2004년도 2,493명(천인율: 0.23)으로 감소는 되었지만 전체 근로자 수에 비례하면 개선이 이루어지지 않고 있는 것으로 나타났다.

제조업 재해의 경우 전체 산업에서 차지하는 재해사고의 비중은 2000년의 48.4%를 기점으로 2000년 이후에는 45%를 상회하는 것으로 나타났으나 재해발생률은 전체 산업 평균에 비하여 0.6배 정도 높은 증가율을 보여 2000년의 재해 천인율은 12.13에서 2006년에는 11.84로 일부 감소되었지만 심각한 수준으로 나타나고 있다. 제조업 재해에 따른 사망자의 비중은 23.8%에서 27.7%에 이르는 것으로 나타나 다른 산업에 비해 재해 강도가 높음을 알 수 있다. 전체 산업의 사망자 천인율은 0.21~0.28 수준인데 비해 제조업의 경우 0.12~0.26으로 나타났다.

안전의 목표는 구체적이고 공통적이고 미래적이고 실현적이어야 한다. 피그말리온 효과처럼 무엇인가를 기대할 수 없는 상태에서 믿고 행동에 옮김으로 자신의 기대대로 변화하지만 이것이 반대현상을 가져오면 역피그말리온 효과를 가져올 수 있다. 안전의 목표의 수단이 KISS〈Keep In stupid simple〉가 되어야 어리석은 사람도 알 수 있게 단순하게 해야 하는 것처럼 말이다.

몇 년 전에 국내 한 항공사에서 비행기가 전라도 지역의 산봉우리에 추락한 사건 이후 '안전은 타협하지 않는다.'는 캐치프레이즈를 내세운 적이 있다. 이것은 안전의 기준에 입각해 고객들의 피해와 재발을 불식시키려는 정신적인 시발점이었을 것으로 보인다.

안전의 목표가 완전한 방향과 목표로 가기 위해 여섯 가지의 항목으로 검증하길 제안한다.

첫째는 구체적으로 체적을 명확한 설정이 되었는지 목표를 삼고, 둘째는 실천적인 것을 실행에 옮겨졌는지 목표로 두고, 셋째는 재미적인 것을 재미있고 긍정적 관심이 있는지 목표로 하고, 넷째는 효율적인데 로스가 많은 것은 아닌지 목표로 하고, 다섯째는 시간적으로 제 때에 했는지(기간을 정해 놓고), 여섯째는 산출적인 것이 계량적, 계수적으로 표현되었는지를 목표방식이 되어야 한다. 방향과 목표에 대해 명확히 숙지를 한다면 안전에 대한 목표에 접근된다고 본다.

리더의 현실

마음이 무거우면 극한점을 극복하라

사람들은 누구나 어떤 목표와 계획을 세우게 되면 마음이 조급해지고 불안해진다. 가중을 주는 것은 일반적인 것이 아니고 특수하거나 목표 및 계획이 거대하거나 자신에 대한 책임이 크게 부가되거나 새로운 변화에 대한 호기심이 클 때가 그렇다. 자기가 세운 목표가 곧 자신이 지고 가야 할 짐이기 때문이다. 일반적으로 사람들은 누구나 짐을 지기 싫어하고 그래서 자기에게 지워진 짐은 비록 자기 자신이 만든 것이라고 할지라도 큰 스트레스가 될 수밖에 없다. 그런데 짐을 지는 것이 부담스럽다고 해서 너무 작은 짐만 지려고 하면 사람은 발전은커녕 반드시 퇴보하게 되어 있다. 자기에게 딱 알맞은 무게의 짐을 지려는 사람도 그 위치에서 벗어나기가 힘들다. 스스로 지기 힘든 무거운 짐을 목표로 세운 사람은 도전하는 자세부터가 다르다. 어떻게 해서든지 그 짐을 져야 하기에 남들보다 몇 배나 많은 궁리와 노력을 하고 남들이 다 잘 때 밤을 새우고서라도 꼭 달성하려 애쓴다. 이렇게 남다른 노력을 해서 성공했을 때의 희열은 세상의 그 무엇과도 바꿀 수가 없다. 성취감은 더 큰 도전으로 이어지고 결국은 남들보다 자기 자신의 그릇이 비교할 수 없을 만큼 커지게 되는 것이다.

무거운 짐을 지고 나를 시험하라.

자기의 그릇을 키우려면 일부러 무거운 짐을 져라. 업무의 팀원들에게도 높은 성과를 추진한다는 짐을 지워 주지 않으면 제대로 수행할 팀원들은 하나도 없다. 중간 정도의 업무 실적으로 만족하는 팀원들은 대충 업무하고 일을 처리하지만 남다른 목표를 세우고 하겠다는 목표를 세운 팀원들은 밤을 새워서라도 상사와의 약속을 위해 자기 일의 신속한 업무 추진을 위해 죽어라 한다. 회사나 다른 사람을 위해서가 아니라 내 자신을 위해서 무거운 짐을 지자. 그 짐의 무게가 무거울수록 그만큼 자기 몫도 커지고 성과와 실적 1위에 오른 사람은 그 짐과 그로부터 오는 부담감 때문에라도 더 열심히 뛰게 된다. 우리는 능력 이상의 목표를 짐으로 설정하고 도전하고 성취함으로써 자기 자신의 그릇을 키울 필요가 있다. 남들보다 원대한 꿈을 가져야만 더 큰 성공을 거둘 수 있는 것이다.

원인에서 넓은 개념으로 대책을 세워라

나는 몇 년 전에 산업재해에 대한 인적오류에 대하여 인적요인으로 사고요인들을 분석한 책을 낸 적이 있다. 원인에 대한 분석을 3차 요인까지 분석을 했지만 아직도 원인에 대한 분석은 현대문명이 지속되는 한 완전하기에는 미흡하기 때문에 지속적인 연구가 필요하다. 인적오류는 원자력 발전소나 항공사나 기타 운송관련 사고의 10~30%가 사람에 의해 발생됨을 볼 때 오류에 대한 분석은 더욱 분석이 되어야 되고 기타 주변의 인프라 관련 시스템이 구축되어야 하는 선행조건이 병행되어야 함을 실감케 한다.

현재도 미래도 원인에 대하여 발생원이 세분화되고 다양화되어 원인을 찾기 위한 밀착 측면에서는 현장에서 안전에 관계된 사람들이 많은 원인을 추구해야 하고, 학계에서는 이론적인 연구 및 분석이 되어 산·학협동이 원활하게 이루어져야 하고, 관계된 기관과 기업체에서는 공유하는 자리를 만들어 더욱더 인적요인에 대한 원인의 정립이 필요하다고 본다.

인적에 의존되어 운영하는 항공기 산업, 전력계통의 국가산업, 원자력 발전소, 국가 기간산업 등은 사람의 의존성이 크기 때문에 중요한 원인으로 인해 집착되기 때문이다. 이만큼 원인에 대하여 어떤 시각으로, 어떤 방법으로, 어떤 생각으로 해결을 위해 접근하느냐가 중요한 관건이다.

어릴 때 읽었던 '코끼리와 장님'이란 동화가 있다.

코끼리의 다리를 만졌을 때는 '기둥 같다'고 하고, 코끼리의 배를 만졌을 때는 '천장 같다'고 하고, 코끼리의 꼬리를 만졌을 때는 '줄기 같다'고 하는 동화는 많은 의미를 준다. 그렇다. 어느 관점으로 사물을 보느냐가 중요하듯이 시각과 생각의 차이에서 오는 방법은 3가지 측면으로 볼 수 있다.

첫 번째 사람 측면으로 나-너-우리 차원으로 접근하면 나의 관점은 나의 반경으로 정의를 낼 것이고 너의 관점은 동일한 반경으로 볼 것이다. 우리 차원에서 본다면 원활한 지식공유와 의사소통이 전제가 된다면 공유의 반경이 확대되므로 그만큼 지식의 반경도 넓어지게 된다. 이것이 지식과 공유의 반경이 되는 것이다.

두 번째는 프로세스 관점으로 3가지로 볼 수 있는데 방법과 관리와 절차로 나누어 방법에는 시간과 돈으로, 관리차원에서는 운영과 의사결정과 계획으로, 프로세스는 기준과 조직으로 보면 문제에 대한 해결책을 쉽게 볼 수 있을 것이다.

세 번째는 사고와 안전의 인터페이스 역할을 해주는 인프라 관점이다. 필요한 인프라에 대한 입력과 출력의 매칭포인트에 철저한 관리를 해야 한다.

어떻게 해결을 하기 위하여 투자가 들어갈 것이고, 완료유무에 대한 건으로 받아들일 때 시간이 동반될 것이다. 진행에 있어 운영은 순방향과 역방향의 조율이 필요할 것이고, 누군가에 대하여 의사결정으로 속도감과 가부결정과 방향의 전환점을 갖게 될 것이고, 관리의 4요소가 중복될 것이며, 완수하기 위한 철저한 계획은 필수불가결한 항목인 것이다.

실행에 옮기지 못하는 CEO는 쳐다보지 마라

보통 성공적인 전략의 공통요소는 안전 측면에서 볼 때 장기적인 목표와 단기적인 목표를 구체화해서 외부적인 환경에 대한 이해와 내부적인 역량에 대한 객관적인 평가와 실행이 효율성을 목표로 실현되었을 때를 성공적인 전략이라고 본다.

미국 FPL Group의 CEO인 짐 브로드헤드는 "전략이란 것은 실행에 옮기지 않으면 한 장의 종이에 지나지 않는다. 책임을 지고 있는 사람이라면 어떤 일이 필요한가를 아는 것도 중요하지만 반드시 그에 응하는 결과를 얻어내야만 한다."고 주장한다. 〈포춘〉지의 〈CEO의 6가지 습관〉에 의하면 실행에 옮기지 못하는 CEO의 70%가 전략의 문제가 아니라 행동으로 옮기지 못한다는 것으로 나타났다. 왜 이런 일이 생길까라는 문제의 실행력에 대한 접근을 해보면 이런 일이 내새되어 있다.

문제의 복합성으로 인해 일과 역할에 대한 정의가 내려져 있지 않아서일까? 중요사항에 대한 일의 업무에 대한 의사결정이 되지 않아서일까? 리더가 되어서 팀원들에게 권한 위양이 되지 않고 일에 부하(Load)가 많아서 그럴까? 상사의 눈치로 아직도 일에 대하여 소신 없이 중요도와 긴급성을 모르고 발등에 떨어진 일만 추진하다 보니 정작 중요한 일은 실행력을 놓치고 가는 것은 아닐까? 머리만 믿고 메모와 일에 대한 적절한 조율 없이 추진하다 보니 일이 누적되는 것은 아닐까라는 생각이 든다.

사실 어떤 목표를 세우고 정확하게 진행한다고 할 때 예를 들어보자.

100미터 전방에 소나무 한 그루가 있는데 눈에 발자국을 똑바로 나타나게 하면서 걸어가려면 어떻게 해야 하는가라는 질문이 있다면 첫 번째는 내 엄지발가락만 쳐다보고 걷는 것과 두 번째는 눈 감고 양팔을 벌리고 똑바로 걷는 것과 세 번째는 소나무 꼭대기를 보고 똑바로 걷는 방법이 있을 것이다. 가장 바른 방법은 목표를 똑바로 직시하고 걷는 것이다. Celanse CEO인 데이비드 와이드민은 리더십의 발전을 4단계로 보고 있다. 1단계는 개인적인 공헌자 단계, 2단계는 주변사람의 리더 단계, 3단계는 리더의 리더, 4단계에서는 산업의 리더로 발전한다는 것이다. 리더는 산업의 발전에 따라 변화해야 한다고 본다. 실행에 옮기지 못하는 CEO는 전문가적인 관리가 아닌 계획적인 실행력의 추진자가 우선 몸에 배게 하는 자세가 필요하다.

리더들의 실행 측면에서 정도를 꼬집는 기업의 사례를 들어보면 삼성의 이건희 전대 회장이 싫어하는 CEO의 10대 유형을 보자.

- 양과 수치만을 중시하고 쫀쫀하게 작은 것만 챙긴다.
- 거짓말을 한다.
- 같은 실수를 반복한다.

- 발상의 차원이 낮다.
- 직함에 안주하려 한다.
- 자기 자신에게 충성할 것을 요구한다.
- 실패할 경우를 대비해 핑계거리를 생각해둔다.
- 부하나 타인의 공적을 가로챈다.
- 사내정치에 정신이 팔려 있다.
- 사람을 키우지 않는다.

리더는 거시적으로 볼 수 있는 식견과 정직과 생각의 창조에 대한 발상이 적고 변화에 민감하지 않은 것과 전통적인 리더십에 안주하는 것과 처신술과 부하에 대한 계획 및 육성이 없음을 지적하고 있다. 결국 리더는 자기 자신에 대한 요인인 노력, 열중, 변화, 창조, 공명정대와 조직적인 요인인 분위기와 부하 육성과 업적 및 능력에 대한 배려와 실행에 대한 사고와 행동과 의식을 느껴야 한다.

안전의 속도는 어두운 면(Dark-Side)이 좌우한다

안전의 리더도 안전에 관련된 회의에만 참석할 것이 아니다. 생산회의, 혁신회의, 수율회의, 마켓팅회의, 원가절감회의 등 회의 내용에 따라 참석해야 되지만 직급에 따른 회의도 조장회의, 반장회의, 대리회의, 과장회의, 부장회의에도 참석을 해서 그들만의 목소리와 고민을 들어 줄 수 있어야 한다.

리더는 하루 8시간을 기본으로 했을 때 80:20 법칙 즉 파래토 법칙에 의해 20%에 해당하는 90분 정도는 필히 현장을 점검하는 데 시간을 내라고 말하고 싶다. 리더는 현장 점검활동을 주기적으로 가져서 시각적인 안정성과 변화성을 직시할 필요가 있다. 현장의 살아

숨쉬는 부분을 익히지 않으면 현장감이 떨어져서 대책을 세워도 현장과는 괴리가 있는 대책을 세우는 어리석은 일이 생길 수 있다.

많은 회의에 참석해서 어느 부분에 문제가 생기면 다양성과 다변성과 대응력을 가지고 어떻게 도울 것이고 어떻게 대처 할 것인가를 생각하는 습성을 가져야 된다.

어느 회의에 참석하게 되었다.

회의 내용은 공정에 대한 개선회의였는데 어느 제품을 실은 설비의 부하부가 움직일 때 동작으로 인해 파티클(먼지)이 발생되어 수율이 저하되고 있었는데 대책을 세우기 위해 경쟁업체와 선진업체를 벤치마킹 한 결과 부하부의 승강과 하강의 속도를 최적화함으로써 파티클이 현격히 줄었다는 것이다. 이 문제는 이 회사에서 10년 이상 문제를 해결하지 못하고 일상적 공정의 부분적인 것이라 생각해 오던 것이었다. 문제 접근의 해결책은 계측설비의 부하부의 속도에 있었다. 종전에는 엔지니어들이 계측기에 대한 관심이 부족하고 주요부분이 아니어서 관리대상에서 일부 소외되었고, 거부감과 속도에 대한 중요성 인식이 정립되어 있지 않아 시간이 많이 소요되면서 지나갔던 일이었다.

회의에 참석하면서 문제 발상의 전환이 안 되고 사후예방이 되는 것을 보면 놓치고 가는 몇 가지 이유가 있다. 왜 그렇게 놓치고 갔는지 그 이유는 세 가지로 정리가 된다.

첫 번째는 문제의 해결을 경험에서 이해로 집중되어야 하는데 항상 극한상황에 도전한다는 생각이 없었기 때문에 실마리를 풀지 못했다는 생각이 든다.

두 번째는 잠재적인 요소라고만 생각했던 파티클을 사상요소(Killing factor)라고 생각을 했으면 이 많은 시간과 생각을 소비하지 않았을 것이라는 생각이 든다.

세 번째는 종전의 방법보다는 비판적인 눈높이로 접근을 하고, 밝은 면보다 어두운 면을 면밀히 검토하고, 팀원들의 교육을 중심치에서 평균을 높이고, 위라는 관점보다는 고도라는 관점으로 보는 눈을 키웠으면 하는 생각을 해 본다. 생각과 행동을 가지고 진행했던 것이 중요한 요소이다.

안전의 속도는 일하는 부분에 있어 3F(Focus, Fast, Fun)처럼 신속함과 일의 균형을 가져감을 말하는 것이고 어두운 면은 마이클 노고의 〈think〉에서 강조하듯이 판단의 끈을 단단히 죄는 비판적 사고와 생각의 폭을 좁히는 시각적인 부분과 객관성과 위기를 포용하는 생각의 폭이 미치지 못했던 점을 결핍되었다고 본다. 안전의 어두움은 팀원의 행동이 못 미쳐서, 지식이 부족하고 기술이 낮아서, 조직에 대한 환경이 조성이 안 되어서, 문화 형성의 제반여건이 모자라서 발생되는 부분이라 판단이 된다. 그것들은 잠재적, 비판적, 돌발성, 위기성, 잘못된 점에 대한 무관심, 수동적 사고방식 등으로 볼 수 있다.하나는 bag-guy란 생각을 가지고 발전 지향적인 발상을 머리 속에 했다는 차원에서 볼 수 있고 동일한 차원의 안전적인 생각을 유지하기 위한 neck-guy로 추진했음을 알 수 있다.

2장

•
•
•

리더의 조건; 행동편

안전의 행동을 기반부터 다져라

윈윈(win-win)의 작은 존중은 팀원에게 시작해라

"기업 활동은 경쟁하면서도 공존하고 발전할 수 있는 여지가 얼마든지 있다. 이제 완승하거나 완패하는 게임, 모든 것을 잃어버리는 게임보다는 모두가 이기는 상생의 지혜를 발휘해야 한다."고 이건희삼성 전대 회장은 〈생각 좀 하며 세상을 보자〉에서 얘기하고 있다. 현대사회는 자기만의 생존이 아니라 공존이 되어 장기적인 안목으로더불어 사는 사회를 중요시 한다. 상생의 시발점은 신뢰이며 신뢰경영의 중요한 범주 중 하나는 존중이다. 이는 팀원을 대하는 회사나 경영진의 시각과 밀접한 관련이 있다. 훌륭한 일터(GWP: Great Work Place)에서 나타나는 공통점은 무엇보다도 회사가 팀원을 존중한다는 점이다. 팀원을 하나의 인격체로 존중하고 회사와 함께 성장해야 하는 파트너로 생각한다. 리더는 팀원을 대립적인 시각에서보는 것이 아니라 윈윈할 수 있는 관계로 보는 신념이 확고해야 한다. 팀원들의 목소리에 귀 기울이며 이를 정책에 적극 반영하고자노력하고 나아가 팀원의 가족까지도 준팀원으로 신뢰하고, 가정의균형(Work-Life Balance)을 갖춰 주려는 노력이 새로운 추세로 자리 잡는 것도 이 때문이다. 팀원들의 역량과 사기를 높이며 팀원들의 높은 수준이 고객에 대한 보다 높은 질의 서비스로 나타난다. 선 마이크로 시스템스에서는 'SunU'라는 사내 대학프로그램이 있다. 방대한 교육과정을 제공, 팀원들이 필요하면 언제든지 원하는 지식을 습득하고 개인 발전을 도모할 수 있도록 지원하고 있다. 물론 훌륭한 일터로 알려진 포천 100대 기업뿐만 아니라 일반 기업에서도 다양한 교육 프로그램을 제공하는 경우가 많다. 그러나 단지 프로그램을 갖고 있는 것에서 나아가 실질적으로 팀원의 성장에 도움이 될 수 있도록 제도적, 정책적 배려를 기울이는 회사는 흔하지 않다.

한 로펌에서는 라이프세이버 어워드(Lifesaver Award)라는 인정제도를 통해서 비서나 문서담당자에게 열심히 일한 동료를 표창하도록 한다. 지원부서의 경우 그 업무성과의 가시성이 떨어져 인정받는 것이 어렵지만 이러한 제도를 통해서 그들의 노고에 감사를 표하고 인격을 존중해주는 것이다.

격려와 인정, 제안을 넘어 업무에 대한 권한을 명확히 하고, 그 중요성을 인식시키는 노력도 존중의 표현 형태 중 하나다. 미국의 기업에서는 각각의 구성원에게 직무 권한(Job Ownership)을 문서로 알려 주고 이들이 자신의 영역에서 업계 최고와 경쟁하도록 지원한다. 팀원의 가정에 대한 배려는 인재의 중요성이 커지면서 더욱 강화되고 있다.

제약회사 파이저는 오후에 반찬거리를 사내 식당에서 가져갈 수 있도록 제공한다. 3M에서는 하루의 일과 중 15%를 자기가 하고 싶은 일을 하게 함으로써 자기역량을 키우는 계기와 아이디어를 창의적 만드는 시간을 제공한다. 삼성전자는 업그레드 My Time제(UMT)를 적용해 팀원들이 자율적으로 근무 시간 중 10%를 본인이 계획한 업그레이드 목표를 달성하는 데 사용하는 제도를 시행하고 있으며 업그레드 플랙서블 타임제처럼 Core time을 고려한 근무시간 자율선택은 사원들에게 유연함과 근무제도의 탄력성을 제공하고 있다. 공급자 중심의 대량생산에 기반한 산업구조가 고객중심의 소량 다품종 산업구조로 넘어감에 따라 실질적인 경쟁력은 독특한 제품이나 서비스에서 나오게 된다. 이러한 차별성은 구성원들의 창의적인 아이디어와 역량에서 나오게 된다.

마음의 문화(Culture of Heart)로 유명한 시노버스 파이낸셜의 터너 회장은 이러한 선순환 구조에 대해 '사람을 소중히 여기면 이익은 저절로 발생한다.'고 간단명료하게 정의를 내린다. 좋은 팀원들이 모이기 시작하면 좋은 회사가 될 수밖에 없다. 좋은 팀원들은 밖에서 스카우트해 오는 것이 아니라 회사가 잘 키워 내야 한다는 것은 말할 필요도 없다. 그리고 좋은 팀원을 키워 내고 이러한 팀원들을 지켜 나가기 위해 생활의 어려움이 없도록 회사는 관심과 배려를 보여야 한다.

"누가 돈, 건물, 브랜드는 남겨 놓고 직원들을 데리고 떠난다면 우리 회사는 망할 것입니다. 하지만 이 모든 것을 갖고 가더라도 직원들을 남겨 둔다면 우리는 10년 내에 모든 것을 재건할 수 있습니다"는 리처드 듀프리 P&G 사장의 얘기에서 진정으로 팀원을 소중히 여기는 자세를 생각해 봐야 한다.

6가지 리더의 행동패턴을 익혀라

행동은 어느 규율이나 기준에 따라 자유스러울 수도 있고, 시간과 환경에 따라서 제약이 될 수도 있고, 소속에 접해 있는 많은 에너지와 부하로 인해 행동의 양상과 패턴이 달라질 수 있다. 행동패턴은 행동에 따라 분위기의 패턴이 달라지고, 행동의 요인이 사고로 이어지는 것은 인간의 오류 중에 중요한 인자이다. 그 중에 리더의 행동 패턴은 팀원들에게나 조직원들에게 행동의 본보기가 될 수 있다. 리더의 행동패턴은 6가지로 분류할 수 있는데 1차적인 인간의 오감 안에 있는 부분이다.

첫 번째가 실행의 패턴이다. 이것은 어떤 문제에 직면했을 때 문제의 해결자가 항상 긍정적인 생각을 가지고 있느냐이다. 만나는 모든 사람들이 안전을 위해 일한다고 생각하는 것이다. 이것이 의식화가 나만의 안전을 위한 리더가 서로간의 마음을 열려면 '나부터'라는 생각을 가져야 한다. 인류를 위해 일한다고 생각한다.

두 번째는 시각적인 패턴이다. 작은 것부터 관심을 가져라. 낮은 수준으로 생각해라. 연결고리의 접점을 생각하라. 행동반경에 대한 전체를 보아라. 시각적인 안전의 문제에서 감성적인 부분까지 업그레이드 하는 부분이 행동패턴의 일부분이 되는 것이다.

세 번째는 행동 패턴이다. 솔선수범한다. 경험과 이론으로 행동해야 한다. 역할분담을 정확히 해야 한다. 위험과 안전행동에 대한 모범을 보여야 한다. 안전의 인적사고가 행동오류에 기인됨을 알고 안전학자가 얘기한 오류 중에 수행, 시간, 생략, 순서과오로 구별되듯이 차별화되어야 한다.

네 번째는 전달 패턴이다. 문제가 발생하면 공유가 신속히 되어야 한다. 해결 하려는 의지를 가져야 한다. 실행하려고 하는 신념을 가져야 한다. 정확한 논리로 이야기 하는 방법을 익혀야 한다. 의사전달은 현실적으로 가장 중요하다고 생각해야 한다. 문제의 핵심을 이야기해야 한다. 탬플대학 심리학과의 린드 박사는 혼자 온 쇼핑객과 여럿이 온 쇼핑객을 각각 찾아다니며 물건 구매를 부탁했다. 그 결과 혼자인 경우 10.6%, 여럿이 온 경우 20%가 구매를 했다. 인간에게는 허세의 심리가 있어 누군가 곁에 있으면 쉽게 거절하지 못한다는 것이다. 이것을 볼 때 '공중이미지효과'도 대화하고 연계를 시켜 볼 때 설득은 혼자 있을 때보다 여럿이 있을 때 하는 경우가 더 잘 받아들여진다.

다섯 번째는 듣기 패턴이다. 남이 하는 이야기를 귀담아 들어야 한다. 우수마발이란 말이 있듯이 사소한 얘기도 받아들여야 한다. 듣는 것은 그만큼 내가 아는 것보다 빠른 지름길이 안전의 조치사항이다. 위아래를 가리지 말고 겸손히 들어야 한다. 안전의 첫 번째가 현장의 목소리를 경청한 것임을 명심하여야 한다.

여섯 번째는 생각 패턴이다. 생각은 사고의 근본적인 행동의 시발점이고, 생각하는 갈대라고 정의한 인간에게 있어 필연적이고 정신적인 값어치이다. 인간에게 생각을 정신적인 값어치로 레벨화 할 수 있는 단계라면 4단계로 본다. 지능지수(IQ) → 감성지수(SQ) → 안전지수(SQ) → 행복지수(HP)임을 숙지해야 한다.

안전의 생각이 감성과 행복의 연결고리임을 알고 사고해야 한다. 생각은 기억의 2차원적이며 사고는 생각의 3차원적이다.

위기일수록 생각과 행동을 일치시켜라

빨대 물고 물속에 있는 시기로 생각하고 죽기 아니면 까무러치기 정도로 생각하고 업무에 임하는 자세를 가지자. 물에 빠지더라도 바닥을 쳐야 발돋움을 해서 올라올 수가 있다는 생각을 가지고 전환점의 변화의식을 가지자. 그 중에 하나가 혁신의 사고개념이 확고해야 안전업무가 성숙된다. 제품은 고객과 회사의 보이지 않는 약속의 연속이다. 기술은 회사의 비전을 갖기 위한 장기적인 약속이자 생존 차원의 약속이다. 원가는 회사와 협력업체가 영원히 존속하기 위한 시로간의 약속이다. 글로벌 운영은 우물 안의 개구리에서 밖으로 뛰어

나와 세계 속에서 타 업체와 경쟁하는 것이다. 마케팅은 고객들과 친밀하기 위한 1차적인 밀착단계의 기초이다.

조직문화는 사원과 회사 간에, 사원과 사원 간에, 사원과 사원 내의 모기업과 협력업체 간에 보이지 않는 정신적 흐름이다. 대기업은 위기일수록 투자에 대한 재검토나 삭감 및 축소가 이루어지고 연기, 반기, 분기 및 해를 넘기는 상황이 벌어지며 수율향상을 위한 업무의 정체성으로 확실한 장담을 못하고, 원가절감, 생산력원가, 사원의 의식저하, 사원들의 복리후생 등 사소한 지출에 대한 금액이 눈에 띌 정도로 삭감된다. 경제가 살아나면 언제 그랬냐는 듯이 정반대의 완화가 보인다. 이 경우는 경제적인 면이지만 안전의 경우는 이와 정반대의 상황이 된다. 초윤장산(礎潤張傘: 주춧돌이 젖어 있으면 우산을 펴라)에 민감해라. 안전의 경영에서는 정말 중요한 되새김의 언어다.

리더든 경영인이든 선행이 되어야할 조건과 전략은 동일하다고 본다. 미리 점검하고, 미리 보고, 미리 판단하고, 미리 행동하는 등 사전예방 및 사전준비를 철저히 해서 상황 발생 시 즉각 대처하고 잠재요소에 대한 사각 및 취약에 대한 관리를 철저히 해서 예방을 철저히 해야 한다. 결국 Gray 지역(Red지역: 화재, 가스, 케미컬, 전기의 중요한 위험지역으로 총체적인 공간보다 잠재적인 공간)에 대한 집중관리가 생각으로 집중화되고 행동으로 이어져야 한다. 스웨덴 속담에 '신이 새들에게 먹이는 공통적으로 부여했지만 둥우리는 던져주지 않았다.'는 것과 같이 출발은 동일하게 하지만 각자의 노력 여하에 따라 결과물이 달라질 수 있다는 것을 나타내 주고 있다.

의지와 행동의 사고(思考)가 무사고(無事故)와 비례한다

케스반 데르 헤이든의 〈시나리오 경영〉의 글을 인용해 보면, 나치의 죽음의 수용소에서 작가이자 치료학자인 빅터 프랑클 박사는 자기가 살아나갈 확률이 상당히 희박하다는 것을 알았다. 그는 살아나갈 가능성을 1 / 28로 보았다.

아우슈비츠에서는 적극적인 사고방식을 가질만한 근거가 없었다. 그러나 프랑클 박사는 적극적인 사고방식이 아닌 적극적인 행동을 선택했다. "내가 아우슈비츠로 끌려갈 때 출판하려고 써놓았던 원고가 없어졌어요. 바바리아 수용소에서 장티푸스에 걸려 아팠을 때 나는 조그마한 휴지 조각 같은 종이에 다시 원고를 쓰기 시작했습니다. 물론 자유를 찾는 날이 과연 올 수 있을지를 의심했습니다. 그러나 나는 바바리아 집단 수용소의 어두운 건물 속에서 다시 쓰는 이 원고가 심장혈관 질환으로 고생하는 나를 지켜 줄 것이라고 확신했습니다."

프랑클 박사는 머릿속에서 연설문을 작성하면서 전쟁이 끝난 뒤 청중에게 강연하는 자신의 모습을 상상했다. 상상 속에서 죽음의 수용소는 더 이상 존재하지 않았다. 그는 살아서 나갈 확률이 거의 없다고 생각하면서도 아무 도움도 되지 않는 걱정을 멈추고 그가 할 수 있는 적극적인 행동을 꾸준하게 했다. 그는 다시 책을 썼다. 〈죽음의 수용소에서〉라는 책은 900만 부가 팔렸다. 의회 도서관은 21세기에 큰 영향을 미친 10권의 책 가운데 1권으로 이 책을 선정했다. 그는 적극적으로 생각하지 않고 적극적으로 행동했다. 집단 수용소에서도 '적극적으로 행동'할 수 있었다면 우리라고 그렇게 하지 못할 이유가 있는가?

또 다음과 같은 예도 있다.

소규모의 헝가리 수색대가 알프스 산맥에서 군사작전 중이었다. 젊은 이 부대의 상관은 수색대를 얼음 지대로 보냈다. 이틀간 눈이 내렸고 그들은 돌아오지 않았다. 그러나 사흘째 되던 날 수색대가 한 명의 조난자도 없이 돌아왔다. 상관이 궁금해서 물었다. "어떻게 길을 찾아 돌아왔지?" 그러자 그들이 말했다. "우리도 길을 잃고 모두 죽는 줄만 알았습니다. 그런데 그때 우리들 가운데 한 사람이 주머니에서 지도를 찾아냈습니다. 그 길로 우리는 우리가 친 임시 텐트를 빠져 나와 눈보라를 견디며 방향을 잡아 돌아왔습니다."상관은 대견스러운 마음에 그 지도를 바라보다 소스라치게 놀랐다. 그 지도는 2000㎞ 나 떨어져 있는 피레네 산맥의 지도였던 것이다.

이 이야기는 우리에게 두 가지 교훈을 준다. 하나는 올바른 답을 알면서 행동하지 않는 것보다 답을 모르더라도 일단 행동 하는 것이 현명하다는 것과 나머지 하나는 우리는 모두 자신만의 답을 찾거나 다른 사람이 가진 정답을 현재 상황에 응용할 필요가 있다는 것이다.

안전의 1차적인 대책은 행동이고 점검이다. 실천에 옮기는 것이 개선이다. 지속적이고 끊임없는 열정의 마음은 자기 일에 대한 자부심의 기초인 것이다. 안전의 리더는 다른 비즈니스의 리더와는 분명히 차이가 있고, 조직에 대한 보이지 않는 부분과 보이는 부분에 대하여 안전리더는 의지와 행동과 기술이 먼저 현장이어야 하고, 리더의 기본정신은 조직원들에게 스며드는 하이－스피릿(high －spirit)이 되어야 한다.

position power를 키워라

position power가 안전의 힘이 된다

팀원을 가지고 있는 사람은 계력(position power)을 키워라. 팀원이 믿고 따를 수 있도록 신뢰가 조건의 전제가 되어야 한다. 팀원을 호되게 가르쳐라. 일에 대한 전념과 역량이 필요충분조건에 다다를 수 있도록 하라는 것이다. 부하 관리는 백년대계이다. 팀원들 중에 똑똑한 사람을 발탁하라. 다만 일에 대한 차별화를 정의해서 일에 대한 속도와 의사결정과 처리에 대한 능력을 키우는 것이 선행이 되어야 할 것이다. 리더는 부하 육성이 기본이다.

조직의 업무성과 및 실행은 장기적으로 보아서는 팀원을 통한 결과이다. 사상, 일하는 방법, 각자에 맞는 사람 육성을 해야 한다. 이것이 근간이 되어야 권한 위임이 수반되는 것으로 업무의 질과 양에 의해 추진방향에 대한 방향과 속도를 가지고 효율적인 효과를 내기 위한 전주곡이 되는 것이다.

팀원을 믿고 그들에게 권한을 위임할 수 있는 환경을 조직구조에서 구축하는 기술도 병행되어야 한다. 팀원에게 위임하는 단계는 자신감 갖기, 알아서 일하기, 영향력 발휘하기, 일의 가치 알기 등 네 가지로 구분하기도 한다. 일은 자기가 가지고 있는 업무의 권한을 위임해서 현재의 업무에서 한 단계 위상을 높일 수 있는 직무를 찾게 된다. 전문직과 연구직은 쉽게 되지 않지만 철저한 자기업무 중심이 되고 있다. 분명한 업무의 특화된 부분이라도 실행을 해야 하고 해야만 한다. 조직이 살고 발전하는 계기가 됨을 알 수 있다. 직위와 직책이 높아지면 목에 힘주는 중국식 공무원 스타일이 아니라 현재의 위치보다 업무의 질과 실적을 직위와 직책보다 한두 단계 높게 보라는 직접적인 표현으로 받아들이면 된다.

그러기 위해서는 여러모로 업무의 기술과 실행이 뒤따라야 하는 것은 사실이다. 이런 측면에서 상사로서 안전리더로서 자기중심적 아이템을 가지고 자기분석을 한번 해보자.

- 직위, 직책에 맞게 자기성장을 하는지!
- 넣어 준 조직관리는 잘하는지!
- 타 부서와 부딪히기 싫고 음해당하기 싫어하고 있는지!
- 경쟁하기 싫어 쉽게 타협하는지!
- 조직원들의 미래에 대한 목표와 비전 없이 일하는지!
- 일에 대한 계획은 선택과 집중이 되고 있는지!
- 일의 진척관리는 하고 있는지!
- 부하육성의 동기부여는 잘하고 있는지!
- 조직 내 관련 부분과 협력 및 신기술 확보에 대한 협조는 되고 있는지!
- 조직원에 대한 평가는 투명하게 하고 있는지!

복지부동이면 문제다. 급변하는 환경과 조직의 분위기에 어떻게 융화하고 성장하나. 남보다 뛰어나야 앞서간다. 부서장과 팀장과 리더장과 셋션장, 파트장의 경쟁자는 울타리 안이 아니다. 리더이기 전에 관리자인 것이다. 포천 50대 기업들에서 사용되는 관리자 역할에 대한 내용이다.

- 변화관리-자기인식-계획수립-비전제시-격려-전략적인 사고-통솔력-리스크의 관리 및 수행-주도권-리딩-업무 실행 및 조정-성과지도-다양한 관리-폭넓은 사고와 관점-대인관리 내용으로 볼 수 있다. 개인적인 자기발전에 따른 집중적인 영역에 치중되어 있다. 그 중에는 적절한 가운데 장기적인 로드맵(Road Map)을 가지고 전략적이고 단계적으로 접근해야 하고, 리스크에 대한 업무의 역할과 역량에 대하여 주도적인 입장이 되어야 하고, 다양성 의 관리와 사고와 대인관계도 중요한 관점으로 나타나고 있다. 리더이기 전에 관리자로서의 과중한 정의를 내려야 한다. 선택과 집중의 촉매역할을 벗어날 수 있음을 알아야 한다. 이것의 로스는 결국 회사 경쟁력의 로스를 잃게 되는 것이고 성취는 자신과 조직의 성장과 발전을 약속하는 계기가 됨을 알아야 한다.

늑대에서 리더를 배워라

늑대의 습성을 보면 무리 안에 순위제라는 질서가 있어 모든 늑대가 일정한 계급을 가진다. 계급이 높은 늑대는 지배늑대라고 하고 종속 늑대라고 하는 하위늑대를 지배한다. 리더인 지배늑대는 몸을 똑바로 펴고 꼬리를 높이 들며 귀를 위와 앞으로 세우고 이를 내보이며 으르렁거린다. 한편 종속늑대는 웅크리고 다리 사이에 꼬리를 집어넣고 귀를 내리며 낑낑거리는 형태로 생활한다. 이 같은 늑대의 공동체 생활을 보면 보통 10여 마리 이상씩 무리 지어 생활한다. 이동물은 일부일처제로 한 번 맺은 짝은 평생을 같이하고 어미가 분만하면 다른 늑대들도 새끼를 함께 돌본다. 싸움에 있어서는 늑내 무리를 이끄는 우두머리인 리더는 무리 안에서 싸움이 벌어질 때 개입

한다. 제압의 방법은 우두머리가 싸우고 있는 늑대 중 힘이 센 늑대에게 장난을 걸고, 장난을 통해 동료를 향했던 공격성을 잊게 한다. 이로 인해 다시 무리가 유지된다. 먹잇감은 우두머리인 리더가 혼자 나서는데 생존을 위한 굶주림의 여행을 하게 된다. 우두머리인 리더는 사냥감의 흔적을 발견하면 울부짖어 무리를 부른다. 우두머리의 정탐은 굶주린 채 3~4일이 계속되기도 한다. 귀환한 슬픔과 걱정을 담는 울음은 다른 동료의 격려로 우애를 돈독히 한다. 리더는 무리의 신뢰를 잃으면 스스로 물러나게 된다. 새로운 우두머리는 동료의 동의를 얻어 리더가 되고 난폭하고 싸움에 능한 늑대는 우두머리가 될 수 없고 무리를 떠나게 된다. 그것은 무리를 유지할 수 없기 때문이다.

리더의 역할은 조직의 융화, 조직의 유지와 성장, 조직의 변화가 중요한 핵심요소이다. 리더의 홀로서기는 조직이 해결해야 하는 당연감과 의무감을 깊고 넓게 갖는 마음이다.

안전의 자기원칙을 주관적으로 정립해라

우리는 매스컴의 발달로 텔레비전을 통해 많은 연속극과 쇼 무대를 보며 자랐다. 우리는 인기 탤런트가 나오면 연기를 잘한다, 얼굴이 미인이다, 오랜만에 나와서 연기한다, 그 밖의 각종 소문과 유행어로 입방아를 찧으면서 얘기가 오고 간다. 가장의 대화의 비중보다 여자들 중심으로 많은 화젯거리가 놓여진다. 어린아이부터 나이 드신 어머니까지 주로 인물평을 늘어놓는다.

최근 내가 보기에는 수더분하고 이웃집 아주머니 같은 중년의 여자(아주머니)탤런트의 강의를 듣고 너무 놀라웠다. 그분은 일반적으로 생각하는 탤런트보다 많이 떨어지지만(인물만?) 나이에 비해 젊고 인기도 많다. 그분의 인기비결을 보고 자기인생의 원칙을 가지고 있구나 생각했다. 젊어서는 키가 작아 교사이면서 학생처럼 오해받고, 인물이 없어 단역배우로 인생을 살아 왔지만 그분은 나름대로의 인생철학이 있었는데 4원칙이 그것이다. "그때 나는 정말로 탤런트 생활을 때려치울까 밤새 고민했었다. 성공한 지금에 와서는 곰곰이 생각해보면 성공에는 다음과 같은 4가지 원칙이 있다고 생각한다.

첫째, 마라톤의 원칙이다. 과욕 부리지 않고, 목표를 정하고 속도를 조절하면서 꾸준히 뛰는 것이다.

둘째, 날씨의 원칙이다. 비바람이나 폭우가 몰아치는 날이 있어도 어느 날 분명히 해는 뜬다. 희망과 긍정적인 자세를 잃지 말고 실패해도 좌절하지 말고 오기를 갖고 인내하라.

셋째, 합창의 원리이다. 사람들과 호흡을 잘 맞추는 사람이 인기가 있다. 노래방에서 제일 싫은 사람이 누구인가? 마이크 독점하는 사람, 남이 노래 부르는데 꼭 끼어들어서 노래 망치는 사람, 악만 바락바락 쓰는 사람, 흥겨운 분위기에 처진 노래 부르는 사람 등이 있다. 그런 사람보다는 같이 분위기를 맞춰 가면서 부르는 사람이 더 좋을 때가 많다.

넷째, 등산의 원리이다. 처음에 산에 오르기는 해도 출발하기가 망설여진다. 그때 과감하게 일어나서 출발하는 것이다. 한참을 오르다 보면 힘도 들고 땀도 난다. 그때 이 정도만 하고 그만 할까 하는 생각이 들게 마련이다. 그 사람은 정상의 맛을 영원히 못 본다.

사실 끝까지 올라가면 모든 것이 발아래 있는 법이다. 정상의 맛은 아무나 느끼지 못한다. 참고, 꾸준히, 목표만 바라보고 인내를 거듭 할 때 기회가 오는 것이다. 자기주관은 생각에 미치고, 행동에 미치고, 이어져서 인생철학이 되고 인생의 확고한 주관이 정립된다. 안전리더의 색깔론에 대한 주관도 중요하지만 자기원칙론에 대한 확고 부동한 신념의 원칙이 주관적으로 이어져야 한다."

일의 중심에 서라

일의 일반성은 일의 성격과 업무의 질에 따라 사원, 대리, 과장, 부장, 임원이 추진하고 있고, 일의 경·중에 따라 납기와 담당자와 결과에 대한 기대치를 구분하여 일이 추진되고 있으며 예상되는 사람의 인지에 따라 여러 가지 경우의 수를 두고 운영되어 개선되어지고 있다.

일의 다양성을 가지고 시간의 축을 두고 진행하지만 방법은 사람으로, 프로세스로, 각종 서류와 보고서로, 각종 정보의 매개체를 통해 여러 형태에 따라 진행되고 있다.

안전업무에 있어 어느 업무보다 복합성, 다양성, 심각성, 안전성, 환경성, 인화성, 가연성, 인적요소, 물적요소 모든 부분을 긴밀하게 검토하지 않으면 안 되는 일의 복합체가 안전업무라고 본다.

카를 피니의 〈아시아의 세기〉라는 내용에서 보면 21세기의 중심은 아시아를 주목하고 있다. 2050년이 되면 세계인구의 3분의 2가 아시아에 살게 된다. 최근 아시아의 경제성장과 사회변화는 그 어떤 시대나 지역보다 급속하게 변하고 있음을 알 수 있다. 미국의 국무부 장관을 역임한 헤이는 20세기 초반에 '지중해는 과거의 바다였고, 대서양은 현재의 바다이고, 태평양은 미래의 바다'라고 했다. 이 내용 중에 '중국, 거인이 깨어나다' 편에서는 중국인 가운데 33분의 1이 20세 이하 이며, 65세 이상은 7%에 불과하고, 1978년부터 일본이 100년 동안 이룬 것보다 더 많은 것을 달성 했다고 언급하고 있다. 아시아의 중심에서는 중국이라면, 사람과 일에 대하여 중요성을 더 실감하게 된다. 사람의 조직이나 군집 생활 중에서 리더의 역할과 조직이 임하는 일에 대한 핵심 역량이 주요 포지션을 갖게 된다. 일의 안전중심에 서서 흐름을 주관하고 핵심요소에 대한 정확한 내용을 끌고 가는 행동과 태도를 가져야 한다.

어느 칼럼에서 산업을 축구 포지션으로 비교한 사례를 보듯이 공격수인 포워드는 대기업 같은 완성업체가 맡고, 뒷받침은 부품 소재 업체가 맡고, 기술과 인력을 공급하는 대학·연구소들이 수비수 역할을 담당해야 한다고 말한 것을 보았다. 일에도 리더가 공격수가 되길 원한다. 중간 공격수의 직·간접지지와 지원을 받고 수비수의 안정적인 인력공급과 기술과 자원과 필요한 인프라를 받아 밀리지 않고 중심에 서서 여러 부분을 조율하고 필요에 따라 과감히 목표에 도달할 수 있는 팀워크가 일의 중심에 설 수 있는 조건이 되리라 믿는다.

조직내부의 정비를 다각도로 추진해서 추격형 안전리더의 업무로 일괄되지 않도록 해야겠고, 모방형의 리더로 무딘 칼로 시대에 뒤떨어지는 돈키호테 방식을 버리고 일의 중심에 앞장서는 안전강국의 리더로서 도약할 때이다.

치명적 약점을 강점화하는 행동계획을 세워라

유능한 리더는 남이 보기에는 약점은 없고 강점만 있는 것처럼 보인다. 그 중에는 약점이 없는 사람도 있겠지만 약점이 있어도 제삼자에세는 잘 보이지 않는 것이다. 진정한 리더는 약점을 자기의 행동계획을 가지고 보완하고 있는 상황이어서 보기가 힘든 것이다.

존 H. 젠거·조셉 포큼만은 〈기업이 원하는 리더의 조건〉에서 좋은 리더들에 대해 주변사람들이 평가한 것을 토대로 리더가 어떻게 좋은 리더에서 탁월한 리더로 변화할 수 있는지를 보여 주고 있다. 또 리더의 치명적 약점을 다섯 가지로 제시하고 있는데 약점을 보완하고 강점을 살린다면 더 없는 리더로서 행동을 구체화하는 계기가 될 것이다.

- 실수로부터 배우지 못하는 리더.
- 핵심의 대인 스킬과 역량이 부족한 리더.
- 새롭거나 다른 아이디어에 대한 개방적 태도가 결여된 리더.
- 책임감이 결여된 리더.
- 주도성이 부족한 리더.

이 다섯 가지에 대한 분석은 큰 카테고리를 연계고리형으로 보면 개인의 학습능력과 대인관계와 태도와 도덕성과 사고(思考)에 대한 부분이라 본다. 치명적인 약점은 개인적인 자학(自學), 자립(自立), 자개(自開), 자책(自責), 자주(自主)하는 부분에 무관심과 과오를 범하고 있다고 본다. 리더의 개인적인 약점은 자신에 대한 독립심의 결여라고 본다. 개인의 생활, 사고, 능력, 태도 및 책임의 부족한 점을 모르고 간과함으로 부분적인 조직의 구성원으로 인해 결핍성 문제가 보완되지 않고 보이지 않는 보호막이 되고 있을 수도 있다.

서양적 리더의 치명적인 약점이라면 동양적 리더의 치명적인 사고도 유사할 것이다. 개인적인 오류에 대한 분석은 기업이 추구하는 리더에 따라 개인적인 약점, 개인의 실패나 과오, 행동의 오류가 더 세분화될 수도 있다.

안전에서는 불안전한 개인의 오류에 대하여 많은 안전학자들이 분석을 하고 있다. 스웨인(A. D. Swain)은 과오에 대해 생략과오, 수행과오, 시간과오, 순서과오로 분류하여 정의하고 있다. 라스뮤센은 개인의 인적오류가 기술과 규율과 지식으로 인해 발생한다고 분류하기도 하고, 에드워드는 소프트웨어, 하드웨어, 인바이론멘트웨어, 라이브웨어로 인적오류가 기인된다고 정의해서 학문적으로 접근하기도 한다.

개인적인 약점을 강점화하는 행동계획은 몸에 밴 습관에서부터 일하는 현장의 환경과 구성원들의 간접적인 사고의식에서 전염된다.

안전의 강약에 발을 맞춰라

안전관리에도 강약이 핵심이다

개인의 능력에 따라 업무의 의사결정이나 성과에 따른 차이가 난다. 개인의 능력은 사전적 의미를 가지게 된다. 능력의 시발점은 동일하게 보이나 물결이 물살을 타듯 일의 진도가 시간이 갈수록 서서히 진가를 발휘하는 일의 가속도가 붙어 탁월함을 나타낸다. 일의 추진과 진행은 업무의 현황파악에 접근하는 사람, 현황 파악 후 분석의 일환으로 단기적 대책을 세우는 사람, 단기적 대책을 세워 장기적 대책과 장기 비전까지 제시하는 사람 등 개인의 업무 능력에 따라 많이 좌우된다. 좌우하는 요인의 비결은 시간과의 싸움과 정보의 싸움과 가지고 있는 지식을 배가 시키는 싸움과 팀워크로 일을 진행하는 사람과의 문제들이 조화롭게 진행되는 것이다.

  그리스의 철학자인 피타고라스는 '인간의 가장 위대한 자산은 바로 자기통제'라고 얘기를 한다. 자기 자신의 일의 능률을 극대화하고 효율화하는 것이 강약을 조절하는 중요성의 핵심이라고 생각한다. 업무의 엔진, 가속화의 성질이 자동차의 중요한 요소인 것처럼 엔진 성능에 따른 액셀러레이터와 같은 성격인 것이다. 무조건 세게 밟는다고 차가 잘 나가는 것 아니고, 강약을 조절할 줄 알아야 하는 것이다. 토끼가 잘 뛰는 재능을 가졌는데 자기 앞의 장애물에 따라 득이 되고 실이 된다. 토끼의 발 중에 앞발은 짧고 뒷발은 길어 위로 올라가는 부분에는 유리하지만 내려오는 부분에서는 조절이 잘 안 될 것이다. 토끼가 위에서 아래로 내려올 때와 아래서 위로 올라갈 때 장애물을 넘는 것은 상당한 차이를 가지게 할 것이다.

강점과 약점에 대하여 강점을 더욱 가치화해서 장점화하는 부분도 중요하고, 약점에 대하여 더욱 보완해 강점화하는 것은 자기 통제하에 두고 강약을 조절하는 것이 중요한 것이다.

3기 원칙을 자신의 행동으로 극대화하라

자신의 행동에 대하여 신뢰를 갖는 것만큼 중요한 것이 없다. 행동에 대한 경우는 어떤 일이 주어졌을 때, 어떤 위기상황에 대하여 대응하거나 의사결정이 필요할 때, 일에 대하여 자신의 행동이 크게 좌지우지 할 때만큼 리더의 행동과 말은 중요한 처신이자 의사전달의 흐름을 알게 한다.

리더는 말보다 현장중심의 행동이 필요하다. 삼성전자의 명품인 애니콜도 품질불량으로 인한 문제가 제기 되었을 때 사원들의 품질의식을 고취하기 위해 불량제품화형식을 실시한 것도 행동으로 보인 리더의 역할이다. 잭 월치도 기업의 위기상황 때 인원감축을 함으로 사원들에게는 중성자탄이라는 별명을 얻을 만큼 모질었지만 기사회생시키는 행동을 보인 것도 리더의 행동이다. 카를로스 곤은 2000년도 도산 직전의 닛산에 사장으로 부임해서 1년 만에 6800억엔의 적자를 3300억엔 흑자로 돌려놓았는데 '불타는 갑판론'으로 직원들에게 위기의식을 심어 놓음으로써 위기의식을 종업원들에게 행동으로 보인 것도 좋은 사례이다.

현장에서, 사업장에서 위기만큼의 문제 상황이 발생되었을 때 조직원들의 역할 이행과 문제 해결에 대한 진행에 대하여 전체적인 수행과 현장에서의 근무자들의 현상파악이 현장중심으로 체계적으로 진행이 되어야 한다. 먼저 사람을 중요시 여기는 작업을 위해 상황 전파, 대피, 공유를 근간으로 하고 차후 물적 사고에 대한 조치 및 복기를 병행시키는 작업이 동시에 이루어져야 하고, 이에 대응하는 조직원들은 일사불란하게 대응하는 것으로 중요한 역할을 한다. 모든 기업체에서 산업재해 예방과 소방훈련을 정기적으로 실시하고 있지만 생산에 밀려 소홀히 되고 있는 것이 사실이다. 원하지 않게 사고성에 준하는 문제가 되면 현장에서의 대응에 대한 이슈사항이 크게 거론되어 위에서부터 밑에 조직원들에 이르기까지 관심과 초점의 대상이 된다. 같은 흐름과 분위기로 대처에 대한 경각심과 중요성을 전환점에 편승해 분위기를 팀원들과의 공감대 현상을 얻기가 쉽지 않기 때문이다. 이를 극복하기 위해 필요한 3기를 적극적으로 추천한다.

안전의 가장 주도적인 역할은 본인 즉 자기 자신이다. 문제를 접하고 해결할 때까지의 행동을 보면 항상 공통적인 3가지가 있다. 이것을 안전의 자기극복 3기라 명명한다.

> 그것은 용기와 끈기와 극기이다.
> 용기는 문제를 접할 때 처음 갖는 마음가짐이요,
> 끈기는 문제를 처리하는 중간과정이요,
> 극기는 문제를 마무리하는 결과과정이다.

안전의 문제에 대한 의식과 과제도 문제가 제기되면 현황을 파악하고 브레인스토밍(brain storming)을 통해 자유분방한 토의를 하고 필요한 대책을 세우고, 규율과 지침을 표준을 정하고 시행할 수 있는 시스템화하는 것이 필요하다.

피그말리온 효과의 기대치를 가져라

그리스 신화(神話)에 '피그말리온'이라는 왕이 나온다. 어느 날 그는 자신이 만든 미녀(美女) 조각상과 사랑에 빠져, 일편단심으로 그 사랑이 이루어지기를 소원하게 되는데, 신(神)이 이를 불쌍히 여겨 그 미녀 조각상에 생명을 불어넣어 인간으로 변화시켜 두 사람은 행복한 생활을 영위하게 된다. 이 이야기에 빗대어 '상대(相對)의 기대(期待)에 응답(應答)한다'라는 현상을 '피그말리온 효과'라 부르고 있다.

심리학자 로젠탈 등은 초등학교 학생을 2개의 그룹으로 나눠, 실험대상 그룹의 담임선생에게 '지금부터 성적이 오를 것이다.'라는 메시지를 부여하도록 하였고, 다른 비교 대상 그룹에 대해서는 아무런 메시지도 부여하지 않았다. 그 결과 두 개의 그룹 간에는 IQ의 증가에 차이가 나타났다. 특히 1학년과 2학년에서 그 차이가 현저하게 나타났다. 이 때문에 '피그말리온 효과'는 '교사의 기대효과'라고 불린다. 피그말리온 효과의 적용 사례를 보면 피그말리온 효과는 사회인에 대해서도 적용된다. 부하에게 "기대하고 있어.", "일의 성과가 좋아."라는 한마디의 말은 상사의 예상보다 훨씬 강력한 파워를 갖고 있다. 그러나 같은 말을 사용해도 그 효과는 천차만별이다. 말에 담겨져 있는 '기분'과 '태도'의 차이 때문이다.

첫째, 부하의 장점을 보려고 하는 상사는 부하의 '성공한 이미지'

를 볼 수 있기 때문에 진심에서 긍정적인 말이 나온다. 필요하다면 언제든지 지원사격을 해줄 자세가 되어 있다. 실패를 해도 "다음엔 잘해."라고 격려와 만회의 기회를 준다.

둘째, 진심으로 기대하고 있다면 '기대의 말'을 상황에 따라 사용할 필요가 있다. "너라면 할 수 있어.", "너밖에 없다.", "네게 맡긴다." 등 감정을 넣어 말하면 전해지는 강도가 다르다. "잘 했어.", "수고했어요." 등의 칭찬의 한마디도 잊어서는 안 된다.

영화 '마이 페어 레이디'의 교훈을 보면 사례를 알 수 있다. 오드리 헵번 주연의 뮤지컬 영화 '마이 페어 레이디'는 지독한 사투리와 저속한 말로 꽃을 파는 런던의 아가씨 이라이자가 언어학자 히긴스 교수와 친구 피커링 대위의 협력으로 올바른 발음과 레이디로서의 매너를 익히는 특별 훈련을 거쳐 6개월 후에는 상류사회에 어울려져 각광을 받는다는 '신데렐라' 스토리이다. 히긴스 교수는 이라이자의 사투리를 교정하는 역할을 담당하여 여러 가지 방법을 써서 어느 정도 성과를 올리는 데 비해, 매너 담당인 피커링 대위는 그다지 노력했다고는 보기 어렵다. 그러나 의외로 이라이자의 입에서는 "레이디와 꽃 파는 처녀의 차이는 '어떻게 행동하는가'가 아니라 '어떻게 취급받는가'에 있습니다. 나를 꽃 파는 처녀로 상대해 주는 히긴스 교수에게 나는 언제나 꽃 파는 아가씨로 행동하지만, 나를 레이디로 취급해주는 피커링 대위의 앞에서 나는 레이디가 됩니다."라는 대사가 나온다. '이라이자'를 언제나 레이디로 대하는 피커링 대위의 기대에 응답하여 레이디로서 행동하는 사이에 이라이자는 진정한 레이디로 변신을 하게 된 것이다. 이 영화의 원작은 '버나드 쇼'의 '피그말리온'이다.

이 영화는 이라이자와 하긴스 교수와 피커링 대위가 팀을 이룸으로 팀이 함께 목표를 달성하게 된 것이다. 목표는 서로의 경쟁보다 좋은 결과를 위해 서로를 완성시키고 서로 나눔으로써 피그말리온 효과를 배가시킬 수 있는 것이다.

안전의 집중력은 인재·경쟁력·생존력이다

반성도 대책도 없는 '어물쩍 보고서'가 수두룩하다는 기사(J일보 주간지. 2008. 03. 03)를 보았다. 그 내용은 20대 재난백서 중 1993~2007년까지의 대형사고 중 인재성격이 크고 인명이 큰 것과 방재 전문가를 중심으로 공개성, 신뢰성, 종합성,전문성의 평가항목으로 평가가 나온 결과가 2건만이 백서이고 모두가 형식적인 흑서였다는 것이다. 이것을 접하면서 사고에 대하여 너무 소홀히 하고 있고 문제해결에 대한 접근이 안 되고 있다고 본다.

　개인적인 연고지와 연관시켜 보면 고향인 논산에서 일어난 신경정신과 의원 화재(1993)로 인한 34명 사망이나, 막내 고모가 사시던 서울 아현동 도시가스 폭발(1994)로 인한 12명 사망이나, 이모가 사시는 대구지하철 가스폭발(1995)로 인한 101명 사망이나, 대구 지하철 화재(2003)로 인한 192명 사망이나, 지금은 삼성전자의 총괄 부회장이지만 그 당시 내가 근무하던 ○○전자 반도체부문 사장의 부인이 숨진 삼풍백화점 붕괴사고(1995)로 인한 501명 사망이나, 내가 살고 있는 수원 화성 화재(2006)는 어느 한 곳 안전한 곳 없이 화재나 폭발이나 붕괴로 불안전하다는 것을 의미한다. 대형 사고를 접하다 보면 안전인으로 볼 때 인적사고 부분이 크고 인적오류에 대한 소홀과 안전무감각증과 기준을 준수치 않는 안전소홀로 인한 것이 너무 크다.

　'실패는 성공의 제2의 기회', '한 걸음의 후퇴는 두 걸음의 전진을 가져온다.'라는 명언 아래 기업에서는 안전에 대한 사고를 실패라고 생각해서 실패학을 성공의 본보기를 근거로 업무에 반영하고 일부에서는 철저한 대책과 복기와 횡전개로 제2의 문제가 재발 및 유사한 문제가 발생치 않도록 안전활동을 하고 있다. 안전레슨 시트를 만들어 기준화하고, 동종 및 유사 사고 예방 차원 프로그램을 만들어 전산화하고, 전 사원 공유할 수 있는 안전관리의 사이버도 적극적으로 운영을 하고 있다. 정기적인 점검으로 재발에 대한 프로세스를 가지고 활용하고 있으며 실패사례에 대한 업무 활용을 극대화하는 기업도 있고 활성화 및 실천화를 하고 있지만 완전 마무리 측면에서 볼 때 집중력이 부족함을 느끼게 된다.

그러나 공기업과 관련 관공서에서는 나름대로의 사유는 있겠지만 일단보고식, 암장식, 서랍식(보고 후 실행하지 않고 서랍에 넣어 두어 실행해 옮기지 않는 것)의 형태로 묵히고 있는 것을 보면 업무에 대한 집중력과 추진에 대한 집중력이 떨어지고 있다고 자평(自評)해 본다. 실행모드를 움직이려면 선진업체의 벤치마킹뿐만 아니라 국내의 학계, 기업의 전문가가 주축이 되어 재발에 대한 철저한 대책이 필요하다. 문제를 제기하면 안 되는 항목들이 연결고리를 가지고 있다. 어떤 것들이 일의 진행에 방해요소가 되는 것일까?

- 왜 일의 진행이 안 되는 것인가?
- 전문적인 시스템에 대한 이해 부족인가?
- 역할과 역량에 대한 부족인가?
- 관련 부서 간에 원활한 의사소통이 안 되는 것인가?
- 누가 주관할 것인가에 대한 상부의 지시가 없어 눈치만 보는 것인가?
- 업무에 대한 우선순위는 없는 것인가?
- 다급한 문제라고 해서 업무 착수만 하고 지속적인 유지관리를 못하고 있는 것인가?
- 일의 핵심이 공유되지 않은 채 추진되고 있는가?

문제는 리더와 조직과의 연계성이고, 조직과 조직과의 연결성, 리더와 타 부서 리더와의 역할성이 부족한 것이다. 수평적인 관계와 수직적인 관계가 원활치 못해 나오는 부분이다. 취약하고 보완할 점은 개인적인 역량과 전체적인 역할에 대한 해결코자 하는 문제의식의 결여라고 판단된다. 재발과 동종의 사고는 동종업에 대한 경쟁력이 없기 때문에 발생의 원인이 되는 것이고 아직도 프로세스나 기준이라 하기에는 전체 국민을 대상으로 하는 안전한 상황이 아니고 집중력이 결여되어 있다. 안전의 경쟁력은 집중력이다.

　집중력을 강화시켜 일의 프로세스가 원숏(ONE-SHORT)이 되도록 해야 한다. 그 사례로 경제주간지 H. K경제(2008. 1. 8)에서 GE와 도요타의 100년 성장비결을 논했는데, 닛케이 비즈니스 주간지가 분석한 결과를 인용해 인재육성과 생산성 혁신과 신흥시장 개척과 경영자의 강한 집념을 공통점으로 꼽았다. 최고경영자(CEO)의 사관학교로 불리는 GE가 인재육성에 투입하는 비용은 연간 10억 달러(약9500억)로 세계 31만 명의 직원 중 매년 1만 명이 미국 본사의 교육기관인 '크로톤빌'에서 교육 받고 있는 것을 볼 때 인재에 대한 집중력이라고 평하고 있다.

　안전의 집중력은 경쟁력과 생존력을 위한 필수조건의 요인이다. 경쟁력은 생존하기 위한 수단과 방법이 포함되어 있는 것이고, 생존력은 존재의 지속성을 위해 리더의 도덕성이 필요하고 희생을 감수해야 하는 희생정신이 내재되는 요인이 되는 것으로 결국 집중력을 강화시키는 것이라 본다. 결국 안전의 집중력은 아래와 같이 공식으로 유도한다.

　　　안전의 집중력＝인재 × 경쟁력 × 생존력
　　　경쟁력＝안전업무의 수단과 방법
　　　생존력＝지속력과 도덕성과 희생정신

질문의 정확한 이해가 완성도에 접근케 한다

어느 부서 얘기이다. 어느 날 대기업의 CEO 주간 간부회의가 있었다. 그 회의는 생산, 품질, 공정, 기술부서가 참여한 회의였는데 느닷없이 회의를 주간하던 리더가 참석한 간부들에게 "우리를 먹여 살리는 사람이 누구냐."고 물었다. "판매입니다.", "다음 공정입니다.", "외부고객입니다."는 다양한 대답이 나왔다. 리더가 질문한 의도는 우리가 생각하고 있는 것과는 좀 다른 것이었다. 리더는 말하기를 "이 사람들아 현실적으로 생각해봐. 식당 아줌마잖아"라고 했다. 질문의 핵심을 간부들이 정확하게 이해하지 못했던 것이다. 점심시간을 넘어 회의를 하는 상황에서 누가 질문에 대한 이해의 접근도가 빠르냐는 것이 질문의 핵심이었던 것이다. 이해의 접근도는 분위기, 듣는 사람의 수준, 공유 할 수 있는 내용도에 따라 달라질 수 있다는 것을 알 수 있다.

같은 단어라도 듣는 사람의 입장에 따라 의미가 다를 수 있다는 또 다른 사례가 있다. '네 박자 하면 무슨 생각이 나는가?'라고 했을 때 듣는 사람의 입장에 따라 음악 선생이면 '세 박자보다 음이 한 박자 긴 네 박자'라고 할 것이고, 사오십대라면 '현재 가수 생활하는 송○○의 노래'라고 얘기 할 것이다.

안전에서도 유틸리티부분에서 누설이 되면 여러 성상에 따라 케미컬에 누설, 가스의 누설, 물성에 누설, 스팀과 각종 폐수의 누설이 분명히 같은 의미지만 다른 행동이 이어져야 한다. 원인에 대한 접근이 현실적이냐, 가상적이냐, 생존전략의 실제 문제이냐로 구분할 수 있는 얘기이지만 현실에 맞게 이해하고 있는지, 조직의 환경과 시간의 환경을 보고 있는지를 보고 판단하자는 것이다.

발전지수와 상층구조는 일의 기본이다

열정(PASSION)은 마음의 상층구조이다

열정은 신들리기라도 하듯이 무엇인가에 몰입해서 일하는 상태를 말한다. 많은 사람들은 아마도 좋아하는 취미 활동을 하면서 몰입 경험을 해 본 적이 있을 것이다. 직업과 관련해서 유사경험을 떠올리게 되면 별로 기억에 남는 일들이 없는 분들도 있을 것이다.

새내기 직장인으로 출근하던 날을 기억하는가. 설렘과 새로움이 교차하면서 얼마간은 정말 무엇인가에 홀린 듯이 생활해 본 경험도 있을 것이다. 열정이 없다면 세상의 흐름과 함께 모든 것이 점점 시들해지고 기계적인 것으로 변모해 버렸을 지도 모른다. 어떤 분들에게 열정이란 두 단어는 까마득한 기억 속의 타인의 이야기로 들릴 수도 있을 것이다. 많은 사람들이 이해하다시피 이 시대는 스스로 자신의 경력을 만들어 가야 하는 시대다. 더 이상 당신을 위해서 누군가 경력을 대신해서 관리해 줄 수 있는 사람은 없다. 마치 인생의 전부인 것처럼 보이는 조직 생활도 날로 길어지는 평균 수명을 생각하면, 부분에 지나지 않게 될 것이다. 열정적인가 아닌가는 단순히 보수를 많이 받느냐 적게 받느냐의 문제에 한정되지 않는다. 한 인간이 자신에게 주어진 인생을 멋지게 창조하는 삶을 살아갈 것인가, 아니면 세월 따라 그럭저럭 살아갈 것인가를 결정하는 중요한 잣대이다. 열정은 사람의 마음구조에 있고, 열정의 기준가치는 가장 마음속에 있는 상층구조에 존재하여야만 삶에 대해 살아갈 만한 기반구축의 형체가 되는 것이다. 스스로에게 물어 보라.

- 당신은 여전히 호기심이 강한가.
- 당신의 입에서 아직도 감탄사가 떠나지 않는가.
- 당신은 여전히 새로운 것을 배우는 데 적극적인가.
- 당신은 항상 지적으로 부족하다고 느끼는가.
- 당신은 필요하면 새로운 것을 다시 시작할 만한 용기를 갖고 있는가.
- 당신은 인류를 위해 공헌하고 있다고 항상 생각하고 느끼는가.

이런 질문들에 대해서 별반 생각 없이 자연스럽게 '그렇다'라고 답할 수 있다면 당신의 열정 상태는 상당히 건강한 편이다. 만약에 '그렇지 않다'거나 '글쎄'가 주를 이루고 있다면 당신의 열정 상태에 경고음이 울려 퍼지고 있다고 생각해야 한다.

열정을 타고 난 사람들이 있다. 그들은 무척 행운아다. 유형의 재산을 물려받는 것보다 훨씬 좋은 것이 열정을 물려받는 것이다. 그들은 남들에 비해서 성공할 가능성이 한층 높다. 아주 소수 가운데 소수임에 틀림없다.

언젠가 월마트를 창업한 샘 월튼 회장은 스스로를 '경쟁에 대한 열정'을 타고 난 사람이라고 말한다. 스스로 그것이 어디로부터 나온 것인가를 잘 알 수 없지만 그것은 어머니로부터 물려받은 중요한 재산 목록이라고 말한다. 나 역시도 누군가 나에게 열정적이냐고 물을 때마다 '나는 열정적이다'는 말로 끝을 맺는다. 정확히 어디로부터 나왔는지는 알 수 없다. 다만 사업가로 일평생을 살면서 끊임없는 혁신과 개선을 생활화 했던 아버지에게서 받은 유산임에는 틀림이 없다. 그러나 본래부터 타고난 사람들도 끊임없이 갈고 닦을 때 빛이 나는 것이 열정이다. 대다수 사람들은 열정을 타고 나지 못한다. 타고난 사람들에 비해서 열정을 충전하기 위해 훨씬 많은 노력을 기울여야 한다. 마치 배터리가 방전되듯이 매일 매일의 삶을 통해서 열정은 우리들로부터 달아나버린다. 그래서 우리는 열정을 끊임없이 충전하는 방법을 나름대로 익혀야 한다. 어떤 방법이 있을까.

첫째, 항상 미래의 어느 날 자신이 어떤 모습으로 살아가고 있을 것인가라는 꿈을 꾼다. 우리는 꿈을 꾸는 것만큼 성장할 수 있다. 그러나 행동이 따르지 않는 몽상가는 곤란하다. 언제 어디서나 자신만의 꿈을 그리는 사람은 은연중에 열정을 충전하는 사람들이다. 꿈이 사라질 때 인간은 늙는다. '당신이 간절히 원하는 꿈이 무엇입니까'라는 질문에 당신은 어떤 대답을 할 수 있는가. '나의 꿈은 무엇 무엇입니다.'라고 자신있게 대답할 수 있는가. 그리고 이 꿈을 매일의 삶을 통해서 얼마나 자주 그려보는가.

둘째, 완벽함을 향해서 자신을 몰아붙인다. 한번 살다 가는 것이 우리네 삶이다. 어떤 삶을 원하는가. '적당히, 천천히, 그럭저럭'과 같은 단어로 대표되는 삶을 선택할 수 있다. 하지만 '완벽함을 향하여', '최고를 향하여'라는 목표를 세우고 그것을 달성하기 위해 자신을 부단히 몰아붙이는 사람들이 있을 것이다. 이들은 지극히 높은 목표 그 자체가 항상 열정 상태를 유지하도록 도울 것이다. 원대한 목표를 세우고 그것을 이루기 위해 마치 게임을 하듯이 공격하고 성취하는 삶을 생활화하는데 성공하는 사람들이 있다.

셋째, 일의 의미를 자신의 방식대로 정확히 정의한다. 생계의 수단으로 일을 한다면 무슨 흥이 나겠는가. 그것은 노동일뿐이다. 그런 상태에서는 열정이 나올 수가 없다. 스스로 일과 직업에 대한 자신의 관점을 세울 수가 있어야 한다. 누군가 당신에게 '당신에게 일이란 무엇인가'라고 묻는다면 당신은 어떤 답을 줄 수 있는가. 인간은 형이하학적인 존재로만 살아갈 수 없다. 인간은 형이상학적인 의미가 부여될 수 있을 때만이 최선을 다할 수가 있다. 누가 그 의미를 부여할 수 있는가. 다른 사람이 도와줄 수 있는 부분은 한정되어 있다. 스스로 일의 의미를 찾아야 한다. 그것을 찾는 데 성공하고 나면 가장 사소한 것에서조차 '도(道)'를 찾을 수 있는 사람이 될 것이다. 열정은 거기서부터 나오게 된다.

넷째, 평범함을 거부하라. 남이 하는 수준 정도로 하고 남이 받는 정도를 받고 살아가기로 결심한다면 남이 하는 것만큼만 하면 된다. 이런 정도로 만족한다면 당신 자신에게 어떤 동기도 부여할 수 없다. 스스로 평범한 존재로 살아가기를 거부하라. 자신의 잠재력을 최고도로 발휘하는 것을 선택하는 것이 아닌 필수적인 것으로 받아들여 보라. 삶은 또 다른 모습으로 당신에게 다가올 것이다.

다섯째, 성공을 벤치마킹하라. 나는 성공한 사람의 이야기를 자주 읽는다. 열정을 충전하는 데는 여러 가지 방법이 있겠지만 자서전나 강연 등을 통해 성공한 사람들의 삶을 배우는 것도 하나의 방법이다. 한 해 동안 몇 권의 성공 이야기를 읽었는가가 한 인간이 자신의 삶에서 성공을 원하는 정도를 나타낸다고 해도 과언이 아닐 것이다.

정상에 선 사람들을 부러워하고 시공을 초월해서 그들의 삶을 배우는 사람은 언젠가는 정상에 설 수 있을 것이다. 그들의 삶은 일상의 빠듯한 삶 속에서도 우리들에게 열정을 듬뿍 채워 줄 것이다.

서로 좋은 점을 찾아야 상존한다

내가 회의를 소집하면 꼭 필요한 것이고,
남이 회의를 하면 꼭 갈 필요가 없다.

내가 회의시간을 안 지키면 그럴 수 있는 일이고,
남이 회의시간을 안 지키면 그럴 수는 없는 일이다.

내가 결재를 지연하면 바쁜 일이 생긴 것이고,
남이 결재를 안 하면 딴 짓 하느라 그런 것이다.

남이 자리를 비우면 바쁜 만큼 유능한 것이고,
남이 자리를 비우면 어디서 놀고 있는 것이다.

남이 업무를 위임하면 분명한 역할분담이고,
남이 업무를 위임하면 애매한 책임전가이다.

내가 많은 자료를 보유한 것은 회사를 위한 지식축적차원이고,
남이 많은 자료를 보유한 것은 자기만 알고자 하는 이기주의다.

내가 인터넷을 보면 정보 수집을 하는 것이고,
남이 인터넷을 보면 이래저래 노는 것이다.

내가 안전을 위해 미래계획을 세우면 장기적인 대책을 세우는 것이고,
남이 안전을 위해 미래계획을 세우면 불필요한 걱정을 하는 것이다.

내가 현장의 작업자 및 근로자와 안전보건 관련 면담을 하면 현장개선을 위해 일하는 것이고,
남이 현장의 작업자 및 근로자와 안전보건 관련 면담을 하면 인기성 업무를

하는 것이다.

내가 현장의 안전을 위해 근무자에게 위험예지 훈련을 시키면 정말 안전사고를 예방하기 위한 노력이고,
남이 현장의 안전을 위해 근무자에게 위험예지 훈련을 시키면 자기성과를 가시화하기 위한 면피성 업무이다.

내가 안전관련 사항으로 상사에게 보고하는 것은 즉시 의사결정이 필요해서 하는 것이고,
남이 안전관련 사항으로 상사에게 보고하는 것은 상황만 보고하는 안면성 보고라 생각한다.

내가 사전예방의 아이템을 찾기 위해 각종 사례 분석을 하면 정말 일의 역량과 역할에 맞게 하는 것이고,
남이 사전예방의 아이템을 찾기 위해 각종 사례 분석을 하면 안 해도 되는 쓸데없는 일을 하는 것이다.

내가 안전하면서 팀원들의 일거수일투족을 믿고 신뢰하라. 리더로서 모범을 보이면 팀원들에게 보이지 않는 것을 선물하는 것이다. 서로 상존한다는 생각을 가질 수 있게 마음의 공존함을 잊지 말아야 한다. 즉흥적 사고는 독이 될 수 있다고 한다. 팀원들에게 일에 대한 비판적 사고와 창조적 사고의 관계를 균형 있게, 자유롭게, 자신감 있게 하되 일의 진행 안에 실리적이고 실용적으로 상존하게끔 유도하는 것이 필요하다.

인생을 100점짜리로 만들기 위한 조건

예전에 삼성전자의 CEO와 정보통신부 장관이었던 분이 2005년 3월 9일 개최된 대한상의 초청 조찬 간담회를 시작하며 참석자들에게 던진 조크성 질문이다. A장관은 "제가 재미있는 얘기 하나 하겠습니다."고 말하며 파워포인트를 열었다. 파워포인트에는 A장관이 외국인에게 들었다는 '인생을 100점짜리로 만들기 위한 조건'을 찾는 법이 소개되었다. 지금은 대부분이 알고 있지만 내용은 이렇다.

일단 알파벳 순서대로 숫자를 붙여 준다. A에 1을 붙여 주고 B에 2, C에 3, D에 4…이런 식으로 Z(26)까지 붙이면 된다. 그런 다음 어떤 단어 알파벳에 붙여진 숫자를 모두 더해 100이 되는 단어를 찾는다. 방법을 소개한 뒤 A장관의 문답은 계속됐다. "열심히 일하면 될까요? hard work, 98점입니다. 일만 열심히 한다고 100점짜리 인생이 되는 건 아닙니다. 그렇다면 지식이 많으면? knowledge는 96점입니다. 사랑을 하면? love는 54점입니다. 운으로 될까요? luck은 47점입니다. 돈이 많으면? money는 72점입니다. 리더십은요? leadership은 89점입니다. 그럼 뭘까요? 답은 태도(attitude)입니다. 인생은 '마음먹기'에 따라 100점짜리가 될 수 있습니다."고 했다.

이것을 연장시켜 생각해 보면 안전(safety)도 78점인 것을 보면 태도만큼 안전에 절실히 필요한 것은 없다. 안전에 있어 태도는 의식같이 중요한 비중을 가지고 있다. 안전은 일의 비중성이 공기의 절대적 자유제처럼 있을 때는 모르지만 없을 때는 중요한 가치를 가지는 것처럼 말이다. 안전의 태도는 외형적인 부분은 쉽게 보일지 모르지만 일을 처음 접해 중간과정과 결과를 마무리하는 일의 결과처럼 일에 임하는 태도는 어느 것 못지않게 소홀히 할 수 없는 것임에 틀림없다.

열정과 잭 월치의 관계는 발전지수이다

우리가 잭 웰치(Jack Welch)를 얘기할 때 빠지지 않는 것이 열정이다. 열정과 재능의 차이는 있지만 재능을 정의하면 특정분야의 업무를 완벽하고 신속하게 수행하는 능력을 말한다. 진화하고는 분명히 구별되어야 한다. 진화는 생물체가 과거에서부터 현재까지 발전하여 변화를 가져 온 것으로 정의한다.

그는 재능을 소수의 사람만이 갖는 특별한 능력이 아니라 누구나 가질 수 있는 열정이라고 한다. 잭 웰치는 "리더가 되기 위한 특별한 공식은 없다. 리더십은 도전적인 일이고 책임과 압력을 받고 있으며 조직에는 분명 훌륭한 리더가 있다. 조직원들을 생각하고 배려하고 성장과 지속적인 발전을 위해 인간성을 내포해야 진정한 리더다."라고 한다.

진정한 리더가 되기 위한 덕목은 열정이다. 열정을 중심에 놓고 4E를 동반한다면 변화와 혁신의 발전지수가 될 수 있다. 그가 얘기하는 4E는 에너지(engergy), 에너자이즈(energize), 엣지(edge), 엑스큐트(execute)를 말하는데 에너지는 일을 추진하는 데 필요한 힘을 말하는 것이고, 에너자이즈는 타인에게 힘을 불어넣어 주기 위한 힘을 가리키고, 엣지는 의사결정을 하기 위한 능력을 말하고, 엑스큐트는 결정된 일을 수행하는 실행력을 말한다.

리더십은 회사나 조직에서 더 열심히 일하고 자기 일을 재미있게 하며 진취적이고 미래지향적으로 추진해서 성취함으로 자신에 대하여 자신감과 존경심을 갖게 하는 것이다. 잭 웰치가 말하는 리더십 10가지를 눈여겨 볼 필요가 있다.

- 늦기 전에 변화하라. 눈앞의 현실을 직시하고 회피하지 말라.
- 리더가 관여하는 업무 일체를 주의 깊게 관찰하라. 그리고 그 중에 개선

할 것과 육성할 것을 구분하고 버릴 것은 버려라.

- 한 가지 아이디어만 집중적으로 생각하지 마라.
- 유리한 상황 및 시장일 때 경쟁을 피할 수 있는 분야를 선택하라.
- 과거에 집착하지 마라.
- 실행력을 높여라. 그리고 수시로 점검해라.
- 원가절감에 기본적인 생각을 집어넣어라.
- 현장의 소리를 들어라.
- 불필요한 업무를 줄이고 신속성, 단순성, 자신감을 불어넣어라.
- 개혁과 변화에는 문턱이 없다.

리더십 10가지를 나름대로 분석해 보면 실행력 중심의 미래 지향적 사고를 가지고 원가에 대한 의식과 가치창출 중심의 업무 중심과 국제적인 의식으로 뭉쳐져 있음을 보게 된다. 리더의 발전지수에 초점을 맞춰라. 발전지수는 잠재력과 미래의 안전의 기반구축을 위해 필요한 요인이다.

일의 수동적 자세와 능동적 자세는
백지 한 장 차이

안전의 스트레스는 칭찬의 비례관계로 상쇄된다

모 일간지에 벤처 역정의 꽃을 피운 벤처협회장에 대한 기사가 실렸
다. 기자가 "이 직업은 스트레스가 많다는데 사실이냐?"고 묻자 그
는 "이 직업은 원래 스트레스를 많이 받을 수밖에 없다고 인정하고
시작하면 스트레스가 덜 쌓인다."고 하면서 "자신의 능력은 100인데
주위에서 70으로 평가해주면 무척 스트레스를 받을 겁니다. 그런데
자신의 능력이 60 정도 밖에 안 되는 데 주변에서 80이라고 칭찬해
주니 스트레스가 생길 이유가 있겠습니까."라고 했다. 사실 스트레스
는 새로운 현상이지만 일시적 유행처럼 보이지는 않는다. 1983년
〈타임〉지 커버에 스트레스는 '80년대의 전염병'이라고 부르면서,
55%의 사람들이 1주일에 적어도 한 번은 심각한 스트레스에 시달
린다고 대답했다는 연구조사를 인용하고 있다. 1996년 〈Prevention:
예방〉지에 의하면 거의 75%가 1주일 단위로 심각한 스트레스에 시
달린다고 대답했다. 사실 스트레스가 인간 건강을 잠식하고 있음에
는 틀림없다. 다만 일반적응증후군이라 생각하면 우리가 충분히 이

겨낼 수 있고 극복할 수 있다고 보는 것이다. 그렇다면 보이지 않는 충분한 칭찬과 격려는 극심한 스트레스를 날려 보낼 수 있고 상쇄될 수 있는 부분이다.

안전의 격려의 말도 자신을 알아주는 말을 해주면 더욱 신이 나는 것이고 안전의 업무에 접하는 모든 이에게 칭찬과 격려는 보이지 않는 마음의 영양제인 것이다. 우리 한번 해보시지 않으시겠어요. 아주 가까운 상사가 부하 직원에게, 동료 간에, 같은 부서 간에 작업현장의 문제를 신명나게 같이 풀고, 지금하고 있는 일의 속도를 가속화시키고 가까운 이해관계자 간에 일의 협조를 해서 원만한 대인관계와 의사전달로 인간의 신뢰감을 주어야 한다. 칭찬은 벽이 없고 계층도 없다. 말로 하는 칭찬은 업무의 청량제이다. 안전격려는 안전의 마인드를 구축시키고 안전한 사회를 조성하는 데 좋은 분위기로 이끌 것이다.

핵심인재를 많이 만들어 일을 끌고 가게 하라

핵심인재에 대한 중요성이 사람들 사이에 많은 관심을 끌고 있다. '인재 한 명이 수 천 명을 먹여 살린다.'고 하여 인재에 대한 실감을 느끼게 하는 부분이 있는가 하면, 국내 대기업 가운데 '인재제일'을 사훈으로 운영하는 곳도 있는 것을 보면 사람이 제일 중요한 자산임에 틀림없다.

기업에서의 핵심인재는 기업의 미래를 위해 꼭 필요한 보배 같은 존재이고, 학교에서의 핵심인재는 학교를 빛낼 유능한 학생인 것이고, 국가에서의 핵심인재는 미래에 내한 통찰력으로 국가를 발선석이고 미래 지향적으로 이끌어 나갈 수 있는 것을 말한다.

브리티쉬 에어로스페이스(British Aerospace)에서는 자체적으로 핵심 인재들의 역량을 6가지 주요 영역으로 나누었다. 정보를 다루는 능력, 업무를 처리하는 능력, 동료와 원활하게 협력하는 능력, 효과적인 의사소통 능력, 문제 해결과 사고 능력, 사업적 감각이 그것이다. 역량을 골고루 갖춘 사람이 바로 브리티쉬 에어로스페이스(British Aerospace)가 정의하는 핵심 인재인 것이다.

임상균의 〈핵심 브레인, 그들이 최강기업 만든다〉의 내용에서도 국내 대기업에서는 이렇게 보고 있다. 전문능력과 변화 주도, 능력과 도덕성, 인간미뿐만 아니라 최고를 향한 열망과 강한 승부 근성 및 도덕적 겸양, 높은 감성지능과 직업윤리, 흡수능력, 가치관 등이 핵심인재의 조건이라고 본다. 일본의 소니에서는 호기심과 마무리에 대한 집착, 사고의 유연성과 낙관론이 제기되고 있다. 외국기업이나 국내기업이나 '인재의 기준'은 비슷하다. 구체적인 표현은 다를 수 있겠지만, 조직의 존재 목적과 수익을 실현해주는 사람이 바로 인재인 것이다. 브리티쉬 에어로스페이스의 외국기업이 정의해 놓은 '핵심인재'의 6대 역량은 우리에게 좋은 참고가 될 것이다. 6대 역량을 갖출 수 있다면 내가 몸담고 있는 조직에서 당당해질 수 있다. 중요한 일을 맡는 기회가 계속 주어지기 때문에, 시간이 흐를수록 능력은 눈 덩이처럼 커질 것이다.

예병일의 경제노트 중에서 업무관련 부분에 대한 기사내용을 (04. 5. 25.)보면 '업무를 처리하는 능력'을 얘기하는데 "담당하고 있는 일을 효율적으로, 그리고 시원시원하게 처리하는 사람은 보기도 좋다"라고 표현하고 있다.

'동료와 원활하게 협력하는 능력'도 빼놓을 수 없다. 아무리 업무 능력이 뛰어나다고 해도 능력을 갖추지 못하면 오히려 조직에 해악을 끼치는 경우가 많다. '효과적인 의사소통 능력'이 부족하다면 자신의 의사를 상사나 부하직원에게 제대로 전달할 수가 없다. 일이

엉키는 것은 당연하다. '문제 해결과 사고 능력'은 일을 추진하고 결실을 맺기 위해 필수적인 덕목이다.

마지막으로 '사업적 감각'도 중요하다. 명분이나 내용은 그럴듯하지만 사업성은 전혀 없는 기획안을 제출하거나 아이디어만 이야기해서는 회사로부터 신뢰를 받을 수 없다. 신사업이건 마케팅 방안이건 사업적 감각을 키워야 제대로 된 기획안을 만들어 낼 수 있는 것이다. 핵심인재의 발굴은 나라경제의 경쟁력이고 기업의 생존전략에 있어 한 획을 긋는 중요한 요소이다.

안전의 기반은 사람에 의해 좌우된다

사람의 중요성이 안전의 기반 형성이다. 포천 100대 기업들은 종업원에 대한 존중과 배려가 곧 고객에 대한 구성원들의 존중과 배려로 이어지게 됨으로써 회사가 지속적으로 성장해 나갈 수 있다고 믿는다. 마음의 문화로 유명한 시노버스 파이낸셜의 터너 회장은 이러한 선순환 구조에 대해 사람을 소중히 여기면 이익은 저절로 발생한다고 간단명료하게 정의를 내린다.

버벌리케이와 샤론 조던 에반스가 공동 집필한 리더들이 꼭 실천해야 할 26가지 인재관리 지침서인 〈인재들이 떠나는 회사, 인재들이 모이는 회사〉라는 내용에서도 관리자와 감독자들을 대상으로 어떠한 방법으로 인재를 붙잡느냐는 질문에 연봉이라고 응답하는 사람이 89%라고 한다. 리더 및 관리자에 있는 사람이 강력하게 대처해야 한다고 강조하면서 직원들이 만족하기 위해서는 당신의 손에 달려 있다. 이처럼 중요한 영향을 끼치는 것은 의미 및 의욕을 불러일으키는 업무, 학습과 성장의 기회, 충분한 보상, 좋은 근무환경, 인정, 존중이라고 한다. 일반적으로 급여를 많이 주고 복리후생을 좋게 하는 것이 구성원들에 대한 배려의 전부라고 생각하는 기업이 많다.

그러나 그보다 먼저 필요한 것은 조직원들을 하나의 인격체로 여기면서 그들의 목소리에 귀 기울일 수 있는 자세다. 구성원들을 직원이 아닌 파트너로 인식해 그들의 성장이 곧 회사의 성장이라는 생각을 공고히 해야 한다. 좋은 조직원들이 모이기 시작하면 좋은 회사가 될 수밖에 없다. 좋은 조직원들은 밖에서 스카우트해 오는 것이 아니라 회사가 잘 키워 내야 한다는 것은 말할 필요도 없다. "누가 돈, 건물, 브랜드는 남겨 놓고 직원들을 데리고 떠난다면 우리 회사는 망할 것입니다. 그러나 이 모든 것을 갖고 가더라도 직원들을 남겨 둔다면 우리는 10년 내에 모든 것을 재건할 수 있습니다."는 리처드 듀프리 P&G 사장의 얘기에서 진정으로 구성원을 소중히 여기는 자세를 생각해 봐야 한다. 직원들의 존재가치는 리더가 발전시키기 위한 회사의 매개체이고 진정으로 생산에서부터 제품을 출하하고 고객에 이르기까지 일련의 프로세스의 핵심요소임을 알아야 한다.

쫓기기보다 쫓아갈 것을 추구하라

일을 하는데 문제에 부딪히면 대책을 세운다. 그런데 그 대책이 단편적인 대책이라고 하자. 1차선 대책이라고 정의해 보자. 운전자의 입장에서는 편하게 운전할지 모른다. 그러나 1차선의 도로에는 나 혼자만의 차가 가는 것이 아니고 여러 차의 종류와 모델이 정해진 속도로 가는 것이 아니고 독일의 뷔텐 부르크의 아우토반(Auto Ban)을 가는 것처럼 속도경쟁을 하듯 빠른 속도로 간다고 하자.

업무와 일에 있어서도 내가 천천히 기준속도에 못 미쳐 가든가, 속도를 감안치 않고 간다면 앞차나 뒤차가 앞이나 뒤에서 경적을 울리거나 하이-빔을 켜서 주의를 줄 것이다. 주위 환경이 여유를 주지 않고 경쟁속도가 붙은 것처럼 지나갈 것이다. 안전과 보완조치를 위해 속도를 조정하거나 속도용 감시카메라가 필요하게 된다. 차량 운행의 절대량이 줄어들게 되고 다른 이용 도로를 찾게 될 것이다. 결국 2차선이 필요하고 3차선이 필요하게 되어 도로를 확장하거나 도로 차선을 넓히는 방법을 세우게 된다. 일도 1차선대책이라면 여러 환경으로 추진이 어려운 여건이 되면 차선책을 찾게 되고, 이것조차 여의치 못하면 차차선책을 찾게 된다. 도로 사정에 따라 2차선, 3차선이 필요하게 된다. 처음부터 2차선을 만들면 시간, 인력, 투자비용이 적지만 1차선을 만들고 나중에 필요에 의해 새로 증축하는 것은 리소스나 여러 가지의 인프라가 더 소요되게 된다. 처음부터 미래를 보고 접근하는 방법을 찾아라. 2차선 대책, 3차선 대책으로 안전의 차선과 차선책의 여유를 가지고 가는 것이 바람직하지 않을까 생각된다.

일에 접하는 모든 사람에게 자기 일의 상자를 만들어라. 나의 취약한 결점이 들어 있어야 하고, 나의 최대 강점이 들어 있어야 한다. 더불어 강점 중에도 보통과 탁월함을 함께 넣어야 한다. 취약한 약점을 어떤 방법으로 보완해서 강점화 할 것인지를 모색하고 방법을 찾아내 보는 것이다. 미숙하고 부족한 면이 있다면 전문성을 갖기 위해 어떠한 노력을 해야 하는지를 강구하는 것이다. 업그레이드 하면 최대 강점을 살리고, 강점의 단계를 한 차원 높이면 어떤 것을 차별화해서 나의 탁월함을 가지고 일로 승부할 것인지를 탐구하고, 창조하고, 연구하고, 저응을 해야 한다.

안전의 일도 그렇지만 다른 업무도 마찬가지다. 어떤 일이 생기면 보자기에 싸는 것처럼 단발성으로 처리 할 때도 있고, 일의 중요도와 업무 수준에 따라 상자에 넣어야 할 때도 있다. 일은 궁극적으로 보자기에 싸는 것보다 상자에 넣는 것이 더 개연성이 있다. 그렇게 함으로 차곡차곡, 요목조목하게 일률적으로 할 수 있기 때문이다.

조셉 포크만의 〈변화역량을 키우는 피드백의 힘〉에서 보면 역량과 중요도를 설명하는 표식을 설명하고 있는데, X축을 중요도 수준으로 해서 본질적 사안, 필수 불가결한 사안, 비본질적 사안으로 구분하고, Y축을 역량수준으로 해서 경쟁우위, 경쟁대등, 경쟁열위로 구분했을 때 결국은 본질적 사안과 경쟁우위는 유지를 하고, 필수 불가결한 사안과 경쟁대등도 유지를 하고, 비본질적 사안과 경쟁열위는 유지를 하는 것으로 분석했다.

일의 상자에는 역량도 역할도 약점과 강점으로 들어가 있을 것이다. X축을 일의 중요도나 강도(強度)나 질이라 생각하고, Y축을 자신의 역량으로 해서 차별화, 강점화, 약점화 한다고 정의를 가정하면 동일한 형태의 유지와 향상과 양호로 유추 할 수 있을 것이다. 일에 대하여 크기와 생각과 개념과 능력에 대한 부분을 상자로 표현했고, 일의 진행속도와 진행방법을 도로에 비유했다.

일에 대하여 쫓아오는 것보다 쫓아갈 것을 추구하라. 리더로서 일에 대하여 단기적인 것은 팀원들이 할 수 있고 능력 있는 조직에게 부여하여 일반적으로 추진하면 되지만 의사결정으로 쫓아오는 것을 해결하고 풀면 되지만 미래적이고 일의 중요한 부분은 장기적으로 획기적인 사건을 가지고 쫓아가야 된다. 리더로서 일의 가치를 좀 더 고객을 위해 해야 할 일을 찾아보는 것이 리더로서의 당위성과 적절성을 추구하는 최선책임을 알아야 한다.

안전 대화는 인간가치에서 시작된다

잘못된 대화 형태는 인간존엄성의 기반을 흔들 수도 있다. 안전 업무의 대화는 일에 대한 판단의 척도가 되고 일의 관계에 있어 진행의 속도와 밀접한 관계가 있다. 안전의 궁극적인 목표는 인간의 존중과 존엄성에서 비롯된다고 보기 때문이다. 오늘날 인간관계에서 가장 문제시되는 것은 대화의 빈곤이 아니라 바르지 못한 대화일 것이다. 이런 말이 있다.

생텍쥐페리의 〈어린왕자〉에서 보면 내가 "남의 말을 아는 것이 중요하다. 사랑이 있는 곳에는 반드시 의사소통이 열려 있고 사랑이 식어진 바르지 못한 대화에는 반드시 의사소통이 막혀 있다."라고 한다. 우리가 피해야 할 바르지 못한 대화의 형태에는 어떤 것이 있을까?

첫 번째는 감정적으로 직언하는 말이다. "당신은 늘 그래!" "똑바로 좀 들어!" "이제는 당신 좀 변해!" 이런 식으로 평상시에 감정적으로 쌓아 놓았던 문제를 확대시킨다. 자신의 말이 어떤 문제를 일으키는 줄을 항상 본인이 알면서도 그 말을 멈추지 않는다.

두 번째는 묵묵부답이다. 침묵은 의심, 추측, 경멸, 무관심, 냉정함, 방관, 나만의 독불장군식을 상대방에게 전한다. 침묵 속으로 빠지지도 말고, 험한 말로 남을 침묵 속으로 빠뜨려서도 안 된다. 상대방과 윈윈 할 마음이 없는 사람이고 대화의 초점에 관심이 없거나 차후에 방향을 헝클어트릴 수 있다.

세 번째는 상대방을 업신여기는 말이다. "어린애도 너보다는 낫겠다. 이것도 일이라 했느냐?"는 식의 말은 태도 변화를 이끄는 데 가장 부적합한 **말투**다. 이런 말투로 처음에 서로의 신뢰가 깨지면 다시 회복하기에는 많은 시간이 소요됨을 알아야 한다.

네 번째는 믿음이 없는 말이다. 이 말은 말에 정직과 성실함이 없고 지나가는 말은 신뢰를 못 주는 말이다. 과거에 집착하고 미래에 동업자로서 동료로서 지내기에는 부적합한 벽을 쌓는 처신의 말이다. 나 중심의 얘기로 상대방의 배려가 가미되지 않는 사람이 있다. 이 사람은 상대방의 필요에 대한 민감성이 부족한 사람이다.

여섯 번째는 상황적인 말이다. 회의를 진행하다 큰 소리를 내거나 방향과는 다른 의도로 엉뚱한 소리를 하는 사람, 화난 소리, 격렬한 소리, 극도의 소리를 내는 사람이 있다. 상황에 대응하고 문제를 풀기 위해 설득하고 대화하는 적극적인 자세가 아닌 난제를 어렵게 꼬이게 해서 대화의 주도권을 잡으려는 나쁜 획책으로 보인다.

일곱 번째는 핵심이 없는 말을 하는 사람이다. 말을 돌리고, 했던 얘기 또 하고, 지나간 주제를 다시 돌려서 진행에 도움이 안 되는 사람이다. 자기 자신은 잘한다고 하지만 듣는 사람 입장에서는 다시는 얘기하고 싶지 않은 대상으로 꼽혀지게 된다. 대화를 할 때 말은 비록 어눌하고 사투리를 써도 진실이 담겨져 있고 진지함이 보이면 끝까지 들어주고 싶어진다. 나에게 도움이 되고 상대방에 대한 배려가 있는 말투와 행동과 태도는 진솔하게 보인다. 내 자신의 말에는 어떤 고칠 점이 없는지 생각해 봐야 한다.

안전에 있어서 의사소통은 그 어느 것보다 중요함을 알아야 한다. 듣고 말하는 언어의 1차 수단을 넘어 듣고자 하는 사람, 말하고자 하는 사람이 대화의 본질을 인간의 존엄성에 두고 기준을 맞춘다면 현재보다 더 빠른 이해의 척도가 안전의 중요한 시발점이다.

Safety View

3장

●
●
●

리더의 조건; 의식편

안전의 인프라(infra: 제반요소)를 다양화해라

점검의 개념을 다른 각도로 보게 하라

안전의 점검은 눈높이에 따라 많은 기술과 지식과 기능을 요구하기도 한다. 현장에서의 안전관리자는 방법과 수단을 통해 많은 운영의 단계를 가지기도 한다. 그 방법과 수단은 점검, 표준, 기준, 지침 및 규정을 근거와 계측기 및 분석기를 통해 자기가 알고 있는 범위에서 일을 처리하게 된다. 안전점검의 기본은 육안점검이 기본이다.

육안점검은 모든 점검의 기본과 사용조건의 시발점이다. 점검자의 육안(肉眼)은 모든 세상이 들어가 있는 것처럼 시행이 되고 있다. 점검의 단계를 3단계로 보는데 이 단계를 점검의 3원칙인 3철을 제시하고자 한다. 일부기업에서는 이 원칙을 TPM이란 방법에 연계시켜 하고 있지만 어느 부분에 접목시켜도 가능한 방법이다.

그 단계인 3철은 철두(徹頭), 철저(徹底), 철미(徹尾)이다. 처음 시작이 첫 단추를 잘 끼워야 하는 것처럼 프로세스로 운영되는지, 작업계획이 철저한지, 관련부서 간에 이해관계자 간에 업무 룰에 의해 직무가 명확한지를 관찰하여야 한다. 철저는 일의 중간부분으로 가장 기본적인 것에 철저히 하라는 의미를 뜻한다. 마지막인 철미는 유종의 미란 의미에서 끝마무리를 완전하게 해야 한다는 것이다. 한 번 점검의 개념을 가지고 보면 더욱더 능률이 향상되리라 본다.

어느 회사에서든지, 작은 규모의 조직에서든지 끊임없이 아이디어와 사고와 생각을 쏟아 부어 내고 있다. 갖가지 문제에 대한 해결책을 제시하는 사람이 많이 있다면 새삼스럽게 직장과 조직에서의 창의력과 사고와 생각과 아이디어가 얼마나 중요한지 강조할 필요는 없을 것이다. 실제로 마이크로소프트의 기술 담당 수석임원이었던 네이던 마이 올드는 "뛰어난 사원 한 명이 보통사원 한 명에 비해 1,000배의 가치가 있다."고 한 것처럼 말이다. 새로운 아이디어들은 미래와 진보의 바퀴와 같다고 본다. 그 아이디어들이 산업현장과 안전에 대한 불합리 및 사고들을 미연에 방지함으로써 개선과 발전을 시키고, 더 나아가 사업을 구축시키고 안전을 도모함으로써 회사와 조직의 안정을 가져온다. 점검의 개념은 안전과 보건과 방재와 화재와 환경의 여러 관점이 융합되어 있는 개념으로 다양화되어야만 현대사회의 퓨전(Fusion)개념의 안전대응이 선행되어야 한다.

단어로 인한 공감의 실수가 없게 하라

일반적으로 다르다는 뜻으로 한자 異(다를 이)를 쓰고 틀리다는 의미로 誤(그릇된 오)를 쓰지만 우리가 어떤 환경과 상황 하에 주어진 판단이 주관적이냐 객관적이냐에 따라 많은 시행착오를 거친다. 예를 들면 얼마 전에 사회적, 정치적으로 문제가 되었던 클린턴의 여비서 성추문에 대한 스스로의 정확한 자기표명은 타인과 비교했을 때 다르다고 판단해야 할지 틀리다고 판단해야 할지 주관적인 판단이 필요할지 모른다. 우리 사회에도 변화의 대표주자인 하리수를 성(性)을 바꾸고 변화를 시도하는 사람으로 볼 때 다른 사람하고 다르다고 해야 할지 틀리다고 해야 할지 받아들이는 사람 입장에서 판단의 척도가 필요하다. 다만 사람적인 측면에서 보는 시각, 사회적으로 보는 시각, 문화적으로 보는 시각에 따라 다르다, 틀리다 하는 것이지 또 다른 측면인 지식과 기능과 각자의 역량에 따라 본다면 의미를 달리 부여할지 모를 일이다. 안전을 보는 시각도 분명히 문화적, 사회적, 환경적, 제도적인 가치에 따라 '다르다'와 '틀리다'라는 눈의 시각, 사고(思考)의 시각이 다르다는 것을 분명히 하고 싶다. 단어의 본래 의미와의 차이를 알아보는 차원에서 생각해 보자.

> 쟁이와 장사꾼의 차이를 분명히 하자.
> 쟁이는 기술이 우선이고, 장사꾼은 돈이 우선이며
> 쟁이는 완벽을 추구하고, 장사꾼은 대충을 추구하며
> 쟁이는 미래를 기약하고, 장사꾼은 현재에 급급하다.
>
> 목적과 목표의 차이는
> 목적은 스칼라이고, 목표는 벡터이다.
> 목적을 위해선 양적인 부분이 우선시 되고, 목표를 위해선 방향을 가진다.
>
> 공룡과 바퀴벌레의 차이는
> 생존경쟁의 시대에서는 위대했던 것이 살았다는 것이 중요한 것이 아니라 살았기 때문에 위대한 것이 중요한 것이다.

안전에 있어 단어의 공감은 내재되어 있는 잠재적 사고보다 외연으로 표출해서 사전에 공감 의식을 갖게 함으로써 느끼는 사람이나 정확한 이해가 부족한 부서원들 간에도 공감은 서로의 실수가 없도록 충분한 환경조성을 시켜야 한다.

새로운 패러다임을 생각하라

일반적으로 패러다임을 '한 시대를 지배하는 과학적 인식, 관습, 가치관이 결합된 총체적인 틀' 혹은 '특정영역, 사회나 조직에서 모범적으로 인정되는 틀'이라 정의한다. 조직을 지배하는 고정적인 틀의 한 예로 원숭이의 실험 결과를 보자. 방의 한가운데 꼭대기에 바나나 다발이 달려 있는데 배가 고픈 한 원숭이가 바나나 한 개를 잡으려고 막대기에 기어 올라가서 바나나를 잡는 순간 머리 위에 설치된 샤워기에서 뿜어진 찬물세례를 받았다. 비명을 지르며 그 원숭이는 시도를 포기하고 막대기를 내려왔다. 모든 원숭이들이 동일한 방법으로 여러 마리가 시도했지만 물세례만 받고 원하는 것은 얻지 못하고 내려왔다. 원숭이들은 바나나 먹기를 포기했고, 길들여지지 않은 원숭이를 추가했지만 출발하는 원숭이를 동료 원숭이들이 끌어내려 시도조차 안 하는 상황이 되어 버렸다. 모든 원숭이들은 막대기에 올라가지 않는 것을 규율로 정해 버리는 상황으로 원숭이들은 정확한 이유를 모른 채 확립된 전례를 갖게 되고 시도조차 안 하는 상황이 되어 버린 것이다.

관리자의 역량은 새로운 흐름에 순행하고 살아남기 위한 개인 실력설이다. 개인의 업무는 전반적인 기술력에서 전문화된 기술력으로 개개인의 업무의 편식과 편중에서 견제와 균형을, 과거에 일어난 업무 위주의 흐름에서 미래지향으로 되어야 하고, 일 처리의 중심이 내부고객중심에서 내부와 외부 및 제3자까지 포함하는 방향으로 추진이 되어야 한다. 모호한 업무형태에서 정확한 직무기술과 업무에 대한 정의를 갖고 돌발 로스 위주에서 우연 로스 위주의 업무가 되어야 하고 사고에서 위기관리의 업무 추진이 되어야 한다. 추진하는 항목별로 일의 처리에 대한 사항 관리에서 지표관리측면의 흐름을 볼 수 있도록 일의 형태가 바뀌어야 한다고 생각한다.

교육을 초기부터 차별화해라

안전교육은 다른 교육과 달리 사고관점에서 1차 요인과 2차 요인이나 가해자, 기인물 혹은 직접원인과 간접원인, 인적사고, 물적사고로 원인에 대한 결과로 교육의 대상과 내용으로 교육이 된다. 교육이 반복 되고 시간이 지나고 환경이 바뀌면 안전교육처럼 반복이 되는 교육은 그리 많지 않을 것이라는 생각이 든다.

안전교육의 문제이자 병폐는 우리나라 공과대학의 교육문제의 일부분도 여기에 기여를 한다고 본다. 공과대학의 교육이 일부 사립대학에서 백화점식 학과체제를 가지고 간다고 비판을 하는 이유도 공대생의 배출 규모는 경제협력개발기구(OECD)의 최고 수준이지만 기업에서 쓸만한 인력은 적기 때문이다. 인구 천 명당 이공계 인력 배출규모로 볼 때 우리나라는 4.9명, 미국은 1.3명, 프랑스는 2.6명, OECD 평균은 1.6명이다. 문제는 산학이 협동과제로 학교에서는 기업의 실무자 위주의 교육이 되고, 기업에서는 교육에 대한 조건이 되면 산업계에서 채용하는 폭이 넓어져야 한다고 본다.

이론위주의 교육은 산업현장에서 별반 도움이 되지 못하고 취업하면 다시 교육을 받는 일이 반복됨으로 시간과 비용이 낭비되고 이 비용이 대졸일 경우 4조 8600억 원에 육박한다니 문제가 아닐 수 없다. 공대의 경쟁 우위에 있는 항목들을 차별화해서 기업과 학교가 맞춤형으로 추진함으로써 기업과 학교 간의 신뢰가 형성되어야 할 것으로 판단된다.

중국 정부가 대학의 세계일류화를 위해 '111계획'을 발표한 것도 세계100위권 대학교수와 연구기관학자 1000명을 스카우트해서 100개의 일류학과를 만든다는 것이다.

교육의 문제는 안전 측면에서 볼 때 기업뿐만 아니라 학교의 문제로 기업의 생존과도 연계가 되어 일부 대기업에서는 임원들이 해외 출장 가서 일류 석·박사 모셔오기를 하고 있다.

안전의 교육도 이론과 경험이 겸비된 현장중심의 교육이 되기 위한 다방면의 노력이 요구되고 있다. 안전교육도 작업자, 작업환경, 작업방법, 작업의 종류에 따라 차별화·등급화하고 초기부터 체계화하도록 해야 하는 것은 리더의 공통분모이자 미래의 방향 정립이 필요한 부분이다.

리더십의 변화와 패러다임은 상생조건이다

시간이 흐르게 되면 변화와 혁신이 되고 연결선상에서 다른 각도의 발전의 가치를 추구하게 된다. 발전의 가치에 주체는 사람이고, 앨빈 토플러의 〈제3의 물결〉에서 나타나듯이 산업사회에서 정보사회로 전환되는 것처럼 리더십의 변화도 제4의 물결에 대비하는 것이 필요하다. 환경변화는 경제적 측면에서 종업원들이 일에 전념할 수 있는 여건을 조성하는 리더십이 필요하고 정치적 측면에서는 리더와 구성원 간의 관계가 수직적 관계에서 수평적 관계로 변화될 수 있도록 리더의 공유가 수반되어야 하는 것이다. 기술적 측면에서는 21세기의 혁신 속도가 지난 20세기 동안의 변화 속도의 100배에 달할 만큼 기술발전이 가속화된 것처럼 지식노동자의 인적자원에 대한 또 다른 리더십이 수반되어야 한다. 조직적 측면에서도 산업사회에서 일률적이었던 위계와 관료의 기계적 조직구조와 유기적, 환경적 변화에 대응키 위한 네트워크와 가상조직의 운영과 슬림화와 탈경계화에 리더십의 변화가 우선되어야 한다. 또한 변화와 패러다임(Paradigm)은 상생조건인 것처럼 다각적 측면에서 초점을 맞춰 보자.

리더십 측면에서 보면 조직과 리더와 구성원의 삼위일체가 중심적인데, 조직 측면에서 보면 기존의 능률, 성장, 관리, 유지에서 미래의 복지, 증진, 서비스, 변화와 혁신과 공동체로 바뀌어져야 하고, 리더 측면에서 보면 기존의 보스, 감독의 수직적 개념에서 코치, 리더의 수평적 개념이 필요하다. 구성원 측면의 관리, 태도, 가치도 기존의 관리, 통제, 수동적 임무 완수, 현상유지에서 이제는 권한위임과 자율과 능동적인 자세, 자기성장 중심으로 방향이 선회되어야 한다.

앞으로의 리더십은 인류복지 증진, 변화와 혁신, 권한 위양 세 가지 축으로 방향적 제시의 리더, 변화추구의 리더, 진취적 리더가 필요하고 충분한 조건을 가지고 있어야 된다.

사소한 부분도 소홀히 하지 마라

깨진 유리창은 크게는 회사와 작게는 조직의 좀이다

안전학자인 마이스터러는 인적오류는 2개로 이루어지는데 하나는 상황적이고 다른 하나는 환경적이라고 한다. 사람은 안전사고에 대한 심리학적, 인지학적으로 분류하는데 심리적인 마음과 사람의 인지는 인적사고를 유발하는 요인이 된다. 그 예로 범죄학자 제임스 윌슨과 조지 캘링은 1982년 3월 월간 〈애틀란틱〉에 '깨진 유리창'이란 제목의 글을 발표했는데 깨진 유리창은 사람들의 사소한 것들이 사람에게 중요한 메시지를 나타나게 한다고 얘기하고 있다. 깨진 유리창을 방치하면 이를 본 사람들은 절도나 문서 훼손, 폭력 등과 같은 강력 범죄 대비 역시 미비한 것으로 생각하고 마구 행동한다는 내용으로 공권력 무시가 국가의 기반을 흔든다는 내용이다. 처음에는 한두 사람이 쓰레기를 버리지만 이를 방치하면 주변이 쓰레기장이 된다. 아무 데나 휴지나 담배꽁초를 버리는 사람은 더 이상의 행동도 거리낌 없이 한다. 이런 조직과 이런 문화와 이런 사회는 결국 유사한 패턴으로 가게 된다는 것이다.

'한 마리의 미꾸라지가 온 물을 흙탕물로 만든다.'는 속담처럼

100−1＝99 가 아니고 0이 될 수 있다는 점을 깨우치게 한다. 이러한 개념은 고객의 요구는 100점 이상을 요구하기에 고객의 서비스는 100점 아니면 0점만 존재한다고 보면 된다.

리더로서 깨진 유리창은 상징적 의미를 많이 가지고 있다. 깨진 유리창의 개념은 중요한 일의 끝맺음을 못하는 것도 해당될 것이고, 조직의 의식이 해이해져서 일에 대한 완벽한 부분을 처리 못하고 지지부진 한 것도 해당 될 것이고, 환경적인 부분에 불합리나 치명적인 부분의 소홀로 위험성이 표출되어 고객의 마음을 상하게 하는 물리적인 부분도 있을 것이다.

고객 접점에 접하고 있는 최일선에서의 위치와 상황에서 조직이나 구성원들이 고객에게 대하는 일거수일투족의 마음과 태도가 깨진 유리창을 가질 수 있다고 본다. 고객의 마음과 환경은 변화무쌍하다. 경쟁사의 제품을 비교해서 좋은 것을 택할 수 있고, 고객의 입장에서 불편함과 과거의 유사사례로 좋지 않은 감정을 가지고 있다면 고객이 굳이 찾아오지 않는다는 것이다.

고객은 매스 미디어보다 사람의 입에서 입으로 전해지는 것이 보이지 않는 고객의 입술의 가치를 가중시키므로 그 어느 기업이든 고객의 소리를 소홀히 해서는 안 되는 부분이다.

실패에 대한 시각을 바꿔라

우리는 어려서부터 '토끼와 거북이의 경주' 이야기를 잘 알고 있다. 토끼의 잔재주와 거북이의 꾸준한 노력으로 비유되는 이야기다. 결국은 토끼가 지는 동안에 거북이의 무딘 노력으로 거북이가 먼서 정상에 도착한다. 그러나 다시 시작한다 해도 토끼는 거북이를 이길 수가 없다. 토끼의 대상은 거북이어서 거북이만 의식하고 경주를 하지만 거북이는 토끼가 목표가 아니라 산꼭대기인 정상이 목표이기 때문에 토끼를 전혀 개의치 않고 자기와의 정신적, 육체적 싸움으로 목표를 향해 노력하기 때문이다. 피터 드러커 박사는 "리더는 줌렌즈처럼 매크로(거시)와 마이크로(미시) 양쪽 모두에 강력하고 탄력적인 렌즈를 사용할 수 있을 정도가 되어야 한다."고 말한다. 안전의 리더는 실패에 대한 시각을 바꾸되 미성공의 개념으로 성공의 시발점의 디딤돌이 되어야 한다. 실패에 대한 시각은 3가지로 본다.

첫째, 이론적인 정립이 되어야 한다. 제2차 세계 대전 때 6만 5000번 이상의 실패를 경험하고 나서야 오히려 탄도탄을 만들 수 있다는 확신을 가졌다는 독일의 과학자 베르너 폰 브라운은 이러한 실패의 뒷받침이 없었다면 성공도 없었을 것이다.

둘째, 의식과 생각이 지속적이어야 한다. 링컨이 모자 안에 메모수첩과 펜을 넣고 다녀 '움직이는 사무실'이란 별명을 얻은 것처럼, 이해인 수녀가 가방에 몽당연필을 넣고 다니며 좋은 글귀가 생각날 때마다 메모해 두었다가 글을 쓸 때 사용하는 것처럼 말이다.

셋째, 실패를 새로운 패러다임으로 전환시켜 보일 필요가 있다. 시카고의 사업가 프랜시스 자비에르 맥나마가 고객들을 초대해 식사를 한 후 돈을 지불하려 할 때 지갑이 없는 것을 알게 되었다. 고객들 앞에서 당한 그 창피한 일이 시발점이 되어 세계 최초의 신용카드인 다이너스 카드(Diners Card)를 만들게 되었다.

사실 각계각층의 자기의 철학과 자기의 장점과 단점을 노력의 꽃으로 결실을 맺는 확고한 신념이 실패를 두려워하지 않는 기반이 됨을 알아야 한다

위기관리는 안전의 필요충분조건이다

오늘날 각 기업의 특성과 정체성은 리더의 성격을 반영하는 것에 지나지 않는다고 본다. 각 기업마다의 안전의 업무영역은 더 이상 하찮은 거리에 있는 것이 아니고 기업의 운명을 지고 있다고 본다. 기업에서의 안전은 내부적인 안전의 요소에 기인되는 것도 있겠지만 외부적인 요소 또한 회사의 이미지를 실추하는 문제나 제품에 대한 안전사고로 인한 피해를 입히는 경우가 있을 것이다. 손실방지나 위기관리는 광의적인 안전뿐만 아니라 기업의 재무적인 피해나 혹은 막대한 경제적 불이익으로부터 협의적인 위기관리는 안전으로부터 기업의 인적·물적 피해를 가져올 수 있다.

위기관리는 안전 분위기에 편승되는 비례부분이라 본다. 과거에는 안전과 연관되어 위기는 안전사고와 직결된다는 생각으로 운영되어 왔다고 본다. 그러나 현대사회에 와서 위기는 조기의 단계에서 벗어나 개인의 영향에 기인되는 부분이 있다고 본다. 위기관리에 필요한 능력이라면 4가지를 들 수가 있다.

첫 번째는 통찰력이다. 이것은 단순한 증상(symptom)과 본질을 명확히 구분하는 능력을 갖추어야 한다. 외형적인 부분에 치우치는 것과 내면적인 부분도 명확히 되어야 한다는 것이다.

두 번째는 결정력이다. 위기관리를 극복하는 데 필요한 핵심적인 (major) 활동과 부수적인(minor) 활동을 구분할 수 있어야 한다. 사실 위기관리에 있어 실행력과 중요한 요소와 직결되는 부분이다. '구슬이 서 말이라도 꿰어야 보배다'는 속담처럼 실천하고 행동하는 것은 어느 부분에서나 시간과 업무의 성과를 가시화하기 위해서는 매우 중요한 부분이다.

세 번째는 정보 공유이다. 정보의 공유는 의사결정을 하기 위해 반드시 필요한 부분이다. 주변에 자신의 위기상황을 정보공유화하고 명확하게 조언을 구하는 커뮤니케이션 능력이 중요하다.

네 번째는 나와 타인과의 1차적인 공유의 감(感)이라 볼 수 있는 집중력이다. 위기관리를 위한 모든 활동은 사람중심의 지향점(AP: Advanced Point)으로 수렴되어야 한다. 일에 대한 몰입과 일에 대한 집적도 또한 이와 같은 선택력과 같은 개념으로 봐야 할 것이다. 위기관리를 전자에서는 능력의 관리부분을 이야기했지만 시스템적으로 논하면 보통 3가지 요소를 가지고 있다.

첫 번째는 성공적인 목적을 보통 기업과 조직 간의 목표를 달성하기 위한 전략적 기능을 들 수 있는데, 이 경우는 목적의 수단과 방법을 어디에 두고 있느냐가 다를 수 있다. 작게는 소규모의 전략기능도 필요할 것이다.

두 번째는 예상되는 위기를 사전에 파악하여 제거하거나 최소화시켜 줄 수 있도록 대비하는 사전적 예방 기능인데 우리나라 사람은 경험과 경륜과 눈대중과 어림잡는 감이 많아 실수도 많고 잦은 오류를 범하고 있다. 인지보다 사후에 대한 시간적인 처리의 빈도가 많은 것을 인정하고 있을지도 모른다.

세 번째는 발생 되었을 때 보다 신속하게 대응하고 지침이나 표준, 절차에 의하여 사후적 대응 기능을 구분할 수 있도록 했다. 보통 관리의 기능과 시스템적인 기능을 통하여 크게는 기업에 안정감을 추구하고 작게는 소규모의 집단이나 팀원들이 새로운 기회를 창출함으로 위기관리 시스템 본연의 목적에 충실함으로써 목적을 성공적으로 달성할 수 있음을 보여 주고 있다고 본다.

아이스버그와 피라미드의 관계를 중첩해라

아이스 버그(ice berg)는 북극이나 남극에서 혹은 알래스카의 배경에서 많이 볼 수 있는 전경이다. 일반적으로 얼음의 덩어리가 보이는 부분과 보이지 않는 부분으로 나누어지며 수면을 경계로 수면 위의 부분은 보이는 부분으로 수면 아래는 보이지 않는 부분으로 보게 되는데 이 부분에 대한 생각은 매우 다양하다.

리더십을 아이스버그에 비유한 이승주 교수의 〈전략적 리더십〉이라는 책의 내용을 보면 수면 위의 모델은 '보이는 리더십'으로 리더의 언행, 전략, 경영성과 우리가 일상적으로 관찰하거나 대중매체를 통해 파악할 수 있는 가시적인 현상이라고 얘기하고 있다. 리더십을 심층적으로 이해하기 위해서는 수면 밑에 '보이지 않는 리더십'을 파악할 필요가 있는데 여기에는 리더의 의식과 가치관과 리더의 보이지 않는 역량과 자기 규율, 감정과 의지들이 존재한다고 보고 있다. 이처럼 수면 위의 모습은 10%의 비율만 보이게 되고, 수면 아래의 모습은 90%의 비율을 가지고 있다고 한다.

존경받는 리더의 공통점을 코우제스(Kouzes)와 포스너(Posner)의 〈리더십 도전: The Leadership Challenge〉에서 보면 설문조사의 결과로 4가지 덕목으로 표현했다. 정직성(honest), 통찰력(Forward-looking), 유능함(Compete nt), 동기부여(Inspiring)를 표현하고 있지만 네 가지 요소들도 보이지 않는 중요한 요소이다.

그만큼 보이지 않는 것이 안전리더에게 그만큼 정신적인 가치만큼이나 비중과 요소로 많이 차지하고 있음을 알 수 있다. 그 중에 정직성은 리더의 덕목 중에 가장 높은 점수를 받았다. 정직성은 사람을 속이지 않고 바르며, 도딕직 가치관을 가지고 있으며 공닝정대 할 수 있는 기반이 되고 정신적인 것과 의식적인 가치관에 없어서는 안 되는 부분이라 판단된다. 이집트의 피리미드는 정삼각형의 비율을 가지고 있어 많은 수학적 가치로 논의되기도 하지만 안전에서도 많은 비유를 한다. 재해의 피라미드로 바닥형태에서 톱의 형태까지 표현을 하는데 300의 앗차사고가 나면 29건이 경상해가 발생하고 그러면 1건의 중상해가 난다는 하인리히의 법칙이기도 하다. 또한 빙산의 법칙으로 통하는 하인리히도 사고 1건을 감소시키면 5라는 손실비용이 줄어드는 것을 수면 위의 직접비용을 1로 정의하고 수면 아래를 4로 정의해서 빙산의 법칙이라고 안전공학에서 말하고 있다. 안전의 리더는 이처럼 보이지 않는 부분이 리더십에서는 1:9 비율로 보여줬지만 안전에서는 1:4로 직접비용과 간접비용을 정의하고 있다.

아이스버그의 안전의 중요성은 보이는 것과 보이지 않는 것과 피라미드 사고의 앗차사고와 경상사고와 중상사고의 비율을 중첩시켜 이 부분을 매트릭스화해서 모든 문제를 생각하고 사고(thinking)해서 해결점에 접근하는 방법을 찾아보면 좋은 실마리를 찾는 데 도움이 될 것이다.

계절성 업무와 비업무 차이를 효율화해라

계절성 업무는 자연재해하고 연관이 많다. 자연재해는 주로 비로 인한 장마와 태풍과 지진을 들 수 있는데 최근 미얀마의 사이클론이나 중국의 쓰촨성은 남의 얘기가 아니다. 우리나라도 2002년도의 태풍 루사나, 2003년도의 태풍 매미가 우리나라 총예산의 2.5~3%에 가까운 4~5조 원의 피해액을 냈고, 지진은 70년도 중반에서 2000년도까지 23회 정도였는데 2001년도 이후에는 강도 3이상이 40회 이상으로 2~3배 그 횟수가 증가됐다. 좀 더 업무적인 측면에서 현실화에 대한 대비를 해야 하고 실제적인 로드맵이 구성되어서 추진되어야 한다.

생산이 이루어지고 있는 현장이나 공장이나 대기업이나 중소기업에서 운영하는 공장이나 혹은 건설현장이나 생산현장이나 생산 여건에 따라, 품질 여건에 따라, 물류 여건에 따라, 종업원의 의식과 근무태도는 계절성에 따라 민감하다. 계절성으로 인한 피해는 후진국일수록 인명이나 재산피해가 크고 선진국일수록 피해가 적다고 본다. 무슨 문제를 가지고 있는지 자문자답을 해 보자. 당연한 논리인지 몰라도 시스템웨어와 하드웨어, 휴먼웨어적인 부분으로 장기적이고 계획적으로 운영관리하고 있는가?

문제점에 대한 원인을 분석해서 발생도, 민감도, 위험도에 따라 분류를 하고 여기에 대한 단기, 중기, 장기에 대한 대책을 세워 추진하고 있는가? 위기대응에 대한 실전에 따라 역할론과 선택과 집중에 대한 시나리오가 되어 있고 시스템적인 정보공유의 네트워킹이 되어 있는가?

사실 단기적인 부분으로만 보강하려고 하는가에 따라 졸속운영이 생기게 되고 특히 안전의 경우는 재발에 재발을 일으키는 어처구니 없는 당연사고의 연속성을 가지게 될 것이다. 계절성에 따라 환경여건은 봄에는 오존이 생산설비에 품질사고의 원인이 되어 현장이 멈추는 원인이 되고 봄과 여름사이에는 황사로 생산현장의 품질과 작업여건이 미세먼지로 생산의 환경에 너무나 큰 타격을 주게 된다. 대책의 여건에 따라 분주한 손길을 가게 한다.

여름에는 폭우와 장마로 인한 물의 수로에 대한 관리부재를 발생케 한다. 배수로 문제로 지붕이 새어 장비로 물이 떨어지고 물이 떨어지니 작업의 현장은 습도가 올라가고 습도가 기준에서 벗어나니 공정의 불량이 발생되고 이러한 일이 반복되다 보니 생산현장이 작업을 멈추게 된다. 지붕의 배수로에 배관변경 파이가 작아 비가 내린 양보다 배수되는 파이의 용량이 적어 지붕으로 넘치는 기이한 일도 생긴다. 천둥번개를 동반함으로 정전이나 순간 전압강하가 발생됨으로 인해 생산의 민감한 전자업계, 화학생산업계, 약품업계 및 가스 재생 및 가공업체나 병원에서는 심각한 수준으로 문제가 초래되고 있다. 대책을 세우기 위해서는 무정전시스템을 보강하거나 설비 자체의 순간전압강하의 파워백신키트로 보강하는 방법이 있다. 이로인해 최첨단 정밀미세가공 업체 같은 경우는 무정전 장치의 설치로 운운하지만 공급되는 케이블과 운영관리에 1년에 20~30회 발생되지만 대기업, 중소기업은 어디 가서 하소연도 못하는 실정이다.

정부는 전기공급업체나 대기업이나 서로 상생하기 위한 정당한 손해 및 피해부분을 감성의 카노(KANO)의 분석처럼 만족과 충족의 양 갈래 속에 매력적, 일률적, 단독적으로 운영이 된다고 본다. 가을에는 태풍으로 겨울에는 동절기의 화재와 폭설로 인한 출퇴근문제, 물류와 관련된 문제, 교통대란으로 많은 경제적 손실과 어려움을 겪는다. 자연현상에 대하여 안전의 업무는 사람의 손과 눈과 발로 점검과 계측기를 활용해 이상 유무를 확인하고 문제점에 대하여 대책을 세워 일을 하게 된다. 여러 업무의 가치로 정의할 때 운영되는 계절성에 따른 업무라고 정의를 내리고자 한다.

안전의 업무는 100−1=99가 아니고 100−10=90도 아니다. 안전에 문제가 생기면 100−1=0이 되고, 100−10=0이 되는 것이다. 기업의 생명은 수십 년, 수백 년이 될 수 있지만 안전에 문제가 생기면1분, 5분,10분 만에 기업의 생명이 끝날 수도 있다고 본다. 다른 업무성의 계절은 정반대의 가치에서 보면 이러한 것들이라 본다. 왜 연말에만 소방훈련을 하느냐? 왜 연말에만 안전경진대회를 하느냐? 왜 연말만 되면 포상준비에 각 부서가 정신이 없는가? 왜 연말이면 전부서가 부서원들의 고과 평가를 하기 위해 정신이 없는가? 왜 연말이면 부서평가를 1년에 한 번의 평가로 전체를 평가하느냐?

업무성의 계절 일은 시간에 대한 업무의 마무리를 충격적인 요법으로 즉 당연한 업무의 일환으로 처리를 하려고 하는 부분이 많다고 본다. 계절성 업무나 비업무성에 대한 업무의 효율화는 반복적인 업무를 시스템으로 엮어 로스와 성과극대화를 위한 가시화를 함으로 갭을 줄이는 것이 큰 효과이다.

안전의 리더인 당신이라면 좀 더 손실을 없애고 단 한 번의 단일 평가가 아닌 정기적인 다변평가로 1년을 종합 집계하여 조직원과 구성원들의 마음을 추스르는 것이 더 효과적이라 판단된다. 조직이 처한 상황에 따라 리더십 유형을 변화시켜야 한다고 주장하는 이론이 상황적 리더십(Contingency Leadership)인데 상황에 따라 시간적, 공간적인 대응을 말하는 것으로 여기에 따른 영향요인은 리더와 구성원의 관계, 업무의 구조, 리더의 영향성으로 업무 성과가 달라진다고 보는 이론으로 안전의 리더로서 자신의 리더십과 주어진 상황을 분석할 수 있는 계기가 되는 이론이다. 김영한 씨의 〈창조 리더십 2.0〉에서 리더의 개인특성에 따른 것을 '리더십 1.0'이라 하고, 상황에 따라 창조적으로 대응하는 리더십을 '리더십 2.0'이라 한 것처럼, 안전 리더십의 계절성에 대한 업무를 '안전업무 2.0'이라 하면 업무의 계절성 일은 '안전업무 1.0'이라 정의한다. 다만 1.5 버전은 리더와 구성원의 행동유형에 따라 많은 부분이 좌지우지 되는 것이라 판단된다.

회사에서 업무처리에 대한 일례를 들면 대리는 업무의 당일만 보고 일을 하고, 과장은 업무의 일주일을 보고, 부장은 업무의 한 달을 보고 추진하는 양상이다. 임원은 업무의 일 년을 보고 장기적인 운영부분까지 계획화되어야 한다. 회장은 5~10년을 보고 일을 한다고 하면 안전의 리더인 당신은 어느 정도의 업무 처리 안목을 가지고 일을 하겠는가?

한국의 안전은 내가 책임진다는 생각으로 일을 하자. 회사의 안전은 내가 의무를 진다는 생각으로 일을 하자. 부서의 안전은 내가 역할을 한다는 생각으로 일을 하자. 동료의 안전은 내가 예방한다는 생각으로 일을 하자. 내 안전는 내 스스로 지킨다는 생각으로 일을 하자. 그러면 머지않아 우리나라 안전의 미래는 선진국형 안전운영 유지국가가 될 것이라 확신한다.

안전의식을 한 차원 끌어 올려라

우리의 안전의식 수준은 얼마인가?

국민성을 얘기할 때 수준의 기준은 국민소득이 기준치가 될 것이고, 그 나라의 가치척도를 기준치화 할 때는 문화수준을 얘기한다. 산업의 안전척도를 말할 때는 재해율이나 여러 가지 상해 정도의 수치를 가지고 평가한다. 일부 기업의 현장에서는 안전수치화로 안전사고를 구체적으로 줄이고 있거나 수치를 가지고 대책과 전략을 세우기도 한다. 현장에는 아무리 바빠도 반드시 확인하거나 해야만 하는 일이 있다. 안전 관련의 일, 품질 관련의 일처럼 평상시에는 필요 없다고 생각되지만 반드시 필요한 일이다. 이런 일이 무엇인지를 구분하고 지켜지도록 하는 것이 리더의 역할이다.

귀찮은 것에도 두 가지가 있다.

해야 되는 일과 하지 않아도 되는데 타성에 젖어서 하고 있는 일이다. 반드시 해야 되는 일은 아무리 귀찮더라도 지켜야 하고 준수해야하고 실행에 옮겨야 하고 관리를 해야 한다.그렇지 않은 일은 과감히 개선하는 것이 리더의 일이다. 안 해도 되는 업무나 일은 없애 주거나 합리적인 방법을 찾아 주어야 한다. 안 해도 되는 일을 하면서 정작 중요하게 해야 할 일을 못하는 경우가 있다. 바쁘다는 것은 다시 한 번 왜 바쁠까에 대해서 생각할 필요가 있다. 정말 필요한 일 때문에 바쁠까에 대한 의문이 필요하다. 작업현장에서 쓸데없이 바쁘게 하는 일은 없애야하며 그 역할은 리더가 해야 한다. 이상한데도 손을 들지 않고 진행하고, 작업자가 물어오면 제대로 확인이 되어야 하는데 대강하여 사고가 나고, 이렇게 하면 되겠지 하는 생각에 스스로 사고를 만든다면 우리가 원시인과 다를 것이 뭐가 있겠는가. 모든 사람에 대한 안전의식의 수준은 결국은 교육으로만 채워지는 것은 상대적인 방편의 일부라고 생각하고 의식의 수준은 전체에 대한 안전수준과 안전에 대한 문화와 안전에 대한 노력도와 문제에 대한 재발의 노력과 시스템적인 제반여건이 전체적인 흐름과 맥락을 파악하거나 안전지식에 대한 지식요구량이 전체적으로 높여져 있을 때를 안전의식의 수준이라 본다. 결국 개인을 포함해서 우리가 하고 있는 일에 대해서 그 일의 질(質)을 생각해 보아야 한다.

유목민정신(Nomad Spirit)을 안전정신으로 이어가자

세계의 수많은 석학들은 이 격동의 전환기를 다양한 개념으로 설명해왔다. 앨빈 토플러는 〈제3의 물결〉로, 피터 드러커는 〈글로벌 경제〉라는 말로, 그리고 래스터 서로우는 〈지식의 지배〉, 사무엘 헌팅턴은 〈문명의 충돌〉이라는 말로 이 거대한 변화의 윤곽을 그려보려고 애썼다.

　설명들은 결국 부분적인 묘사에 그치는 것일 수도 있으며, 보다 더 근본적인 변화의 핵심은 정착문명의 긴 지배가 마감되고 드디어 유목이동문명의 시대가 시작되고 있다는 것을 말한다. 인간은 오랫 동안 정착문명 속에서 살아왔다. 정착은 반드시 땅, 자본, 영토, 자원, 이념, 학벌, 기득권 등과 같은 근거지를 필요로 한다. 이제 모든 경계는 파괴되고 정착의 고정된 근거지들은 안개 속으로 사라지고 만다. 과거의 낡은 정착문명의 마인드를 가지고 21세기 새로운 유목이동문명시대를 살겠다고 아무리 몸부림쳐봐야 그 어떤 것에서도 성공할 수 없었다.

첨단과학과 디지털 시대로 대표되는 지금 과거 유목문명 얘기가 거론되는 이유는 무엇일까? 그것은 바로 새로운 지식과 정보를 찾아 이동하고, 빠른 것이 느린 것을 지배하며 능력을 중시하는 유목이동 문명이 21세기 글로벌 경쟁시대에 성공을 보장 받을 수 있는 요소로 부각되고 있기 때문이다.

정착문명과 유목이동문명의 차이점은 정착문명은 이익의 칸막이 안에서 안주하였고 대량을 목적으로 큰 것이 작은 것을 지배하였다면, 유목문명은 항상 새로운 지식과 정보를 찾기 위하여 이동을 하였고 다품종 소량생산의 유연생산의 사회를 근거로 빠른 것이 느린 것을 지배하는 사회였다.

사회도 정착문명은 전쟁터에서 뒤에서 지배하는 군왕중심이고 폐쇄적이며 성을 쌓는 위계질서의 사회였다면, 유목문명은 리더중심의 사회로 맨 앞으로 나서는 능력과 성과위주의 사회이며 창의와 자율을 중요시 하는 이질성을 수용하는 사회로 개방적이고 열린 마음과 다양성을 갖추었다고 본다. 1995년 미국 '워싱턴 포스트'는 지난 1,000년의 역사에서 가장 중요했던 인물을 선정했는데 그 결과는 뜻밖에도 칭기즈칸이었다. 100만~200만의 인구를 가지고 1억~2억의 인구를 10~20년 내의 시간에 모두 정복하고 150년 동안 그 제국을 이끌어 나갔다면 놀라지 않을 수 없는 일이다. 칭기즈칸 시대에 정복한 땅은 777만 평방킬로미터에 이른다. 이는 알렉산더 대왕, 나폴레옹, 히틀러가 차지한 땅을 합친 것보다 넓다.

칭기즈칸이 이룩한 13C 지구촌은 유목이동문명에 의한 최초의 글로벌 체제였다. 그의 제국경영으로부터 유목이동문명시대 리더의 교과서를 발견할 수 있다. 21세기 유목이동문명시대의 도래라고 본다. 김종래의 〈밀레니엄맨 칭기즈칸〉에 나오는 글이다.

> 나는 몽골의 푸른 늑대고 너희는 신의 군대다.
> 세계의 정복을 꿈꿔라.
> 꿈이 있는 자는 결코 쓰러지지 않는다.
> 우리에게 패배란 있을 수 없다.
> 신념이 있는 자는 모든 전쟁에서 승리할 것이다.

정착에서 유목의 시대가 도래하고 있는 상황에서 리더가 가져야 할 사상과 행동 철학 5가지를 살펴본다.

첫 번째는 꿈의 공유(비전 · 창의 · 도전)이다. 칭기즈칸과 유목민들은 문자도 변변하지 못한 민족이었다. 하지만 그들은 서로 꿈을 공유했다. 유라시아를 관통하는 광대한 제국 건설을 위한 꿈과 비전 이것만이 초원의 빈약한 물자를 놓고 벌어지는 만성적인 동족 간 분쟁을 막을 수 있는 유일한 길이라고 믿었다.

칭기즈칸의 조직 내에서는 조직 전체의 비전과 개인의 희망이 결코 분리되지 않았고, 그렇기 때문에 저마다 창의적으로 궁리를 짜내어 기발한 전술을 개발하고 어떻게 해서든 전쟁에서 승리하고 더 많은 공을 세우기 위해 스스로 적극적으로 나서는 병사들로 가득 찬 조직이었다.

두 번째는 높은 호환성으로 무장한 조직 구축(벽 없는 조직)이다. 칭기즈칸이 손을 한 번 들면 그의 군대는 10만이 되고 한 번 더 들면 20만, 30만, 40만 등으로 얼마든지 변신 가능한 군대였다. 정착문명의 군대는 활 쏘는 군사, 말을 타고 진격하는 군사 등으로 나뉘어져 있었지만 칭기즈칸 군대는 누구를 병력으로 충원시켜도 모든 군사가 기본 전술기능을 종합적으로 수행할 수 있는 호환성 있는 조직이었기 때문이다. 기업의 호환성을 높이기 위해서는 다양한 인재에 대한 정보망과 연결망을 가지고 있어야 한다. 칭기즈칸은 적이든 아니든 쓸모 있는 모든 사람을 확보하려 하였으며 전쟁에서 승리할 때마다 각종 기술자들을 따로 모아내고 부족한 군사를 충원하는 방식으로 항상 인력 풀을 운용하는 놀라운 지혜를 가지고 있었다.

세 번째는 속도 숭배주의자들이다.(스피드 경영) 전투력을 발휘할 수 있었던 원동력은 스피드였다. 적들이 미처 대비할 여유를 두지 않고 바람처럼 들이닥쳤다가 바람처럼 사라져 버리는 기마군단이 몽골군의 이미지이다. 넓은 초원을 가축을 돌보며 이동해야 하는 유목민족의 스피드는 전투수단이 아니라 이미 생업의 수단으로 체득되어 있었을 것이다. 그들은 군대의 이동속도, 전투 시의 진격속도를 높이기 위해 불필요한 것은 소지하지 않고, 꼭 필요한 것은 가볍게 만들었으며, 병참기능이 따로 없는 군대를 운용하였다. 무기에 대한 여러 신소재들을 개발하고 가치가 없는 것은 없앴다. 또한 군량미의 무게를 줄이는 것도 속도를 빠르게 하는 한 방법이다. 잠자리 겸 숙소인 '겔'이라는 것이 있는데, 설치하거나 철거하는 데 몇 분밖에 걸리지 않았다. 이 같은 속도 경쟁에서의 우위가 전쟁을 승리로 이끈 것이다. 이점은 현대의 기업이 반드시 배워야 할 점이다. 유연한 조직, 감량경영, 슬림화된 조직 등 경영용어들이 지향하는 바를 몽골인들은 이미 실천하고 있었다. 디지털 문명시대에 군사력, 나아가 국가경쟁력은 땅덩어리에 달려 있는 것이 아니라 그 속에서 움직이는 사람들의 역동적인 속도에 좌우된다.

네 번째는 역참제(정보 마인드)이다. 인터넷의 정보 전달방식인 프로토콜 방식과 13세기 초원의 칭기즈칸 제국에서 구축된 역참제는 반(反)중앙집중적 정보전달 체제로서 같은 것이다. 13C 유목제국에서 구축된 역참제는 이른바 릴레이 전달 방식이다. 정보를 말에 싣고 달리는 전달자는 다음 역까지만 전달하면 된다. 그래서 각 전달자는 전속력으로 달릴 수 있다. 수천 개의 역이 점점이 흩어져 있기 때문에 전달 경로는 가장 빠른 길을 찾아 때에 따라 변경될 수 있다. 최종 수신자가 이동 중일 경우에는 그 전달 경로 역시 유동적인 것이 된다. 정보의 공유는 모든 판단을 리더 홀로 내리고, 모든 명령이 그에게서 나오며, 또한 모든 책임이 그에게로 집중되는 과거의 중앙집중적인 경영구조는 20C 대량생산 시대의 종말과 함께 마감되고 있다.

다섯 번째는 구성원 모두의 총력체제 구축이다. 전통적으로 기업은 군대와 마찬가지로 상명하복이 생명이었다. 그러나 디지털문명시대에는 상명하복만으로는 안 된다. 직위와 역할에 관계없이 모든 구성원들이 독창적으로 사고하고, 창의적으로 활동하며, 능동적으로 작전을 수행할 수 있어야 한다.

칭기즈칸의 군대는 요즘 말로 하자면 정규전, 게릴라전 구분 없는 총력전을 펼칠 수 있었다. 바둑돌들은 서로 모든 돌이 똑같고 평등하다. 더욱 중요한 것은 바둑은 그 평등한 돌들이 홀로서는 살 수 없고 아무런 의미도 지니지 못하며, 서로 연결되면서 서로가 서로를 살리는 소위 상생(相生)의 방식으로 전체가 사는 방식이다. 이처럼 칭기즈칸은 남과 공존할 수 있는 사람이 진정한 리더로서 이질적 사람이나 사회를 수용하면서 차별 없는 정책을 펼쳤다. 그는 중국, 아랍, 유럽 등 유라시아 대륙 전체를 지배하면서 수많은 이질적 민족과 종교, 서로 다른 언어와 문화의 수많은 사람들을 하나의 팍스 몽골리카 내부로 수용하면서 아무도 차별하지 않았다. 이 정책들로 인하여 150 여 년 동안 다른 민족과 나라를 이끌어 갈 수 있었다.

리더는 본질적으로 남과 공존할 줄 아는 능력을 지닌 사람이어야 한다. 글로벌 시대, 사람과 사람의 관계를 증진시키고 조직의 목적을 위해 최대한의 효율을 창조하는 것이 리더의 주요 임무이다. 공유는 누구나 알고 있는 소유의 개념이고, 안전적으로 접근하면 누구나 느끼는 감정이입의 개념으로 형성조건의 첫 단추 공감대이다.

공유와 공감의 차이를 조직의 의식에서부터 깨워라

공유와 공감의 차이를 가지고 있어라

> 공유는 일반적인 사항에 대한 공동의식의 1차 개념이고
> 공감은 공유차원에서 한 차원 높은 목표의식의 차원이다.
> 공유는 머리에 있고, 공감은 가슴에 있다.
> 공유는 정보를 주는 것이고 공감은 정보를 받는 것이다.
> 공유는 알고 있는 기존 지식의 유임이고, 공감은 새로운 지식의 정보 보관고이다.

이처럼 변해야 생존하는 대기업 체질을 보자. 일본의 도요타는 '개선할 것이 없으면 불안해하는 조직'을 가지고 있다. 공유와 공감을 함께 목표와 미션을 가지고 있는 것과 같다. 칭기즈칸의 생존의식도 '돌다리가 아니고 흙다리라도 건넌다, 조그만 가능성이라도 있으면 도전한다.'라는 도전의식에 생존의식까지 가지고 있었다. 이들의 공통적인 것은 자기들이 추진하려고 하는 공유와 공감을 분명히 했다는 것에 높은 가치를 두고 있다고 본다. "생각한 대로 세상을 움직인다라는 신념을 갖자. 마음이 운명을 결정한다."라는 토쿠구치 카쓰미(德久克己)가 얘기한 것처럼 하루를 지내면서 '즐겁다, 즐겁다'하는 마음을 많이 갖고 사는 사람은 얼굴이 즐거운 듯하게 되어

간다. 자기암시에 의해서도 운명이 좌우되지만 주위사람들의 말 한 마디 한마디가 쌓여 그 사람의 운명이 바뀐다.

공유와 공감은 조직의 의식에서 차별화될 수 있는 느낌으로 안전의 무의식과 안전의 무감각인 것과도 유사하게 볼 수 있다. 사람의 행동, 그 원동력은 마음이다. 인간의 행동은 마음을 정하는 것이다. 인생의 근본진리는 '사람은 신(神)의 아들'이라는 것으로 추진되어야 한다.

혼을 담지 않으면 방심과 약점이 있다

방심을 국어사전에서 찾아보면 여러 가지 뜻이 있다. 하나는 방심(芳心)[명사]으로 아름다운 마음, (남의) 친절한 마음이다. 또 다른 방심은 방심(放心)[명사][하다형 자동사]으로 마음을 다잡지 아니하고 놓아 버림, 걱정하던 마음을 놓음의 뜻이다. 세 번째의 방심(傍心)[명사]은 삼각형의 하나의 내각의 이등분선과 다른 두 개의 외각의 이등분선이 교차되는 점, 방접원의 중심의 뜻이다. 사실 회사 차원에서 논하고 싶은 사항은 두 번째의 방심이다.

회사가 초일류가 되기 위해 특별히 역점을 두고 관리를 강화해야 하는 부분이 있다. 기업이나 회사 간에 역점의 흐름이나 중요부분의 차이는 있겠으나 방심해서는 안 되는 부분이 6대 방심이다. 안전방심, 기술방심, 정보방심, 가격방심, 스피드방심, 위기방심이 중요한 핵심이라고 본다.

안전방심은 회사의 존폐위기를 결정하는 요소가 될 수 있고, 기술방심이나 정보방심은 회사의 미래전략과 기술누출로 차기 제품과 많은 투자를 동반했던 제품의 개발이 물거품이 될 수도 있고, 가격이나 스피드 방심은 적기에 생산출하를 놓쳐 일류가 아닌 이류로 전락하는 기업이 생길 수 있다.

김성홍, 우인호 교수의 〈삼성 초고속 성장의 원동력 이건희 개혁 10년〉에 보면 삼성전자가 전체 계열사의 중심기업으로서 세계 초일류기업으로 성장한 것은 국내 일류기업에 만족하지 않고 '변하지 않으면 살아남을 수 없다. 마누라와 자식들을 제외하고 모두 바꾸라.'고 주창했고, 1993년까지의 '양적성장' 방식을 중단하고 '질경영'으로 전환하지 않으면 국제적으로 경쟁할 수 없다는 위기감에 의한 것이었다.

1993년 6월 '프랑크푸르트 선언'으로 막이 오른 삼성의 개혁 작업은 삼성의 체질을 획기적으로 바꿨다는 평가를 받고 있다. 삼성은 삼성의 혼을 담아 삼성만의 아이덴티티를 찾고, 시너지 효과를 극대화해 효과를 높이고, 국민·정부·기업의 삼위일체론으로 유럽 강소국을 배우고 빈민문제와 협력 업체의 상호 경쟁력 강화 관점의 윈윈 전략은 제품에 혼을 담기 위해 추진하고 있는 것으로 보고 있다.

GE의 잭월치도 5개의 주요 줄기를 가지고 그룹을 운영했는데 안전도 어떤 일을 추진하기 위해서는 정확한 비전과 미션과 목표를 가지고 같이 일을 하는 구성원에게도 공유되어 방심의 좋은 뜻도 있지만 이면에 있는 뜻도 가볍게 넘겨서는 안 되는 항목이다.

bob와 wow의 개념을 의식에서부터 생각해보자

요즈음 많은 유행어 중에 bob(best of best), wow(worst of worst)라고 하는 말이 있다. 이 말을 인진에 대입하여 3가지로 풀어 보면 다음과 같은 단어로 얘기 할 수 있다. 안전의 거시 대책의 광범위한 부분이 하늘(天)과 땅(地)과 사람(人)이다. 그만큼 광범위해서 리스크가 다변화되어 있다고 본다.

그 중에 천(天)은 자연재해 같은 비, 눈, 바람, 온도, 해일, 습도, 태풍 같은 1차적인 발생원이 2차로 이어질 때 피해 범위도 넓고 광범위하다. 문제에 대하여 로스는 있어야 하는가? 지(地)는 땅으로 볼 때 1차 요소인 화산 폭발, 토지의 산성화 같은 것이 문제가 되고, 1차 발생원보다 문제의 중요성과 심각성은 크지 않지만 인간의 삶과 장기적인 문제의 중요성은 1차 발생원과 거의 유사한 것이 즉 사람(人)인데 안전의 2차 요소이지만 실제 집중 관리 단계는 가장 중요한 것이 사람이다. 천과 지는 자연현상으로 조절단계는 아직 미흡한 수준이지만 사람은 머리, 손, 팔, 다리의 대책으로 관련되어 있다. bob(best of best), wow(worst of worst) 좋고, 나쁨에 대한 의식과 인식의 전환을 가질 수 있도록 해야 한다. 최상의 조건과 최악의 조건은 안전이 선제가 되고, 문제의 의식의 생각의 법칙으로 접근해서 해결하는 전제가 되어야 한다.

신조의 중요성은 안 보이는 정신력의 가치이다

1902년에 미국에서 안전의 중요성을 강조하기 위해 미국철강(US STEEL)에서 '안전제일'이라는 신조를 사용 한 후 모든 산업에서 일반화가 되고 이제는 보편화가 되었다. 안전은 사람에 의한 사고의 편중이 크기 때문에 기업마다의 사고의 비중은 다르겠지만 현재 한국의 경우 인적오류가 사람에 대한 안전사고의 15~35%의 비율을 보이고 있다.

사람이 보여 주는 신조는 보이지 않는 정신적 가치를 말하는 것으로 작게는 종업원과 회사에 종사하는 구성원까지 회사가 현재의 글로벌이라는 기업까지도 해당이 된다. 모든 회사에서 선진안전을 벤치마킹 한다고 하면 미국의 듀폰을 예로 든다. 그들만의 안전신조가 무엇이겠는가?

과거 듀폰은 205년 전에 실적보다 안전이 중요하다는 회사의 사훈이 개인의 좌우명에 가까울 정도로 의식화되어 이 기업의 경우 현재는 화학에서 나일론, 나일론에서 연료대체에너지로 '기적의 과학(science of miracle)'이라는 사훈을 걸고 열정을 태우고 있다. 개인적인 휴가 때에 사고를 내도 승진에 치명타가 되고, 회사 내의 재해율이 0.03%대를 이루고 있어 미국 전체의 60분의 1에 불과하다. 회사의 신조는 '안전의식이 떨어지는 사람은 리더가 될 자격이 없다'는 것으로 다국적 기업 듀폰이 전 세계적으로 적용하는 인사 방침이다. 안전사고와 사업실적을 올리느냐의 중요성을 택하라면 듀폰 직원들은 누구나 전자를 택한다고 한다. 안전이 바로 좋은 실적보다 더 중요하다는 것이 듀폰의 안전제일 경영철학이자 회사의 신조이다.

한국의 경우는 어떤가? 재해율은 재해자 수를 근로자의 수로 나누는 것으로 산업재해 보상보험법에 의한 113만 적용사업장에서 근로자 1105만 명 중에 산업재해자를 나눈 것으로 2004년에는 재해율이 0.85이고, 2005년에는 재해율이 0.77이고, 2006년에는 재해율이 0.76으로 선진안전에는 아직 미흡한 수준이라고 본다.

근간이 되는 신조를 근거로 얘기를 하면, 국내 굴지의 삼성전자의 신기원을 이뤘던 반도체도 처음에는 사원들의 정신적 지주인 동기부여를 하기 위해 신조(Credo)를 만들었다. 이것은 1983년 한국 최초로 64KD램 개발 당시 제정되어 반도체 신화의 원동력이 되었다. 그 사례를 보자.

반도체인의 신조(Semiconductor Employee Credo: 1983)는

- 안 된다는 생각을 가져라.
- 큰 목표를 가져라.
- 일에 착수하면 물고 늘어져라.
- 지나칠 정도로 정성을 다하라.
- 이유를 찾기 전에 자신 속의 원인을 찾아라.
- 겸손하고 친절하게 행동하라.
- 서적을 읽고 자료를 뒤지고 기록을 남겨라.
- 무엇이든 숫자로 파악하라.
- 철저하게 습득하고 지시하고 확인하라.
- 항상 생각하고 확인해서 신념을 가져라.

생각, 목표, 일, 정성, 원인, 행동, 기록, 파악, 지시, 확인, 신념이라는 단어의 의미들을 볼 때 정신적 가치와 행동적 가치와 이에 따른 필수적인 요소가 수반되고 있음을 알 수 있다.

리더는 부서원들에게 정신적 가치의 솔선수범자이자 행동의 우선 수반자이기도 하다. 듀폰의 회장이 화학공장의 안전사고를 줄이기 위해 집을 공장 옆에 짓고 살아가는 모범을 보인 사례는 신조에 가까운 행동이다. 일부 대기업에서는 임원들의 자리에 간이 접이식 침대인 라꾸라꾸 침대를 두는 회사들도 있다. 신조는 살아 움직이는 활동력의 근간이자 조직의 비타민처럼 팀원의 살아 있는 DNA를 위해 필요충분조건의 함수이다. 더욱이 새로운 변화에 대한 환경의 적응이나 조직원의 극한상황에 도전할 때나 생과 사의 결정이 필요한 부분이면 부분에 의존성이 크다고 본다. 리더십은 포괄적인 정신과 행동의 가치를 추구하기 위해서는 절대 잊어서는 안 되는 것이다.

의식의 차이는 기준의 차이를 가져온다

우리가 어릴 때는 세상에서 제일 높은 산은 에베레스트산이었고, 그곳의 해발 높이는 8,848m인 것으로 알고 있다. 여기에는 많은 가치가 숨어 있는 것을 알 수 있다. 1953년에 에드먼드 힐러리 경이 이 산의 최초의 등정자로 알고 있다. 그렇지만 셰르파인 텐징은 1935년 21세의 나이로 최초의 여정에 올랐지만 높은 산에 올라 본 사람만이 정상에 오르기 위해 필요한 것이 무엇인지를 안다. 그는 1920년부터 1952년까지 무려 32년간 일곱 번의 에베레스트 등정 시도가 있었지만 매번 실패를 했다. 1953년 5월 29일 산의 법칙에 의해 두 쌍으로 올랐으나 톰 보딜런과 찰스 에반스의 실패로 다른 한 팀인 텐징 노르가이와 에드먼드 힐러리는 그들의 조언과 노력과 희생으로 정상에 오르는 기회가 주어졌던 것이다. 그 해에 등정한 사람은 한 사람이었을 것이다. 같이 등정한 셀파인 텐징의 숨은 얘기도 있지만 그것은 묵지하자.

50년이 지난 현재 등정한 사람의 수는 한해에 얼마나 될까? 한 자릿수, 두 자릿수, 아니면 세 자릿수일까? 그렇지만 놀랍게도 2004년 한해에 등정한 사람만 무려 333명이었다. 차이의 원인은 기준치였다. 기준지시는 베이스캠프였던 것이다. 50년대에는 베이스캠프가 2000m였고, 현재의 베이스캠프는 6000m였던 것이다. 기준치의 차이는 큰 변화의 차이다. 의식의 차이는 기준의 차이를 가져온다. 결국 사람의 인식과 지식과 인프라에 대한 눈높이가 많은 변화와 성과를 가져오는 계기가 되었다고 본다. 선진안전을 위한 초석의 밑거름이 되려면 우리 국민 모두가 안전 선진을 위한 안전의 기준치를 높이 가지고 있어야 한다는 것이다. 야구에도 던지는 사람(thrower, pitcher)이 있듯이 의식차도 기준에 좌우된다고 볼 수 있다.

야구에도 자기 실력만 믿고 오직 던지는 속도로만 추구하는 투수를 가리키는 말로 하찮은 투수를 스로워(thrower)라고 하고 정말 상대방 선수를 아웃시키기 위해 투수의 힘만이 아니라 갖은 방법과 요령을 가지고 쉽게 던지는 투수를 피처(pitcher)라고 말한다. 그런 면에서 미국의 마이너리그 시애틀 매리너스의 스즈키 이치로는 스로워(thrower)이고 요즈음의 LA 다저스의 박찬호가 피처(pitcher)라고 본다. 안전에도 모든 일에 스로워(thrower)나 피처(pitcher)부분이 있다고 본다.

　가장 기본적인 업무를 처리 할 때와 상당히 시급한 일을 처리 할 때도 상황에 대한 처리속도가 달라져야 한다고 본다. 업무에는 상황에 따른 변수의 대처 능력이 빨라야 할 때가 종종 있다. 쓰러워와 피처의 차이가 아닐까하는 생각이 든다.

브랜드로 안전의식을 심게 해라

많은 브랜드로 안전문화를 만들자

우리나라에서 안전에 대한 브랜드는 좋은 이미지를 심어 주어 같이 동참하거나 인지하거나 홍보가 되어 사전 예방 차원에서 국민과 함께 할 수 있고, 국민들 마음속에 안전의 캐릭터가 되어야 한다. 이것은 국민과 함께 안전 일을 하는 사람과 작업현장에서 일을 하는 모든 사람이 해당 된다. 생각과 행동과 의식을 같이 반영한다면 효과는 배가 될 수 있고 같은 다양성의 알림방 이거나 안전의 지킴이 같은 형식이 활성화되는 전제조건이 되어야 한다. 다방면의 좋은 홍보와 국민 정서와 맞는 브랜드를 많이 만들어 내어 의식과 문화를 한 차원 높이는 방법을 강구해야 한다.

사실 브랜드는 개인이나 그룹의 판매자의 상품이나 서비스를 식별하고 경쟁자와 차별화를 위한 로고, 상표, 패키지 디자인으로 특정의 이름이나 상징을 나타낸다. 브랜드 경쟁력을 높이는 데 필요한 일은 차별화를 통해 자기 정체성을 명확히 하고, 소비자 접점을 긴밀히 유지하고, 글로벌 및 지역시장을 두루 이해하고 고객과의 친화력을 갖는 것이 우선 목표다.

브랜드 전략이 뛰어난 회사의 특징은 가장 중요한 것으로 시장의 목소리를 듣는 능력이다. 시장의 소리를 듣는다는 것은 현장의 직접적인 고객의 소리를 듣고, 반영하고, 고객가치를 위해 실행에 옮기는 것이 가장 바람직한 것이다. 애플은 최고경영자가 고객관리에 뛰어난데다 조직도 시장의 변화에 신속히 반응한다. 한국의 대기업 중에도 제품에 대한 브랜드가 좋은 기업이 있다. 특히 삼성, LG는 목표를 향한 집중력이 좋다. 한국의 브랜드에 대한 가치를 평가하고 논하는 사항이었다면 안전브랜드도 상품가치화해서 운영하면 좋을 것이다.

1999년 2월 포천지의 '40이 되면 직장 생활은 끝'이라는 커버스토리를 보면 실제로 그 동안 미국의 최고 소득층을 이루고 있던 45~54세까지의 연령층은 그 자리를 35~44세까지의 젊은 층에게 넘겨주었다는 내용이다. 결국은 젊고 유능하고 정력적인 전문가들이 유능한 선배들을 제치고 가장 벌이가 좋은 소득층이 되었다. 경험과 경력 대신 전문적 지식이 풍요로움을 결정짓는 기준이 되었다는 것을 의미한다.

한국은 미국보다 훨씬 더 경험과 경력이 중시되는 사회였다. 그러나 이제 그렇지 않다. 한국 역시 지식사회로 이행하고 있는 세계의 보편적 추세 속에 섞여 진입되었기 때문이다. 사람 외에는 자원이 없는 한국에게는 좋은 기회이다. 문제는 우리 국민이 체계적이고 효율적인 지식의 전달 및 창조 그리고 활용 체제를 갖추지 못하고 있다는 점이다. 기술과 교육을 위한 효율적인 과정에 전념함으로써 사회가 보유한 지식의 균형과 심도 있는 기술을 축적할 수 있다면 한국은 과거의 콤플렉스에서 벗어나 중요한 국가로 부상할 수 있을 것이다. 개인의 능력 사회로 전환되면서 개인의 과정이 아닌 사회적 과정으로 전환되는 시점인 것이다.

개인은 전문화의 길로 들어서도록 우선 스스로를 설득하지 않으면 안 된다. 삶은 자신의 것이고, 스스로에게 책임이 있다. 자기 자신이 된다는 것은 자신의 강점을 인식한다는 것을 말한다. 강점 자체가 탁월하면 좋다. 그러나 더 중요한 것은 무엇이 자신의 강점인지를 알아내고 개발하는 것이다. 너무 늦었다고 생각할지도 모른다.

우리 국민은 지식 사회가 만들어 놓은 수많은 틈새 속에서 자신의 영역을 구축할 수 있다. 자신만의 브랜드를 부착할 수 있다. 괜찮은 일 아닌가? 우리 국민 중에 리더가 먼저 새로운 어플리케이터 (Applicator)가 되어야 한다. 적응자는 새로운 것에 대한 발견의 시점도 중요하지만 관찰과 적응도 필요하다. 강점을 찾아내기 위해 우선 자신의 업무를 새로운 시각에서 관찰할 필요가 있다. 업무 속에는 자기가 좋아하는 대목도 있고 싫어하는 대목도 있다. 좋아하는 대목 속에 자신이 즐겨 머무를 곳이 있다. 주목하자. 수동적 태도를 버리고 그 일을 가장 잘 할 수 있는 방법을 강구해 보자. 비단 그 일에 머물지 말고 자신을 몰입하게 하는 공통적 속성을 공유하는 일들이 무엇인지 찾아내야 한다. 시간은 위대한 힘이다.

설득력 있는 독특한 시각을 가진 전문가가 되기 위해 시간이 얼마나 걸릴지 모른다. 평생이 걸릴 수도 있다. 그러나 가만히 있어도 시간의 달력은 타의적으로 밀려간다. 지금 시작하지 않은 사람은 자신의 운명이 다른 사람의 손에 쥐어져 있음을 후회하게 될 것이다.

좋은 브랜드로 안전의식을 선진화한다

브랜드에 대하여 한국에게 조언한 다국적 브랜드 컨설팅회사인 인터브랜드(interbrand: 1974년 영국에서 설립돼 20개국에 진출했다. 코카콜라, 소니, BMW 등 초일류글로벌 기업들의 브랜드 구축을 도왔고, 매년 100대 글로벌기업브랜드를 발표함)의 제즈 프램턴은 "한국이 브랜드 강국으로 부상하려면 기업은 물론이고 정부 차원의 치밀한 브랜드 발전 청사진이 필요하다."고 강조했다.

브랜드를 기업의 로고 정도로 생각한 과거와는 달리 현재는 기업의 브랜드가 경쟁력이 되고 있다. 그와 같은 부분이 원산지 효과(국적이 브랜드에 미치는 효과)라는 것인데 나라를 떠 올렸을 때 긍정적 효과가 있다면 적극 활용하지만 그렇지 못하면 브랜드에 대한 효과를 보지 못하므로 표식에 거리를 두는 것이 좋다고 한다. 그러나 기업의 브랜드가 추구하는 특징이 나름대로의 강점과 차별화가 있다고 본다.

그렇다면 안전은 어떠한가?

산업안전의 브랜드는 어떤 것을 우리 브랜드로 할 것인가?

산업안전의 브랜드가 우리에게 주는 의미는 무엇인가?

우리는 안전의 브랜드로 내세울 만한 것이 없을까?

여러 가지의 답과 해결책을 찾는다면 기업과 정부와 학교에서만 추진해야 할 문제의 답이 아니다. 브랜드 강국 코리아를 위한 안전의 브랜드를 기업의 일반적인 메시지가 아닌 기업과 소비자만의 답을 찾는 쌍방향이 아닌 소비자가 주가 되고 기업도 일원화가 함께하는 대화의 시대가 필요하다.

브랜드가 어떤 어려운 것이 아니어도 좋다. 어린아이도 쉽게 이해하고 어른들도 기틀 없는 안전 사고국의 누명에서 벗어나려면 무엇인가 안전강국으로서의 의식하는 안전브랜드가 필요하다. 안전 사고국의 안전강국의 기틀을 잡기 위한 시스템도 좋다. 아니면 하드웨어적인 프로세스의 틀도 좋다. 쉽게 이해하고 적용하고 행동하고 실천하는 안전의 틀을 잡아야 한다. 브랜드가 되고 그것이 정립이 되면 의식화되고 의식화되면 생활화로 정착되고 생활화로 정립이 되면 안전문화가 자리를 잡을 것이다.

1990년 초부터 2007년까지 근 20건에 달하는 화재, 침몰, 폭파, 붕괴 등 대형사고로 많은 인명 사상자를 냈지만 안타깝게도 우리의 기준이라 하는 백서는 단 2건뿐이고 그것도 공개가 안 되는 흑서(黑書)로써 운영되고 있고 일본처럼 공개를 하고 공유가 되어 재발과 대응에 대하여 함께 하는 선진 안전이 언제쯤 자리를 잡게 될까 하는 생각이 든다. 브랜드가 구축 되고 모든 부분에 대하여 의식화가 되었을 때 안전선진국이 되리라 확신한다.

한국의 아름다운 이미지처럼 안전의 20선을 만들어라

일전에 어느 신문을 보니 한국의 미에 대한 20선 앙케트로 분석한 결과에 대한 기사를 읽은 적이 있다. 한국의 미 20선은 우리 국민의 자긍심과 세계 어디에 내놓아도 전혀 뒤질 것이 없는 한국민의 혼이 있고 역사와 숨쉬고 버티어 온 문화의 유산이자 유일한 정신이 깃들어져 있어 자긍심을 갖게 하는 아름다움의 극치인 것들이다.

- 김치 / 태극 / 한글 / 무궁화
- 한복 / 고려청자 / 아리랑
- 세종대왕 / 거북선 / 휴전선
- 농악 / 인삼 / 씨름 / 호랑이
- 강강술래 / 탈춤/태권도
- 가을하늘 / 붉은 악마 / 88서울올림픽(2002 월드컵)

유구한 역사와 전통으로 내려오는 문화적인 부분이 대부분이었으나 최근에 거론된 내용 중에는 세계 속의 위상을 높이는 정신적인 산물과 정신적인 상징도 있다. 아름다운 20가지는 유구한 한국의 역사와 같이 한 문화와 한국인들의 자긍심이 들어 있는 상징적인 것들이다. 한국인들의 한국의 문화가 보여지고 한 가지 아이템마다 한국인들의 마음을 희열로 비애로 승화시키는 그 무엇이 잠재되어 있는 것으로 개인적인 생각에서 안전에 대해 자랑하거나 자긍심을 심어줄만한 것이 있을까라고 생각해보면 잘한 것이 무엇일까?

안전의 20선은 안전에 대한 국민의 정서와 문화에 대한 안전의 브랜드가 좋은 의미로든 나쁜 의미로든 좋은 경각심을 줄 수 있을 것이라는 의미로 선정을 해본 결과이다. 안전의 20선의 의미란 안전의 사고성, 피해성, 사회성, 안전성, 국민성, 기업성, 국민에 대한 반영성, 각성과 반성의 의지를 모두 엿볼 수 있는 것이 되겠다. 안전의 이슈가 되어 안전에 대하여 국민으로서 문화다운 상징적인 가치가 언뜻 얘기를 할 만한 자랑거리가 없는 것도 참 우리가 시스템적으로 부족한 것이 많다.

안전강국으로 가기 위해서는 나아지고 발전하는 안전가치가 상품화되겠다는 기대를 해보지만 현재 인식되어 있는 안전의 20선은 우리가 보고 들으면 안전복지국가로 갈 수 있는 신선한 이미지의 단어일수도 있지만 자성해 보는 의미도 가져 보자.

- 사전예방 / 사후예방 / 안전점검 / 시스템
- 안전문화 / 건강한 사회 / 인증
- 안전한 교통문화 / 무재해 / 무질병 / 무사고
- 오염이 없는 환경 / 질서를 지키는 시민
- 안전장치 / 안전의식 / 안전 Zero에 가까운 재해율
- 안전한 나라 / 재해 없는 선진국가 / 국민의 안전수준
- 안전에 대한 국민성

참 부족한 부분도 많고 아직 보완할 부분도 적지 않지만 국민성은

이런 부족한 부분을 알기 때문에 채울 수 있는 마음의 여유가 있다고 본다. 그러나 마음의 여유는 누군가를 안전의 열리지 않는 수렁에 빠뜨릴 수 있는 불안전한 공간을 주는 것과 같다고 본다.

혁신도 보이는 것부터 실시해라

혁신의 필요성을 기본부터 행하자

여러 회사일 중에서도 혁신이 필요하지만 안전에도 필요한 부분이 혁신이다. 혁신에도 여러 일과 속성에 따라 부분적으로 나누어 볼 수가 있다. 일반적인 혁신의 개념은 슘페터의 기술혁신으로 시작한다. 일의 성격과 회사가 처한 여러 가지의 여건과 돌파구를 찾아본다면 나는 강력하게 '문제 속으로 들어가라.' 고 말하고 싶다.

기업회생의 전문가인 카터 페이트(Cater Pate)와 할란플랫 (Harlan Platt)의 〈기업희생을 위한 혁신경영〉에서 기업 실적 평가를 하기 위해서는 세 가지를 제시하는데 개선 턴업, 회생 턴-라운드, 위기 극복을 놓고 9개 항목으로 평가하고 있다. 제시한 영역을 결정하고, 지향성을 설정하고, 규모를 정하고, 부채를 관리하고, 자산과 직원과 제품으로부터의 최고가치를 얻어내고 제품을 생산하고 프로세스를 전환에서의 문제정의라고 영역을 결정한다. 회사가 어떤 부분에 대하여 혁신을 할 것 인가를 먼저 인식하고 생각을 실천에 옮기는 것은 중요한 요소이다.

기업혁신은 많은 회사들이 혁신을 타이틀로 많은 활동을 하지만 성공을 못하는 이유가 1차원적인 원가로 접근을 하기 때문이다. 1차적인 것은 단기적인 방법으로 금액의 줄임만 힘쓰는 것이고 영구적인 방법이 아니기 때문이다. 사실 원재료에 대한 접근이다. 그러나 지난 1월 뉴델리 오토엑스포에서 인도의 타타 자동차와 경쟁업체인 마루티 스즈키에서의 혁신제품을 보면 마른 수건만 짜는 것은 하책이고 시장을 이해하고 고객이 원하는 근본부터 따져야 한다. 그런 관점에서 두 회사의 원가혁신방법은 우리가 한 번은 알고 넘어가야 한다.

2차원적인 접근은 사람에 대한 인건비로 접근을 한다. 한국의 기업들은 1차원, 2차원적으로만 접근하고 있다. 3차원적인 접근은 조직의 업무혁신에 대한 프로세스 접근이고 4차원적인 접근은 조직의 보이지 않는 문화나 의식화가 상위의 개념이 성립조건이라고 본다. 4개의 축으로 움직이면 좀 더 현실적이고 미래 지향적인 축으로 돈다고 볼 수 있다.

안전의 혁신은 영역을 방향성, 지향성, 규모성이 서로간의 연결고리의 형태가 되어야 한다. 안전의 방향성은 결정요소를 정해 놓고 확장과 축소와 유지를 통해 올바른 선택이 되어야 하고 방향성은 트랜드, 상황, 변화, 지표에 따라 의사결정의 변화가 정반대로 달라짐을 인식하여야 한다. 지향성은 성공을 위한 핵심요인지 분명히 해야 한다. 우리가 선택과 집중 속에서 관리해야 할 사항들을 문제로 해결책을 찾는 것과 같다.

로버트 슐츠의 〈미래를 여는 힘〉에서 문제는 '새로운 것을 선택하는 유익한 촉진제'라고 정의했듯이 말이다. 규모성은 단순과 복합과 연합과 합종연횡으로 효과와 성과가 가시화되는 부분도 회사 안전혁신의 연속성은 갖지만 득과 실이 확연하게 보이는 부분도 규모성임을 알아야 한다.

혁신의 기본은 역할, 역량, 활동의 가시화이다

일반적으로 기업의 혁신 활동하면 기업에서나 이익을 목적으로 하는 단체에서나 주관하는 부서만 떠들고 마는 하나의 행사로만 여기고 거쳐 가는 과정 정도로만 생각했으나 이제는 많은 차별을 가져와야 한다. 대기업뿐만 아니라 소기업조차도 생존하기 위한 전략으로 기업의 가치창출과 회사 종업원의 행동과 사고의 변화까지를 생각하는 사람의 변화와 환경의 변화 더 나아가 회사의 시스템적인 부분까지 혁신의 바람이 불어야 한다.

비즈니스보다 빠르게 혁신해야 한다. 혁신에는 공식이 없다. 미국의 P&G의 CEO는 "좋은 아이디어는 필요 없다. P&G에 들어오기만 하면 된다."고 얘기하고 있다. 그럴 만도 한 것이 이 회사는 고객의 소리를 개방형으로 받아들여 적극적으로 운영에 활용하고 있다. 작은 부서의 일부 혁신이 아니라 전체 혁신이 살아 움직여야 실행이 되는 것이다.

혁신의 요소는 일반적인 사항을 찾느니보다 혁신이 안 되는 부분을 발굴해서 오히려 혁신활동을 접근하는 것이 더 빠르게 일을 진척시키지 않을까 생각한다. 타성과 습성, 권위주의, 이기주의, 고정관념, 변화하지 않으려고 하는 기존의 잘못된 업무패턴, 자기 부서만 생각하는 아집과 고집, 나만 생각하는 일과 생활이 결국 남의 뒷다리 잡는 격의 업무만 추진하게 된다. 더 나아가서 개인과 조직 역할을 직무기술로 정의를 내려 서로의 상하관계에서 분명히 하고 발전적 역량에 대한 볼륨과 경계면을 확대시키는 것이 안전업무에 기술이다.

역할의 혁신은 업무를 수행할 사람의 직무에 대한 능력과 분석과 외형적인 것과 내재되어 있는 사항이 포함되어야 하고, 업무에 대한

SAFETY VIEW

추진, 실력, 의지, 태도를 정신적인 부분과 물리적인 부분, 하드적인 부분까지 내포하는 것이다. 역량은 본인 스스로의 업무의 추진의 크기라고 본다.

보이는 것이 안전생각의 눈높이다

일반적인 사람의 시각은 자기중심적 가치관에서 인적·물적을 보고 외면적인 모습으로 판단하게 된다. 다만 보이는 객체가 사람이면 과거에 대한 인식 및 선입견이 우선 앞설 것이고 물건이라면 과거의 사용 유무에 대한 좋고, 나쁨의 선입견이 판단의 기준이 될 수 있다.

사람의 보이는 것은 생각과 판단의 의사결정을 하는 주체의 입장에서 판단요소들이 인식되어 있느냐에 대하여 많이 좌우하게 된다. 보이는 안전의 4가지 사상의 법칙을 제시한다.

첫째, 보이는 것만 본다.
둘째, 보고 싶은 것만 본다.
셋째, 아는 것만 본다.
넷째, 고민한 만큼만 본다.

첫 번째 보이는 것만 보는 사람은 시각적인 부분에만 치중하는 사람으로 배우는 것만 답습하는 입장에 있는 사람 즉 어떤 일의 초보자이거나 학문의 기초적인 것에 몰두하는 사람이라고 본다. 즉 안전의 업무를 처음 접하는 사람일 것이다.

두 번째 보고 싶은 것만 보는 사람은 자기 일에 혼신의 힘을 다해 오직 한 방향으로 가는 사람으로 시각적인 부분에 정신적인 부분이 일부 반영된 것이다. 전문적으로 하나의 일에 반복적인 사람, 일에 원인을 찾으려고 하는 사람일 것이다.

세 번째 아는 것만 보는 사람은 시각적인 부분과 지식적인 부분이 반영되는 것으로 행동적인 부분이 가미 되는 것이다.

네 번째 고민한 만큼만 본다는 것은 문제해결을 해야 하는데 정말 아이디어를 찾아야 하는 사람, 현재 문제의 해결책을 못 찾아 이리저리 고민해야 하는 사람으로 이런 저런 경우의 수를 놓고 고심하는 사람이 아닐까 생각한다. 바둑을 둘 때 장고 끝에 낙수 및 묘수를 찾아내는 것처럼 말이다. 생각의 차이는 백지 한 장 차이라고 할 수 있는 것처럼 문제의 해결은 고민한 만큼 해결 능력을 가지고 있다고 본다.

회사의 중급간부의 약점은 창의적 감성이다

최근에 LG경제연구원이 설문 조사한 '대한민국의 직장인 리더십 진단'이라는 보고에 의한 결과를 보면 리더십 만족 수준은 100점 만점으로 환산 했을 때 44.1점에 불과하며 한국 기업은 심각한 리더십에 봉착에 있을 것이라고 설명한 기사가 있었다. 특히 직장인들은 '회사의 성공과 구성원 만족을 위해 직속상사의 리더십 역량이 얼마나 중요한가'라는 분석에는 국내 기업 직장인들이 70점을 기록했고, 외국계 기업 직장인들은 74.2점이 매겨졌다.

우리나라 직장인들이 리더에게 가장 부족하다고 느끼고 향후 리더들이 적극적으로 키웠으면 하는 부분이 창의적 감성 관리자로서의 역할이라고 한다. 지적하고 있는 내용에서 리더십의 역량 부족 원인은 충분한 자질 결여와 육성 프로그램의 부재와 리더십에 대한 평가와 측정 부족이었다고 말하고 있다.

우리나라 직장인들이 키워야 하는 창의적 감성관리자로서의 역할은 개인과 조직으로서의 역할이 거론되었지만 실질적 횡 전개와 확대전개가 된다면 회사와 국가경제와 국가경쟁력을 가시화하는 신프로세스의 구축이 될 것이다. 우리나라 내의 보통 대기업에서는 중급 간부들은 14년에서 18~19년까지, 중소기업에서는 10~20년 정도인 것으로 부장 정도의 수준으로 보여 진다. 거의 대부분 리더들이 인성과 전문적인 지식과 감성적인 자기개발을 하지 않고서는 부하직원들이 작성한 자료에 연연하면서 업무에 인터페이스 역할을 하는 매개자 역할일 것이다. 우리나라의 기업의 간부들이 창의력과 감성력이 뒤져 있는 것은 근본적인 틀에 대한 정립이 부족하여 보완이 시급히 필요하다는 것이다.

개인적인 창의력의 창출은 개인적인 지능 즉 여러 가지의 정보와 학문지식과 예술적 감각을 융합적·통합적으로 무장시키는 기술과 아이디어를 창출시키는 동기부여와 아이디어를 잠재력에서 이끌어내는 효과적인 기법이 필요하다고 전문가들은 얘기한다.

GE와 도요타와 같은 세계적인 기업의 성장 뒤에는 천재 몇 명의 창의적인 아이디어가 중요한 역할을 했지만, 안전의 간부들과 일선 관리자들의 많은 아이디어와 직급과 직책의 우열 없이 임원과 중간 간부들과 그리고 현장에서 뛰는 현장 관리자와 현장 조직원의 끊임 없는 크고 작은 창의적 아이디어의 결과로 이루어진 것이다.

창의와 창조의 구별은 개인의 발상으로 시발점이 되는 공통점은 동일하지만 결과에 대한 단기와 장기적인 성과적인 차이에는 차별을 둔다는 의미이다. 키네틱스의 삼각형이라 불리는 3요소인 목표와 지식과 교육, 기업의 내부조직인 기업문화와 조직과 시스템, 마지막으로 창의적인 것을 요구하는 외부의 자극으로 힘입어 프로세스가 자동함으로 하나의 거대한 창의와 창조 경영의 틀과 환경조성이 되는 것이다.

개인과 조직을 연결하는 창의력 기법으로 로버트 크론 박사의 IU 접근법(Ideas Unlimited Method)이 각광 받고 있고, 이로 인한 감성적인 부분은 제품의 생산성과 신뢰성과 기능성 등을 추구해 오던 방식으로부터 쾌적성, 편리성, 다양성이 담긴 제품을 추구하는 방식이다. 물질적 충족으로부터 마음의 풍요로움으로 변화하고 정신적인 변천과정으로 이행하는 감성사회를 인간중심의 복합감성 시대에 관리자로서 숙지하고 이행하고 실용할 수 있도록 운영함이 필요하다.

Safety View

4장

리더의 조건; 기술편

의사결정을 집중화해라

한국형 안전의 의사결정은 환경에 좌우됨을 명심해라

어느 인사경영 컨설팅을 하는 임원이 한국의 기업이나 정당이나 국
내 조직의 의사결정과정에서 나타나는 문제를 3가지의 병폐로 지적
하였다.

첫 번째 문제는 확립된 의사결정 시스템이 없다는 점이다. 의사결
정에 관한 메커니즘은 단독이나 소수 의사결정자만 참여하는 오너형
과 다양한 사람들이 참여할 수 있는 시스템형으로 나눌 수 있어야
한다.

두 번째 문제는 리더십과 독선을 혼동하는 리더들에게 있다. 리
더가 앞에서 방향을 제시하면 어떠한 이견도 없이 일사불란하게 움
직여 성과를 내야 한다고 믿는 이들이 의외로 많다. 이런 독단적 리
더십의 특징은 내부 커뮤니케이션을 충분히 하지 않는다는 것이다.

세 번째는 가부장적 조직 구조와 유교적 분위기다. 권위에 따르는
것이 바로 선(善)이라는 맹목적 추종을 만들었다. 기업에서도 줄을
잘 서야 한다거나, CEO를 사석에서 스스럼없이 형님으로 부르는 임
원들까지, 직위가 아닌 개인에 대한 맹목적인 충성을 강조하는 현실

이 많다.

의사결정 과정은 리더가 제시하는 방향에 손을 들어주는 과정이 아니라 경영진 간에 충분한 토론과 의견 개진이 이루어지는 과정이다. 기본규칙을 명확하게 확립해야 한다. 사안의 중요도에 따라 누가 참여할지, 최종 결정은 누가 내려야 하는지를 명확하게 정리해야 한다. 더 중요한 것은 정해진 기준에 따라 그대로 실행하는 모습을 보이는 것이다.

안전의 의사결정도 중요한 쟁점이다. 불안전한 행동의 1차적인 원인이 되면 단지 단수의 문제로만 보는 것이 한국형의 안전의 관점이다. 인적요인과 인적오류에 대한 2차, 3차적인 문제의 기여 인자가 잠정적으로 내재되어 있는 부분을 쉽게 간과하게 되고 그렇게 습관되다 보니 실질적인 뒷면의 이면적인 간과되는 모순을 범하게 된다. 이면과 관점을 알고 있기 때문에 다른 각도로 보는 관점은 정말 중요한 부분이다.

의사결정 회의에 관심을 가져라

평소 많은 업무가 회의를 통해 공유되고 토론을 거쳐 의사결정이 이루어지고 있다. 작게는 소규모의 팀 단위를 거쳐 중간관리자 그룹의 중간보고를 통해 최종 의사결정권자가 결정 을 함으로써 의사 진행이 이루어진다. 회사마다 낭비 제거를 위한 시간단위, 직무분석을 통해 역할 분담을 하고 역할단위, 업무의 중요함과 긴급한 것을 차별화해서 소중한 것을 완벽하게 하기 위한 낭비 없는 생산성 높이기가 진행되고 있다. 역량단위의 실질적인 회의를 위해 상사가 지시 내린 것처럼 지침을 신속히 공유하고 반드시 준수하여 모든 회의가 효율적으로 운영될 수 있다고 본다. 안전회의는 명확한 목표를 가지고 실시해야 한다.

첫째, 회의의 성격을 명확히 한다. 업무 보고인지 공유인지 아니면 의사결정을 위한 회의인지를 명확히 하여 그 성격에 맞게 운영한다. 회의 적격자 참석을 규정하고 회의내용을 사전에 공유해서 참석자 및 적격자 참석을 규정하고 가급적 회의 내용을 간소화해서 실질적인 회의가 되도록 한다. 이런 것들이 명확하지 않으면 회의를 위한 회의 즉 목적 없는 회의, 의사결정 및 대책이 없는 회의로 공유로 끝나는 회의가 될 수 있다.

둘째, 회의 주제가 회의의 핵심이므로 회의의 성격과 목적에 맞게 선정되어야 한다. 회의 시에는 공통의 주제를 다루어야 하고 규정된 주요내용은 별도 취급한다. 회의 주제가 타당하게 선정되었는지는 윗사람이 확인해 봐야 한다. 또한 다른 회의내용과 부합되어서 팀원들이 이중고의 시간과 노력에 배가를 들이고 있는 것은 아닌지 리더 입장에서 충분하게 고려가 되도록 해야 하며 리더 또한 동일한 문제로 서로 다른 부서에게 지시한 것은 없는지 분명한 이력 및 바인더 관리를 해야 한다. 실질적인 의미의 내용은 이렇게 정의를 내려 본다.

- safety(안전)+creativity(창의)=business(업무)
- safety(안전)+business(업무)=community(공동체)

회의에는 꼭 필요한 사람만이 참석하도록 한다. 간사는 의사결정(Agenda)에 따른 참석자를 정의하여야 한다. 필요시 아젠다에 대한 보안 설명도 회이 소집 시 공유하고 참석자들은 내용을 사전 파악하여 효과적인 토론 및 의사결정이 되도록 한다.

셋째 회의 자료는 최소화 한다. 불필요한 자료 작성은 배제하고 전달하고자 하는 메시지를 분명히 한다. 발표할 자료를 10매 이하로 정의해서 더 이상의 자료에 시간과 수고를 위해 아낄 수 있도록 하고 필요하면 별도 자료 없이 시스템을 이용한다.

좋은 회의를 CEO가 규정하고 회의의 3원칙으로 운영하고 있는 회사도 있다. 간소화, 내실화, 보안화로 운영하고 있으며 세부사항은 회사의 특성화에 따라 운영될 수 있음을 보여 주고 있다.

주변조건의 관계를 상호 보완적으로 만들어라

우리가 보통 주변환경, 주변조건, 주변관계, 주변문제에 대하여 주변의 중요성과 관심사를 많이 다루고 있다. 나를 중심으로 한 '친구 따라 강남 간다'식의 개인적인 주변관계가 있을 것이고, 글로벌인 기업에서의 주변기업은 회사나 소속의 단체가 있을 것이고, 전 세계 인구에 대한 주변국가의 단일민족과 혼합민족으로 구분되어 있을 것이다. 안전하고 연관되어 있는 주변관계이면 안전의 교류가 도움과 서로의 지원으로 효과가 증대될 것이다. 주변은 중요한 위치 및 관계든 상황에 대하여 많은 관심을 가지고 있다. 우리나라를 연계시켜 보자. 국제정치적이라면 강대국의 주변국가인 동아시아이고, 우리나라 대도시와 위성도시와의 관계라면 서울을 중심으로 한 인근 주변도시는 기업과의 주변관계로 호전 될 것이다. 사람과 조직과 개인과 단체에서 리더는 중요한 역할임에 분명한 가치를 둔다.

KAIST의 석좌 교수는 리더에 대한 주변조건을 "리더란 조직이나 국가에서 그 수가 하나이고 나머지는 리더가 아닌데 너무나 많은 시간과 에너지를 '리더 만들기'에 투자하는 것이 아닌가 하는 것이다." 라고 얘기하고 있다. 문화적으로 보면 잘 나서지 않으려고 하는 일

SAFETY VIEW

본 사람과 비교해 봐도 그렇고, 중의를 중시해 리더를 뽑는 서양인과 비교해 봐도 우리나라 사람들이 유난히 리더가 되기를 원한다는 경향이 있어 보이기도 한 것이다.

국가 또는 조직의 효율성 측면에서 보면 소수의 리더보다는 좋은 구성원 만들기에 리소스를 투자하는 것이 더 합리적이다. 아무리 좋은 리더가 있다고 해도 나머지 구성원이 형편없으면 그 조직이 최고가 될 수 없다. 연약한 양이 이끄는 사자들의 군대보다는 양들을 이끄는 사자대장 군대가 더 강하다. 그러나 사자들을 이끄는 사자대장의 군대가 최강이라고 갈파한 것은 현대식 조직과 리더십에 적합한 말이다. 그 교수는 "우리가 선진국이 되려면 리더가 되는 법 못지않게 좋은 구성원이 되는 법도 가르치고 배워야 한다. 훌륭한 리더를 볼 줄 아는 안목을 키우는 법, 훌륭한 리더를 만드는 법, 좋은 리더에 충실한 추종자가 되는 법도 배워야 한다."고 강조한다.

훌륭한 리더는 성공적인 조직의 필수조건이고 리더는 정신적인, 육체적인, 마음적인 부분이 안목과 통찰력을 가지고 본질적인 사항에 접근하고 기반조성을 해 두는 것이다. 주변조건은 성공적인 조건의 필수와 필요조건임에 틀림없다. 본질적인 것이 완성되려면 사소한 주변조건도 중요한 요소임을 인식하고 철저하고 완벽하게 반영 및 보완을 해야 한다.

원활한 회의는 5W1H보다 3P로 해라

회의는 리더에게 있어 중요한 기능이고 효과적인 커뮤니케이션이 되어야 한다. 그래서 루던(Luthans), 호젯(Hodgetts), 로젠크란츠(Rosenkrantz: 1988), 맥클라인(McLean: 1991)의 보고서에 의하면 효과적인 관리자는 전체 업무 시간의 44%를 커뮤니케이션에 쓰고, 26%는 노사관리, 19%는 계획 및 통제, 11%는 네트워킹에 사용한다. 맨킨지에서 분석한 대기업의 CEO의 시간분포를 보면 하루 평균 41%를 각종 회의에 보내고 있으며, 25%는 전화통화, 21%는 각종 서류 검토, 그리고 혼자 있는 시간이 18%로 나타났다고 한다.

경영자와 CEO들은 업무 시간의 50% 이상을 회의에 쓰고 있으며 기업의 중요한 사항들은 대부분 회의에 의해 이루어지고 있다. 회의가 일부 비생산적이고 비효율적이라면 회의가 너무 지루하고 참석한 많은 사람들이 고통스럽고 시간낭비를 자초하게 된다.

몇 년 전에 회의에 대하여 대기업들은 회의를 효율화 한다고 해서 회의내용과 횟수와 시간을 팀별·그룹별로 파악 한 적이 있다. 그에 대한 합리적인 개선책으로 추진을 한 적이 있다. 목적은 로스 측면과 최적화 측면을 한다고 해서 이루어졌는데 그 결과 얼마나 실효성을 거두었는지는 모르겠지만 한 번은 짚고 넘어가야 하는 것이라고 본다. 횟수와 시간을 정예화하는 것에는 그 누구도 반대할 사람이 없을 것이다. 효율적인 회의는 회의 준비와 운영과 종료를 계획적으로 운영, 주관하는 것이 필요하다.

특히 안전에 있어 회의 주관은 일반적인 관리와는 다르게 전문적인 전문지식을 갖춘 안전의 리더가 회의의 군더더기 없이 진행하려면 사전 준비를 철저히 하는 것이 무엇보다 중요하다. 안전의 리더도 효과적인 관리자의 유형에 속하지만 현장점검 및 관리운영에 시간계획이 추가되고 있는 것으로 보면 중요한 요소임에 틀림없다.

일반 기업에서도 안전에 문제가 있어 보고 할 때 이 내용의 분석은 5W1H(WHO, WHEN. WHERE, WHAT, WHY, HOW)로 대책의 방법으로 일관되게 운영되었다. 프로세스로 일반화하고 있으며, 일반기업에서는 업무와 현장에서는 P(Plan), D(Do), C(Check), A(Action)로 운영을 한다. 이 방법들은 논리적으로 분석하여 메시지를 전달하는 방법이어서 이유와 체계를 순차적으로 설명 및 규명하여 논리와 근거를 가진 형태로 운영이 되었다. 개인적으로 조직원과 개인의 원활한 회의 운영을 도출하고 운영하기 위한 현재의 상황을 설명하고 대응에 대한 체계를 구성하고 결론에 도달해서 실사구시의 회의의 결론을 유도하면 될 것이라 판단된다.

회의에 대한 대책으로 계획(Plan) - 원칙(Principle) - 실행(Practice)을 강조하고 요구하고 싶다. 랜시오니(Lencioni)는 회의의 유형을 4가지로 강조했는데 리더가 다시 한 번 시간관리 측면에서 보면, 일일 체크인은 5분 정도로 주요 활동을 강조했고, 주간 업무 회의는 주요활동과 성과와 운영 위주로 운영해야 한다고 했으며, 월간 전략 회의는 장기적인 성공에 대한 핵심 위주로 운영해야 한다고 했다. 오프사이트 회의는 분기별 운영을 하되 전반적인 중장기 이슈들로 토의형식으로 하는 것을 강조하고 있다. 리더가 주관하는 회의도 전체적인 흐름에 대하여 한번 맥을 짚어 보자.

안전사고(thinking)를 높여라

사고(thinking)의 기술은 항상 실행의 첫 단계이다

존 맥스웰의 〈생각의 법칙〉에 '성공한 사람에게 필요한 11가지 사고'가 있다. 이것을 정리해서 몇 년째 책상에 붙여 놓고 항상 염두에 두고 생활하고 있다. 성공이란 단어에 매혹 되어 눈요기를 하고 있는 것이 아니고 성공한 사람이 가지고 있는 종합적인 운용 프레임을 담고 있어 적용하고 실천할 수 있도록 하고 있다. 스킬이란 부제로 11가지를 제시한 내용을 의미있게 볼 필요가 있다.

- SKILL 1. '큰 그림' 사고를 한다.
- SKILL 2. '초점이 맞춰진' 사고를 한다.
- SKILL 3. '창의적' 사고를 한다.
- SKILL 4. '현실적인' 사고를 한다.
- SKILL 5. '전략적' 사고를 한다.
- SKILL 6. '가능성' 있는 사고를 한다.
- SKILL 7. '반성적' 사고를 한다.
- SKILL 8. '대중적' 사고에 의문을 갖는다.
- SKILL 9. '공유된' 사고를 한다.

- SKILL 10. '이타적인' 사고를 한다.
- SKILL 11. '실리적인' 사고를 한다.

'큰초창현 전가 반대공이실'이란 말이 독자들에게는 낯설지 모르겠다. 나는 이 11가지를 머릿속에 넣고 항상 몸에 배도록 하기 위해 내 나름대로 첫 글자의 이니셜만 따서 운용하고 있다. 일에도 적용하고 어떤 전략적인 프로젝트를 성공적으로 하기 전에도 제시한 방법을 대입해 보기도 하고, 해결해서 관리해야 할 부분에 대한 로드맵(Road Map)을 작성할 때도 적용하고 있다. 어떤 일에 대한 성취와 목표에 대한 달성과 자기가 세운 계획된 일이 순방향으로 운영이 되고자 하는 생각을 가지고 있는 것이 일반적인 부분이다.

사고로 인한 일의 세그먼트가 분할되어진 상태를 종합적으로 결합하여 결과물을 유출시키고 정신적이고 보이지 않는 무한궤도로 질주할 수 있는 것이다. 사고에 대한 정략적인 표현도 공유했지만 남의 장점을 내 것으로 만들어 업그레이드한 성공조건을 만드는 것도 하나의 방편이다. 그런 생각으로 내가 개념을 정리한 것으로 유사한 입장에서 고민하고 해결책을 찾고자 하는 안전리더에게 방향을 제시하고자 한다.

- 큰 그림은 총체적인 관점을 나의 사고방식에 반영함으로써 어떻게 지혜를 얻을 수 있을 것인가?
- 초점은 사소한 일들에 신경 쓰지 않고 가장 중요한 이슈에만 집중할 수 있을 것인가?
- 창의적은 것은 창의적인 아이디어를 이끌어 내기 위하여 틀에 박힌 사고방식에서 어떻게 탈피할 것인가?
- 현실적인 것은 확실한 사실을 기초로 현실성을 유지하려면 어떻게 해야 하는가?

- 전략적은 것은 오늘 계획한 것이 내일 어떠한 결과를 가져 올 것인가?
- 가능성은 어려운 문제에 대한 해결책을 수립하는 데 열정을 어떻게 활용할 것인가?
- 반성적인 것은 반성적 사고방식이 내게 더 나은 관점을 제공해 줄 수 있을 것인가?
- 대중적인 것은 다른 사람들이 모두 다 받아들이고 있는 한계를 나는 어떻게 극복할 수 있을 것인가?
- 공유된 것은 다른 사람들의 아이디어를 받아들이는 것이 효과적으로 생각하는 데 얼마나 도움이 될 것인가?
- 팀워크는 남들과 똑같이 일을 해서 어떻게 장기간에 걸친 유산을 남길 수 있을까?
- 실리적인 것은 분명한 목적의식에 기초한 사고라고 보면 그 내용의 항목에서 어떻게 실사구시의 결과를 낼 것인가?

사고는 인간의 두뇌와 연결되는 부분이라면 무한한 잠재성을 활용할 가치가 있다고 본다. 인간의 두뇌에는 140억 개의 뇌세포가 있다. 그 140억 개의 뇌세포를 다 쓰려면 234살이라는 긴 수명이 필요하다고 한다. 사람은 방대한 수의 뇌세포를 가지고 있지만 보통 그 중 10퍼센트, 많아야 20퍼센트 정도밖에 못쓰고 일생을 마치는 것이 대부분이다. 단지 사용하지 않는 뇌세포는 마치 바다 속에 숨어 있어서 사람 눈에 띄지 않는 빙산과 같다.

사고(思考)의 기술이나 생각의 기술도 어떻게 극대화하고 효율화할 것인가를 볼 때 경우에 대한 전체적인 틀을 가지고 접근하자는 것이 우선적이 되어야 하고 안전의 목표가 실리와 실용과 합리적인 부분에 초점이 맞추어져야 한다.

안전의 사상과 일의 사상을 감동일치시켜라

보통 일에 대하여 전략수립, 계획과 실적들은 처음과 중간과 결과
물로 나타날 때 빠뜨릴 수 없는 큰 항목이다. 개인적으로는 일에
대한 일관성과 규칙과 수칙, 효율성과 관리는 결과를 얻기 위한 매
개체이고 수단이다. 사상은 일에 대한 심적인 부분까지 심도있게
혁신과 정신적인 각오가 수반되어야 하는 조건을 말한다. 그것의
일례가 있다.

　미국의 항공사 사우스 웨스트(south－west)는 30년을 운영해오면
서 저가로 성공한 회사이다. 이 회사의 모티브는 '좌석을 팔지 않고
유머를 판다'이다. 종업원들의 철저한 직업의식으로 성공한 케이스
이고 그 내용 중에는 기내의 음료수도 유료화하고 금연에 대한 내용
도 조크로 표현을 하며 기내의 스튜어디스가 청바지를 입고 고객들
에게 불편함과 짜증감이 없도록 해서 기본감동, 필수감동, 우연감동
등 모든 감동을 자아내게 한다. 프랑스의 화장품회사 로데알은 전
세계 지사에 카페를 운영하게 해서 종업원들의 아이디어의 20% 이
상이 그 장소, 그 회합에서 나오게 유도하고 있으며 그 회사의 업무
성과의 모티브는 '즐기기 위해 출근한다'는 즐거움을 갖게 했다. 결
국 두 회사의 공통점은 안전에 대하여 CEO는 기본과 규율, 표준을
갖게 하는 기본방침도 중요하지만 CEO도 분명히 'Fun(재미)'경영이
되어야 한다고 판단하는 것이다.

　하버드대 경영학과 조오지 베어린트 교수가 '학업성적이 인생의
성적은 아니다.'라고 결정 내린 내용처럼 작업, 업무, 일의 상황을
어떻게 즐기느냐가 기본사상이다. 21세기에는 재미, 일, 노는 것의 3
박자가 맞아야 효과가 있다고 본다. 안전에 대한 직업의식과 사상은
철저히 하되 분명한 것은 안전과 일을 함께 병행해 기본에 충실함과

바른 정신과 행동으로 이어져야 한다. 결국은 일의 사상이 안전의 사상과 일치되어야 조화의 배가를 일으키고 일을 하는 팀원들이 분위기에 맞게 조성해 나가는 것도 개개인의 경쟁력이 된다.

신개념사고란 일의 손실(loss)을 최소화하는 것이다

어느 안전부서로 생산현장에 긴급한 문제가 있다는 연락이 왔다. 그 상황은 즉시 생산을 중단시켜야 하는 긴급을 요하는 사항이었고 그 상황에서 생산의 진행과 멈춤을 결정하기에는 생산부장, 생산 임원들의 결정이 필요했다. 안전부서장은 자기의 직속상관인 임원뿐만 아니라 사장도 회의실에서 회의를 하고 있었다. 안전부서장은 회의실에서 회의를 하고 있는 생산 담당 부장에게 현장을 세워야겠다고 인품하고 또 다시 그의 상사에게 핸드폰으로 연락을 하고 다시 회의를 주관하고 있는 사장님에게까지 핸드폰으로 연락을 했다.

　그러면서도 세 사람에게 기본적인 사항에 대해서는 공유 를 하고 생산현장이 중단되어야 하는 입장을 설명하고 전화를 끊었다. 안전부장은 스스로 한 가지 문제를 가지고 왜 세 번씩 전화를 해야 하는지 투덜거렸다. 정말 회의를 주관하고 있는 사장이 신사고개념이 있다면 전화를 받고 회의를 잠깐 중단시키고 생산 현장에 대한 지시 및 결정을 했으면 현재의 상황보다 빠른 조치가 되지 않았을까 생각한다. 그 생산현장은 한 건물에 2개의 생산현장을 가지고 있고 2개의 생산현장의 관리는 두 사람의 임원이 각각 관리하고 있는데 결국 한 생산 현장은 5분 후에 중단이 되었고, 또 다른 생산 현장은 15분 후에 중단이 되었다. 그로 인해 두 개의 생산 현장이 문제의 원인, 복귀 및 결과에 대한 사용성 평가까지 16시간이나 소요되었다. 만약 그 시간에 회의를 주관한 사장님이 먼저 조치를 취했으면 피해를 최소화 할 수 있었다고 본다. 신사고개념은 팀원들도 중요하지만 사장, 임원이 가지고 있었으면 회의를 중단하고 현장의 문제에 대해 보다 신속한 대처가 이루어졌을 것이다. 일에 대한 손실을 방지하고 최대한의 적극대응으로 위기대응의 현실화가 필요했던 것이다.

사고의 단점을 안전의 장점으로 써라

돌팔매질을 당하면 그 돌들로 성을 쌓으라는 말이 있다. 나는 쓰러지지 않는 것이 꿈이 아니다. 쓰러지더라도 다시 일어서는 것이 꿈이다. 한번 넘어지면 누군가가 뒤집어 주지 않으면 안 되는 거북이보다 넘어져도 우뚝 서고야 마는 오뚝이로 산다. 신(神)은 실패자는 쓰셔도 포기자는 안 쓰신다. 그뿐일까? 의인은 일곱 번 넘어질지라도 다시 일어난다고 하지 않는가.

안전지식이 부족해 몰라서 사고가 나는 것은 실패가 전화위복이 될 수 있지만 알면서 관리가 안 되어 사고로 이어지면 그것은 용서가 불가피하다. 사막을 건너는 건 용맹한 사자가 아니라 못생긴 낙타다. 못생긴 나무가 산을 지키듯 우리의 식탁을 가득 채우는 것은 고래가 아니라 새우다. 누군가의 삶에 필요한 존재가 되어 산다. 종업원과 매니저의 차이는 딱 한 가지다. 종업원은 시키는 일만 하지만 매니저는 프로젝트가 있다. 나의 장점을 강하게 만들어라. 인생의 프로젝트를 세워 매니저로 살려고 노력해라. 따라서 나는 나를 즐겁게 하는 일에 마음을 쏟을 것이다. 나를 위해 이벤트를 마련하고 자주 나를 칭찬해 줄 것이다. 나의 단점을 장점화하고 강섬화해서 나의 것으로 만들 것이다. 그것은 결심보다 한발 앞선 실천이다. 작게는 단점을 보완하는 것이지만 크게는 장점으로 핵심화될 수도 있다.

가정을 사랑의 기업이라 부른다. 자식은 벤처기업과도 같다. 세상에서 성공인으로 기억되기보다 가정 안에서 성공인이 되도록 노력해야 한다. 자녀들의 영웅이 된다는 것은 신이 인간에게 내린 가장 큰 선물이다. 그 어떤 성공보다 가정에서의 성공을 꿈꾸며 그 어떤 훈장보다 자녀들의 한마디에 더 큰 인생의 승부를 걸 것이다. 단점과 장점의 차이는 다름 아닌 자기 자신의 마음가짐이며 의지임을 알아야 한다.

안전의 갈등은 사고(思考)의 수준에서 온다

보통 갈등은 개인과 조직과 단체에서 의견대립이나 양립할 수 없는 목적과 감정의 불일치로 대립현상을 가져오는 것으로서 행동과 태도와 의사소통으로 보여지며 작게는 목적의 방향성이 달라질 수도 있고, 지향적인 기대치가 갈등의 갭(gap)으로 좌절하거나 다른 형태의 물질적, 정신적 결과를 가져올 수도 있다고 본다.

안전의 리더로 갈등의 시초가 되는 것은 현장 중심의 경험과 실무적인 지식을 근간으로 한 이론이 정립되지 않거나 다수의 의견이 존중되어 합리적인 방법에 대하여 철학이 없으면 많은 혼동을 초래 할 수가 있다. 그렇지 않으면 기존의 방식대로 경험자에 의존하거나 전문가가 알아서 해결하는 방식으로 운영하는 것은 발전의 생각이 퇴보되는 형태를 가져 올 수 있다.

갈등에 대하여 갈등의 수준을 개인과 집단과 조직으로부터 나누어 볼 수 있다. 보통 나, 너의 관점으로만 보는 갈등은 타파되고 우리의 관점으로 보아야 해결점의 실마리가 된다. 예를 들어 개인에게 있어

SAFETY VIEW

갈등은 개인과 개인, 개인 내 갈등, 개인 간 갈등처럼 조직도 동일한 관점의 수준이고 집단과 조직도 동일 형태일 것이다. 좋은 갈등은 미래 지향적이고 나쁜 갈등은 과거후퇴형으로 볼 수 있다고 하면, 이러한 유형은 개인과 조직과 집단에서 볼 수 있는 것처럼 좌절, 목표, 역할, 의사결정, 보이지 않는 유형의 요인들이 충돌과 대립으로 이어진 것이라 본다.

갈등의 역기능은 정보의 비공유, 생산성의 감퇴, 안전의 비효율적인 시간낭비, 현장의 중요한 위험요소에 대한 왜곡, 신뢰에 대한 붕괴, 업무 관계의 악화라는 현안문제로 직면하게 될 것이다. 다만 순기능의 방향으로 유도하기 위해서는 협동적, 창조적, 자발적인 상호관계의 격려와 존중과 정서와 남을 위하는 관심과 배려가 우선시 되어야 하는 것임을 알아야 한다. 갈등의 본질을 회피하자는 것이 아니고 다만 변화의 계기를 위해서는 우리라는 관점으로 극대화하는 것이 목표인 것이다. 갈등을 최소화하고 미세화하고 극복하는 방법에 대하여 노력이 필요하다.

효과적 갈등 관리는 원인과 스타일과 차이점과 해결책은 없다. 다만 서로의 환경과 의식에서 순차적인 우선순위에 따라 열과 성으로 자구책을 세우는 것이 필요하다. 상황적 인지에 대한 효과적 방법은 여러 가지 요인이 있겠지만 특히 중요하게 생각해야 할 부분은 강요나 대립, 문제해결에 대한 협력이나 타협, 회피(억압)나 양보(화해) 등 세 가지가 된다고 본다.

강요나 대립은 중요성과 행동성과 적극성과 이해관계성이 필요할 때 생기는 것으로 상호간의 윈윈(win-win)의 절충안으로 합의점을 찾는 방법이 우선이겠고, 협력이나 타협은 상호 간에 양자 간에 참여와 합의로 방향을 찾는 것이 되겠으며 회피(억압)나 양보(화해)는 자신의 위치나 견해의 정립성이 강조되면 해결책의 방향은 찾는다고 본다.

갈등의 최대 중요 인자는 결국은 터놓고 얘기하는 진솔한 대화일 것이다. 정보와 시간과 힘과 이해 관계된 경제적, 정치적, 사회적, 문화적인 변수가 밑바탕에 있어도 근본적인 시발점을 짚어 보면 인류의 복리 증진과 사랑이 아닐까 싶다.

안전습관처럼 기록문화를 구축하라

기록하는 문화는 몸에 밴 손과 머리의 정리이다

한국인의 병폐이자 선인들의 미흡했던 점이 기록문화였다면 경쟁사회에서 생활하는 현대사회에서 볼 때 자기 일에 대한 장·단점에 무엇을 강점화하고 더 보완하고 부족한지, 어떤 것을 기준으로 해서 정확하게 알 수 있어야 한다. 안전의 문제점과 개선 사례집들을 이력관리들을 한 차원 앞서서 실행하자. 자기 일에 전문가(Expert)가 되도록 실행하자. 어려운 일에 대한 지속적인 일에 대한 운영은 기본을 철저히 준수해야 한다. 이력관리로 장·단기적인 업무에 대한 업무의 접근성을 순차적으로 운영케 하자. 데이터 분석을 잘게 잘게 나누고 또 나누면 답이 보인다.

　우리나라 청기와 장수에 대한 이야기가 있다. 일본은 대대로 내려오는 기록문화의 전통이 한국인은 나 혼자만의 노하우로 인해 좋은 문화가 답습되지 못하고 일세대로 끊기는 경우가 많다. 일본의 문화는 기록문화가 정착하되어있다 우리는 눈으로 보는 문화 즉 감(感)문화는 강하지만 기록을 하는 문화가 몸에 밴 상태가 아닌 문화로 내려왔다. 아직 데이터화하는 부분에 대하여 실행 및 정립이 미흡한 것이다. 대기업의 기록에 대한 사례가 있어 소개한다.

특히 반도체 초창기 공장라인 셋업(set-up)으로 한국의 반도체 엔지니어들이 설비연수차 일본에 갔는데 동일한 설비를 놓고 수차례 설비연수를 오고 갔는데도 매번 일본의 설비메이커 담당자에게 매번 동일한 질문을 물어 봐서 설비메이커에서는 '당신 회사는 공유 및 데이터 관리를 안 하느냐.'라고 역 질문을 했다고 한다. 우리의 약점을 강점으로 살리기 위해선 기록 및 데이터 관리가 철저히 되어야 한다. 안전에서도 체질화하고 습관화해야 한다.

사카토켄지는 〈메모의 기술〉에서 '언제 어디서든지 메모하라, 주위사람들을 관찰하라, 기호와 암호로 활용해라, 중요사항은 한눈에 띄게 하라, 메모하는 시간을 따로 마련하라, 메모를 데이터베이스로 구축하라, 메모를 재활용하라'고 메모의 중요성을 얘기하고 있다.

대뇌학자들이 손을 '제2의 뇌' 또는 '밖에 나와 있는 뇌'라고 표현했듯이 손으로 직접 써보는 메모는 실적과 계획과 일의 효율성과 능력의 향상과 기획과 습관 및 비망록을 위해 메모하는 이유를 분명히 하고 몸에 밴 손과 머리의 정리의 기술인 것을 새삼 느끼게 한다.

메모의 습관은 현장중시와 시스템을 스피드하게 하므로 시간의 로스를 없애고 팀원들 간의 정확한 의사결정과 업무를 정확도와 정밀도를 고도화함으로 팀원 간의 생각의 갭과 의견의 갭을 줄여 사고의 차이를 최소화하는 것이고, 더 나아가 사고(思考)의 폭을 넓히고 정보의 공유의 장을 펼치는 계기가 된다.

안전문제의 정의는 업무의 반이다

안전에 대한 내용은 주로 사고, 사건, 이상발생 및 잠재요소가 대부분이다. 사고에 대한 내용은 생산에 대한 건, 관리에 대한 건, 전기에 대한 건, 자연재해로 인한 건, 유틸리티에 대한 건 등으로 물적 문제가 있고, 인간 공학적, 인적오류, 조직에 대한 건, 사람에 대한 건의 인적문제가 있고, 프로그램적인 것, 인프라, 정보공유로 인한 시스템적인 문제가 있다. 해결책의 중심축을 세 가지 관점으로 접근해 본다.

하나는 벤치마킹을 적극적으로 해야 한다. 잘하는 것과 매끄러운 것은 생각의 한 장 차이다. 남의 좋은 점을 내것화하는 것은 철학과 혼과 의지와 사상이 들어 있어야 한다고 본다.

둘째는 미래 가용성(Future Visibility)을 가져야 한다. 안전의 선행업무, 미래 지향적인 업무, 원리·원칙 중심의 직무수행을 기반으로 사전예방의 업무가 병행되고 추진되어야 한다고 본다.

셋째는 내외부의 고객들에게 안전의 갈 길을 분명히 하여 주도적인 입장에서 고객들을 끌고 나갈 수 있어야 한다. 결국 소신적이고 일에 대한 동기부여가 일 관리 중심으로 변해서 안전의 문제점의 재발을 방지할 수 있다는 판단이 선다.

pull(당기다)의 사람을 많이 만들어라

안전의 부서장인 A는 팀원들에게 "안전과 관련된 일은 공식석상이든 비공식석상이든 간에 자주 직급과 직책을 떼고 일하라."고 한다. 이런 지시에 의아하게 생각할지 모르겠지만 현장에 문제가 있어 문제 있는 해당 부서장하고 회의를 하고, 관련부서하고 대책회의를 하면 협조를 해야 할 부서장이 "괜찮아, 나중에 하자." 또는 "우리가 알아서 할께.", "현재 당장 문제가 되느냐."라는 식으로 말을 하면 직급과 직책에 눌려서 문제가 해결되어야 할 사항임에도 불구하고 지연되거나 소홀해진다. 심지어는 당장 추진해야 하는 상황인데도 자체적인 처리로 넘어간다.

일에 대한 추진도 중요하고 각자의 입장에서도 사유가 있겠지만 환경과 안전과 보건은 나중의 100%보다 현재의 80%가 당장 필요한 사항이고 일정을 잡아 차츰 차츰 해서 20%를 보완하면 되는 것이다. 어느 부서든 아니면 어느 부서원이든 안전에 관계된 사항이 있으면 마음과 태도와 행동을 Push(밀다)에서 Pull(당기다)로 갖추어서 일이 추진되어야 현장에 대한 사소한 부분도 같이 공유가 되고 해결할 수 있는 협력의 장이 되어야 한다.

그러나 '밀다'라는 의식을 가지게 되면 나를 제외한 모든 조직과 팀원들이 생각과 행동의 갭을 갖게 됨으로 인해 위해 인자 및 불합리한 요인과 요소들이 현재 상태에서 해결치 못하고 악화 일로로 잠재되어 큰 문제로 제기될 수 있는 것으로 치 달을 수 있다. A부서장은 자주 현업의 일로 일용직 아저씨나 제조현장의 직·반장과 현업에서 업무 협조 요청을 하면 '직급과 직책에 관계없이 일을 대하듯 사람을 대하라'고 일을 실행하고 있다. 구본형 변화경영연구소 소장은 "리더는 사람에게 자신의 시간을 우선적으로 할애 할 수 있어야 한다."고 말한다.

사람을 격이 없이 대하다 보면 내가 관리 및 운영을 못하는 사소한 부분과 잠재요소가 있는 부분에 대하여 많은 부분이 보완 될 수 있다. 내가 안전을 하게 되면서 '사람은 센서이다. 사람만큼 정밀하고 관리를 잘 할 수 있는 센서는 없다.'는 생각을 가지고 있기 때문에 문턱이 낮고 언제든지 찾아오거나 현장에서 도움을 요청하면 때와 장소를 구별하지 않고 현장을 보고, 듣고, 행동하는 것만이 사람에게 동등하게 대하는 일의 첩경이다.

사람 중심이 인간경영만큼 중요한 경쟁력이다. 지난 2005년 마이크로소프트(MS)의 CEO 스티브 발머는 구글의 CEO인 에릭 슈미트를 겨냥해 "회사를 망치게 하겠다. 사장을 묻어 버리겠다."라고 분통을 터트린 적이 있다. 두 회사는 인재확보를 위해 각각 수백 명의 전담인력을 배치하고 있다. 구글이 계속해서 MS의 인력을 빼가자 벌어진 사태였다. 사람을 회사의 중요한 부분으로 인식하는 것을 단적으로 보여 주는 예다. 사람과 일에 대하여 접하고 일반적으로 구별하면 스스로의 일의 처리에 방해물의 장벽을 쌓게 된다. 의식과 생각이 있어서는 안 된다. 쌓다 보면 쌓일수록 더욱 벽이 높아진다. 일의 순탄함을 찾지 못할 것이다. 안전하는 팀원이나 타 부서의 안전관련 인들에게 안전부서는 이런 생각을 가지게 만드는 것이 리더로서 가져야 할 생각의 기술이다.

- 찾아오면 안전에 관심이 있다고 생각하라.
- 내가 볼 수 없는 부분을 찾아온 당신이 보고 있다고 생각하라.
- 찾아 와서 잃는 것보다 얻어 가는 것이 많다고 생각하게 하라.
- 문제가 해결되면 다음에는 다른 문제를 가지고 얘기할 수 있는 기회가 있다는 것을 느끼게 하라.
- 여기에 찾아온 사람을 일반적으로 대하지 말고 특별하게 대우하라.
- 안전보건 하는 일을 낮게 생각하지 않게 하고 중요업무를 하고 있구나 하는 자긍심을 갖게 하라.
- 업무에 관심 있는 사람은 말이 아니라 행동으로 한다는 생각을 갖게끔 느끼게 하라.
- 안전보건 관련 일은 나, 너가 아니라 우리가 한다는 일체감을 갖게 하라.
- 사람은 일하는 사람이 아니라 같은 생각으로 회사 현장안전 운영을 같이 하는 인격체로 생각하라.
- 안전인이라면 현장의 작업자이든 엔지니어든 서로 상생하는 조업자라 생각하게 하라.

직업에 원칙을 두면 습관에 생각을 두어라

직업은 여러 가지의 업무형태에 따라 많은 직업의 분류와 형태를 가지고 있으며, 직업의 종류에 따라 선진국과 중진국과 후진국으로 나누기도 한다. 직업에는 귀천이 없다고 한다. 안전을 직업으로 두고 있는 사람의 경우는 안전의 점검과 마인드는 직급과 등급이 없다. 직업은 더욱 중요하다. 안전에는 평생직장이 정말 필요한 직업이고 지속적인 전문지식인으로 국민수준이 업그레이드되어야 하는 절대절명의 안전 선진국이 정립되어야 하는 이 시대에 직업에 원칙을 두어 항상 절대원칙으로 이끌어 갈 수 있도록 해야 한다. 일전에 직업에 대한 평생직장에 대한 원칙에 대하여 구본형의 '내가 직업이다'라는 내용을 보면

- 원칙 1. 떠나야 할 곳에서 떠나라.
- 원칙 2. 감정을 경영하지 못하면 두려움을 넘어설 수 없다.
- 원칙 3. 어리석은 일관성을 버려라.
- 원칙 4. 유망직종은 없다.
- 원칙 5. 가장 까다로운 고객, 아내를 동지로 삼아라.
- 원칙 6. 현장만이 현실이다.
- 원칙 7. 비즈니스는 고객이다.
- 원칙 8. 다른 사람들이 먼저 간 길에는 내 길이 없다.
- 원칙 9. 자신의 세계에 충실한 '작은 독재자'가 되라.

직장의 9대 원칙은 '나' 중심에서 본 자기중심적인 직업을 얘기하고 있다. 자기의 전문적인 일과 열정과 자기만의 가치창조의 세계에 열정적인 것이 직업에 대한 자기선언이다. 리더라면 '습관에 생각을 두어라'고 말하고자 한다. 습관이 안전의 생각을 높여 가는 분위기가

되고 습관이 철저하게 되면 사상이 된다. 안전의 습관으로 8개 원칙을 가져 보기를 원한다. 현장에서의 경험을 되살려 본 원칙이니 현장을 염두에 둔 리더라면 도움이 되리라 본다.

■ 원칙: 나와 남과 우리라는 관점에서 항상 생각하라.

현장에서의 환경안전 문제에 대한 대책을 수립할 때 작게는 우리 부서만의 해결책을 강구하지만 현장에서의 제조부서의 입장도 충분히 고려가 되어야 하고 장기적인 대책을 수립해야 된다고 본다.

■ 원칙: 감정을 버리고 냉정하게 사물을 바라보라.

안전의 문제를 겉으로만 보지 말고 안의 문제를 보려고 노력하고 단순하게 해결책을 가지려고 하지 말고 프로세스나 시스템이 엮어져 있는지를 보아야 한다. 안전의 문제가 팀의 전체적인 문제인지, 공통적인 문제인지, 부서의 간헐적인 문제인지, 단순한 문제인지를 본질적으로 파악하고 근본적인 문제의 해결책에 대한 요인을 찾아내고, 그 문제에 대한 시각적인 견지의 차이를 분석해야 한다. 이것을 '현장의 눈높이'라고 한다. 부모와 자식 간의 눈높이, 생각의 눈높이의 차이와 흡사한 경우라고 본다.

■ 원칙: 일반적인 생각보다 보편적으로 생각하라.

어떤 문제가 발생되면 가장 일반적인 생각과 기본적인 생각으로 접근하지만 기술적인 문제가 대두되면 보편적인 생각으로 접근해서 추진하자.

■ 원칙: 생각은 높게 행동은 낮게 하라.

리더의 생각은 부가가치와 미래의 목표를 높이 가지되 행동의 가치는 낮게 가져가서 문턱과 문제의 난제를 즉시 해결하라는 것이다.

■ 원칙: 기본, 원칙을 가지고 움직여라.

리더로서 자기 일에 대하여 기본에 충실하기 위해서 역량을 키우고 요령과 요행을 바라지 말 것을 충고하고 싶다. 원칙에 대한 철학을 철저히 몸에 배게 해서 고수함을 명심해야 한다.

■ 원칙: 성실하고, 열정적이고, 최선을 다하라.

일에 대한 성실과 열정은 안전에 더욱 진가를 발휘해야 하고 매듭을 짓는 것에 철저하게 수행해야 한다. 겉으로 보는 것이 아닌 내면적인 것에 열심히 해야 한다.

■ 원칙: 안전에는 여러 유형의 의견채널을 만들어라.

내가 듣는 것은 한정되어 있으므로 직급에 상관없이, 직책에 구애 없이 타 부서 하고도 안전에 관련된 채널을 다양화해야 한다.

■ 원칙: 자기의 철학을 인격체라는 것과 항상 비례하게 행동 하라. 리더의 철학은 팀원의 색깔을 분명히 하고 리더의 분위기를 선명하게 할 수 있다 는 것을 숙지해야 한다.

시스템을 구축해라

안전은 계획적이고 과학적으로 운영해라

회사와 조직에서는 방침과 목표에 따라 자신의 일을 추진하게 된다. 그 일은 계획과 수립에 의한 절차 및 대책에 따라 움직이되 근시안 적으로 접근해서는 안 된다. 확실한 자료와 근거에 의해 과학적인 분석과 현장의 이론적인 근거문제에 대한 대책을 강구하고 조직의 구성원이 일에 따라 역할과 일을 분담하게 된다.

모든 일에는 순서와 계획이 있다. 안전에서도 정보공유의 중요성 은 그 어느 것보다 중요한 요소이다. 업무에 대한 계획성은 성과 지 향 중심과 구성원들의 질적 중심으로 나눌 수 있는데 리더들은 자 신들이 무엇인가에 대해 성과 지향적인 결과물로 나타내 주기를 바 란다.

팀원들의 성과에 대한 피드백과 기대치, 정량적인 생산의 장애물 에 대한 기대치를 극대화하는 쪽에 많은 방향을 맞추고 있다. 성과 는 일일, 주간, 월간, 분기, 반기별, 연도별에 대한 계획성에 대한 실 적과 기대치를 가지고 추진한 결과에 대하여 정보공유에 대한 수평 적, 수직적인 횡전개가 되어야 한다. 일반성과 보편성의 상호 원칙의 추진이 되어야 한다.

그 사례로 어떤 부서에 문제가 있어 대책에 대하여 고민을 하고 있는데 벽 옆의 부서에서는 그와 유사한 사고에 일전에 있어 대책에 대한 보고서 및 사례가 공유가 빈번 하게 공유하고 있는 사항이라면 당신의 전체 부서를 움직이는 리더라면 어떻게 하겠는가? 이 부서는 전체적으로 정보공유 및 커뮤니케이션을 핵심역량으로 부서관리를 선택과 필수로 운영되어야 할 것이다.

하나는 안전뿐만 아니라 모든 업무에 있어 정보공유의 변경점 및 이상점에 대한 공유는 무슨 사고든지 사고 발생 즉시 보고하도록 해서 의사결정과 상황에 대한 신속한 대응이 필요하다. 숨기지 말고 공유해서 동일한 문제의 재발에 대하여 철저한 상황에 대한 역할 및 일의 추진이 필요한 것이다. 구두보고와 서면보고가 공존하지 않아도 된다. 시간을 다투는 사항이라면 가려서 해야 한다.

또 하나는 시스템과 모니터링체계가 있어야 과학적 접근과 체계적인 접근이 된다. 일전에 보안업체의 사장이 어느 강의에서 38선의 철책선에 작전 근무 중인 경비병을 대신해 감시용 카메라를 설치해 인력 및 군사경비의 인력을 효율화하자고 한 것은 창의적이라고 볼 수 있다.

만큼의 중요성은 발견의 확실성이다

어느 회사의 정문에 이런 팻말이 붙어 있는 것을 보았다. '남만큼 해서는 남 이상 될 수 없고, 일상적인 눈보다 관찰하는 눈으로 보자.' 사실 '만큼'의 원칙처럼 안전에서 중요하게 가시화되는 경우는 드물다. 안전의 경우는 문제의 해결책을 찾기 위해 고민하는 만큼, 생각하는 만큼, 전문성을 가지고 있는 만큼, 현장을 아는 만큼, 이론과 경험을 겸비한 만큼 재발대책에 대한 물리적, 환경적, 심리적, 작업적으로 생산성과 현장의 안전성을 목표로 둘 수 있다. 에디슨의 말에 의하면 '우리는 어떤 것에 대해 백만분의 일도 모른다. 우리는 물이 무엇인지 모른다. 빛이 무엇인지 모른다. 전기가 무엇이며 중력이 무엇인지 모른다. 우리는 자력에 대해서도 아는 바가 전혀 없다. 우리가 가지고 있는 것은 많은 가설들뿐이다.'

우리는 고등 비평가들이 말하는 소위 '확실한 발견'이라는 것들에 대해 조심하는 것이 좋을 것이다. 지식의 깨달음이 발견의 확실성으로 이어진다면 날마다 미래를 위해 투자하라. 미국의 저명한 베스트셀러 작가이자 상담 전문가인 리처드 칼슨은 상담을 통해 재미있는 사실을 발견했다. 날마다 한 시간씩 시간을 내서 어떻게 하면 돈을 많이 벌 것인가에 대해 고민하는 사람은 2년이 지나면 정말로 경제 사정이 훨씬 나아져 있다는 것이다.

안전의 기본선은 상식선이 최저치이다

안전의 문제가 생기면 '바꿔져야 한다'라는 의식에서 '바꿔야 한다'라는 능동적인 의식으로 표명이 된다. 의식의 일시 전환점으로 뇌리에 고쳐져야 한다고 판단을 내리게 된다. 능동적이고 주관적인 생각으로 문제를 해결 할 때까지 지속적인 끝맺음을 해야 하는 의지가 있어야 하는데 의지가 낮은 사람 즉 성취인의 의식이 낮아지면 일시적인 환경으로 시간에 따라 잊어지게 되고, 문제점은 해결치 못하고 묵인되어 언젠가 재해를 가져오는 재해인자로 끌고 가게 되기 때문이다.

업무의 운영은 법률적으로 완전하게 운영하는 것이 원칙이지만 부서원들의 원리원칙을 보게 되면 사고당시의 운영은 기본선이 상식을 벗어난 선에서 미숙하게 처리되는 상황이 발생한다. 기본적인 사항과 기술적인 사항이 공존해서 운영되는 것이 원칙이지만 일반적인 사항이라면 법률적으로 모든 것을 다 처리 못할 수도 있어 상식선에서 커버 되는 것이 1차적인 처리원칙이라고 판단된다.

피터 코엔은 〈밸류 리더십〉에서 기업과 이해관계자 간에 관계의 본질을 의미하는 상태에서 서로 간에 이득을 볼 수 있는 다양한 형태로 가치를 창출하는 방식과 태도에 대하여 언급을 하고 있으나 '약속의 이행'과 '자기만족의 싸움'에서는 리더십을 발휘하는 유용한 부분을 제시하고 있다.

MAKING MONEY IS SAFETY MONEY

세계화 및 국제화는 돈 벌기(making money)처럼 지속경영을 만들어지게 하는 것이 안전만들기(safety making)이다. 일전에 주한미국상공회의소장이셨던 분의 세미나를 들은 적이 있다. 이 분은 기업의 국제화·세계화에서 세계화의 개념은 돈 벌기라고 얘기하고 이에 따른 조건은 신뢰라고 하면서 쌓을 수 있는 조건을 기업에서 선택의 여지가 없는 투명성을 과거의 학연, 지연, 혈연으로 일관되어 와서 예전에는 법대로 하자의 공정성의 의미가 무서운 말로 바뀐 일관성 있는 얘기였다.

예측성이 가장 기본적인 것이고 바탕 위에 경쟁력이 있어야 하고 기업이 대응하고 극복하기 위해 좀 더 빠르고, 좀 더 좋게, 좀 더 싸게 라고 제시한 부분은 기업에 돈 벌기, 이익이 되는 기업(Money

Making)에서 지속경영은 안전이고 안전은 기업에서의 지속경영을 전제로 만들어지는 안전이다.

안전의 선진은 모든 시민이 안전시민의 의식화를 가지고 실천에 옮기는 것이고, 거기에 따른 모든 프로세스의 개념이 정립되어야 하며 처음부터 시작하는 것이 빠른 길의 첩경임을 알아야 한다.

플래티늄 모델에서 다이아몬드 모델로 바꾸어라

일반적으로 모델을 제시하면 이론적인 정립이 되어 있거나 많은 활용으로 사용가치가 높은 것으로 판단이 든다. 실제 제시된 모델이 현재 문제점의 해결책의 방향을 잡아 주거나 좋은 방향으로 가이드 역할을 해주거나 분석의 틀의 개념을 잡게 해서 현재의 해결의 가교 역할을 언급하려고 하는 것처럼 일반적인 가치를 장점과 효율의 가치를 부가시켜서 더 좋은 효과 가치를 더해 줄 수 있는 것이 가치의 목적인 것이다.

안전에 있어서도 사업장이나 공장이나 대기업에 안전의 문제가 발생 되었을 때 리더십을 가진 리더나 일반적인 리더의 경우 이렇게 처리하는 경우가 있을 것이다. 근시안적인 처리, 단편적인 처리, 임기응변식의 처리, 미래를 쳐다보지 못하고 하는 처리, 장기와 중기를 내다보지 못하고 하는 단기적인 처리, 과제 중심적인 처리를 한다고 해서 리더의 역할만 하는 경우가 발생한다면 당연히 문제가 있을 것이다. 현재의 제시를 숙지하고 실행에 옮기는 것이 지금의 방법을 악순환으로 끌고 가지 않을 것이라 믿는다. 리더십 분야의 대가로 인정받고 있는 웨런 베니스(Warren Bennis) 교수도 〈성공적인 리너의 전략: Leaders – Strategies for Taking Charge〉에서 성공적인 리더의 리더십은 인격에 기초를 두고 있음과 조직구성원에 대한 비전을 제시 및 공유하고 조직의 접착제인 신뢰 형성을 가지고 있으며 긍정적인 자세를 가지고 조직에 희망을 불어 넣는 것이라고 말하고 있다.

성공적인 리더는 행동 지향적이고 실천에 강하고 비전과 목표를 현실화시킨다. 성공적인 리더십을 근간으로 핵심요인인 플래티늄을 탁월화, 차별화, 활용화해서 좀 더 업그레이드를 해 보는 것이다. 피터 코스텐바움(Peter Koestenbaum) 박사는 〈위대한 내부의 면의 리더십: Leader ship – The Inner Side of Greatness〉에서 리더십을 위한 다이아몬드 모델이 4개의 축으로 만들어진다고 강조하고 있다. 4개의 축은

첫 번째 축은 리더십의 근간이 되는 모델인데 여기에서도 중점적인 것을 크게 보고 새롭게 생각하는 비전을 한 축으로 하고 전략적 사고와 창의력으로 만들어진다는 것이다.

두 번째 축은 현실인데 사물을 있는 그대로 직시할 수 있는 능력으로 현실을 정확히 파악하기 위한 사실에 입각한 객관적인 분석과 생존본능을 얘기하는 것이다.

세 번째는 용기인데 위기를 돌파할 수 있는 능력으로 용감한 리더는 자유의지를 가지고 있으며 자신의 결정에 전적으로 책임을 진다는 것이다.

네 번째 축은 도덕성으로 신뢰를 구축하며 타인에게 헌신하고 봉사하는 자세이다. 플래티늄에서 다이아몬드 모델로 탄탄하고 탁월하게 가기 위해서는 이 4가지의 비전과 현실과 용기와 도덕성이 현재의 운영보다 선택과 집중이 되고 균형과 조화로 되어야 원하는 모델이 되는 것이다.

리더십으로 제시한 모델에 있어 안전의 리더로서 보고 배울 수 있는 것은 생각을 하는 리더와 현재문제에 대한 분석능력을 가진 리더

와 실천적 의지를 가진 리더 및 신뢰할 수 있는 리더가 이 모델의
본보기가 될 수 있을 것이라 믿는다.

안전모델이냐 정신모델이냐

안전사고의 유형에 따라 여러 형태의 모델이 제시된다. 우리가 일반
적으로 흔하게 알고 있는 하인리히 법칙(사고의 중·경상에 따라
1:29:300으로 주장한 하인리히의 학설)도 시간과 환경에 따라 사고
이론이 변화한다. 안전의 모델이 형태의 모델과 정신적 모델로 업그
레이드하면서 프로세스가 진화한다. 리차드 포스터(Richard Foster)와
사라 캐프란(Sarah Kaplan)의 저서 〈창조적 파괴〉에서 보면 기업에
서도 기업의 경쟁력을 위해 기업구조를 형성화는 형태를 4가지로 제
시하고 있다. 정보 시스템과 의사결정 과정과 실행능력과 통제 시스
템으로 설명하고 있다. 안전의 구조나 안전의 모델도 시스템과 의사
결정과 실행과 통제의 범위를 벗어나지는 않는다. 좀 더 향상된 방
안을 제시해서 미래를 예측한다면 한 차원 높은 시스템의 네트워크
나 의사결정을 할 수 있는 시계열분석이나 OR분석들이 체계화되고
실행력을 높이기 위한 집중력과 통제의 리스크에 대한 유비 쿼터스
의 향상이 필요할 것이다.

　조직의 학습으로 유명한 학자인 피아제는 인간이 어린 시절부터
무의식적으로 정신모델을 만든다는 사실을 발견했다. 나이가 들면서
인간은 공식적이든 비공식적이든 과정을 통해 많은 것을 배운다고
얘기하고 있다.

　피터 셍게는 〈제5경영: The Fifth Discipline〉에서 서구의 사고방
식이 증상 처방에 급급하다고 지적하고 해결방법으로 학습조직의 다

섯 가지 분과학인 시스템 사고, 개인적 숙련, 정신모델, 공유비전, 팀 학습을 제시하고 있으나 그 중에 정신모델은 마음속에 뿌리 깊이 배어 있는 가정(假定)이나 일반화, 고착화된 영상이나 이미지를 의미함으로 사람들이 세상을 어떻게 이해하고 행동하는가에 영향을 미치게 되는 것을 의미한다. 이를 연계해서 조직에서 정신모델을 적극 활용 능력을 개발함으로 새로운 기술을 학습하고 기술들을 실천하도록 제도적 혁신을 실행하는 것을 주장하고 있다.

효율성은 의사결정권자와 실행자의 합리적인 추구로 추진되듯이 안전모델도 두 가지의 형태로 분류의 시발점이 되고 있다. 사고 전의 예방모델이냐 아니면 사고 후의 사후모델이냐에 따라 사고의 문제 유형에 따라 바라보는 시각과 실제 응용하는 실무자 간에 갭이 생길 수 있음을 유념해야 한다.

안전의 모델도 인적오류 관점에서 주장한 에드워드의 쉘 모델도 항공기의 인적오류에 대한 분석 시 사용하는 모델로 네 개의 모델로 학계나 기업에서도 운용하고 있다. 그 중에 인간적인 행동과 의식과 인지와 심리가 사람에 의해 크게 좌우된다는 것으로 안전에 있어 인간 중심적인 부분이 중요한 요소임을 강조하고 있다. 소프트웨어 관점과 하드웨어 관점과 환경관점과 휴먼웨어 관점으로 분류해서 정의하고 있다.

개인적인 관점으로 보면 소프트웨어와 하드웨어가 곧 인간 중심의 휴먼웨어로 정의의 가설로 분석되어지고 있다. 인간중심으로 초점이 맞춰지고 지속적인 변화를 추구한다면 변화의 세계에 제일 먼저 접근할 수 있는 것은 사람과 함께 하는 지구, 친화적인 안전이 중요한 모티브가 된다고 본다. 휴먼웨어에 대하여 일본의 사카야 타이츠는 〈조직의 성쇠〉라는 곳에서 휴먼웨어의 확립은 중요성의 이동이라고 표현하기도 했다.

변화에 대하여 민감해라

시간의 변화보다 문화의 변화를 직시하라

문화의 변화 측면에서 소니(Sony)의 사례를 보자. 천하무적 소니도 흔들리는데, 즉 디지털 전환에 실패한 소니라고 볼 수 있다. 가전시장의 명실상부한 트랜드 리더였던 소니는 성공과정에서 자체 기술력에 대한 자만심과 디지털 가전경시, 첨단기술에 대한 강박감 등으로 제조기반의 핵심역량 약화를 가속화시키게 되었던 것이 원인이었다. 순혈주의에 빠져 조루하지 말자. 가전의 디지털화 등 시장환경이 급변하고 후발주자들의 공세가 강화되자 2003년 일명 '소니 쇼크' 반발로 후발업체들은 소니를 따라잡기 시작했다. 이러한 힘을 정저지와(井低止蛙: 우물 안의 개구리)에 대한 직역과 의역을 정확히 간파해서 현재의 자기 분야에 발전치 못하는 미비한 분야에 대하여 안전 관련된 모든 사람은 원통할 줄도 알고, 두려워할 줄도 아는 사람이 되어야 한다. 자기가 부족한 것을 깨닫고 새로운 지식의 앎으로 생각을 미래 지향적으로 하게 되는 것이다. 즉 실력의 필요충분조건을 이룰 수 있도록 해야 한다. 자기개발이 뒤따르지 않으니 성장을 못하고 꿈도 없어진다. 개인, 조직의 시간은 그 환경의 문화에 적응하지 못하면 뜻을 달리하는 역경의 변화에 도태된다. 개인과 조직보다 문화라는 것이 상위의 개념과 전체 개념으로 존재하고 있어 융화되어야 한다는 것이다. 시간의 변화는 현재 흐름의 적응성을 보고 문화의 변화는 접하고 있는 사람들의 정신의 흐름을 얘기하는 것으로 모든 일에 정신은 공통현상이다.

문화에 대한 차이에 대하여 사례를 들면 미국의 포틀랜드에 있는 세계적인 스포츠용품 회사 나이키가 90년대 불꽃모양의 로고를 부착한 농구화 신제품을 중동지역에 팔다가 큰 곤욕을 치른 것은 다름 아닌 나이키의 로고 모양이 아랍어로 '알라'라는 글자와 비슷하다는 이유로 이슬람 단체들이 이슬람교를 모독했다며 불매 운동에 나섬으로 나이키는 결국 유통 중인 제품을 전량 회수하고 공개사과까지 했다고 한다.

모든 기업들의 경영개념은 20세기 초부터 60년대까지는 효율경영을 주창해왔고 70년대부터 80년대까지는 지식정보화사회로 현재는 일류화로 일괄되는 글로벌경영인 것처럼 했듯이 안전도 국제교류와 선진국가와의 활발한 협력관계로 한국의 안전문화의 기틀을 잡아야 한다. 시간의 변화에 뒤따르지 말고, 시간의 변화에 앞서는 선진형의 안전추구형이 되어야 한다. 인프라 구축이 되면 안전의 문화를 원년으로 삼는 계기를 만들고 시대흐름에 따라 유연하게 대처하고 기본적인 안전의식과 제일을 추구하여 안전복지의 문화기반을 업그레이드하는 정책을 구축해야 한다.

안전과 직결되는 색채의 문화에 민감해라

색채는 안전사고의 중요한 발생원도 되지만 결과에 대한 대책요인이 되기도 할 만큼 색채는 중요하다. 색으로 언급을 해보면 보라색은 번영, 부(富), 증가된 생산력과 연관되는 색으로 극기심과 높은 창조성과 왕권의식을 제공하는 색으로 표출되고 있다. 파란색은 신성함과 진실과 조화, 진정과 희망의 색으로 나타나며, 정열과 진정을 시키거나 잠재우는 성질을 가지고 있다. 연두색은 자연의 색으로 위로, 치료, 평화, 시원함을 나타내는 색으로 심신이 지친 사람에게 휴식의 위안을 주는 색으로 표현된다. 노란색은 기쁜 색이며 지혜와 이해심과 직관적, 통찰력을 불러일으키는 색이며 영혼의 완성, 평화, 휴식을 나타내는 색으로 사용된다.

공장의 건물 색이 직장인들의 근무 분위기를 좌지우지 하듯 어느 공장의 사례를 보면 이 공장은 1층에 공장설비가 있고 지하에는 부대설비를 설치하여 가동, 점검, 교체되는 곳이었다. 지하의 주변색이 회색으로 도색이 되어 있어 몇 년간 운영이 되었다. 그런데 지하에서의 사고는 제대로 점검이 되고 있으나 점검자의 사소한 실수로 사고의 연속성이 끊이질 않았다. 결국 작업자의 조명도 바꾸어 보고, 교육도 했지만 중요한 것은 주위환경과 작업환경이었다. 환경에 대한 정서문제로 생각하고 분위기를 밝게 바꾼다는 취지하에 색깔의 변화를 시도했다. 맑은 색인 아이보리색으로 바꾸고 나서 기본적인 사고가 줄어들었다.

단어도 연계를 시켜 보면 우리가 알고 있는 안전단어에 대한 의식은 어느 정도일까라는 인식이 있어야 한다. 영문으로 위험(danger), 경고(warming), 주의(caution)는 통상 그림으로 많이 표기되는데, 위험은 가장 심각한 잠재 위험이 있는 곳에 사용되며, 이 경고문에 따르지 않을 경우 사망 또는 중상을 입을 수 있다는 것을 나타낸다. 경고(warning)는 특정 위험이 가까이 있다는 것을 의미하며, 이 경고에 따르지 않을 경우 중상을 입을 위험이 있다는 것을 나타낸다. 주의(caution)는 일반적 주의사항을 의미하며 이 경고문에 따르지 않을 경우 부상이나 재산상의 손실을 입을 잠재 위험이 있다는 것을 나타낸다. 색깔과 단어에 대한 인식을 분명히 숙지해서 인간이 가지고 있는 오감으로도 안전예방에 접근하는 계기가 되어야 한다.

변화에 민감한 리더가 되라

변화에 민감한 리더뿐만 아니라 환경에 민감한 리더도 주변의 고정 환경에서 탈피해야 한다. 변화에 대한 민감도의 동기는 변화에 대한 변화, 충격, 적응, 도태, 탈피, 속도 들이 함께 사용된다. 리더는 기존의 리더가 아닌 변화의 변화를 시도하는 리더가 필요하다. 전제조건이 자기변화가 처음 시도의 시발점이라고 판단하게 된다.

변화요인들을 제시하자면 미래에 대한 확신감, 긍정적이고 합리적인 사고, 시간관리를 하는 리더, 논리적 사고와 정량적 사고를 가진 리더, 평생교육 생각으로 공부하는 리더, 남과의 신의와 약속을 지키는 리더가 변화에 적응하는 리더라고 본다. 굳이 리더를 차등화하라면 3류는 자신의 힘으로, 2류는 타인의 힘, 1류는 타인의 지혜로 변화를 가지게 되는 리더가 변화에 동참하는 변화의 리더인 것이다. 특히 변화는 환경에 대한 변화와 사람에 대한 변화와 운영의 변화가 큰 틀로 구성되어진다.

실험의 예를 들어 본다. 개구리 한 마리를 뜨거운 물이 들어 있는 큰 비커에 집어넣으면 놀란 개구리는 펄쩍 뛰어 올라 달아난다. 또 하나는 찬물 속에 개구리를 넣어 개구리를 헤엄치며 놀게 하고 비커에 열을 가열한다. 시간이 지날수록 개구리는 물의 온도는 높아져 가는 것을 모르고 있다가 뜨거운 것에 삶아지는 개구리 형태를 보게 된다.

환경의 민감도에 대한 적용사례를 보는 것처럼 변화에 대한 리더는 80%의 리더십으로 방향 설정을 하고 조정을 하고 동기부여를 해서 운영을 하고 20%의 관리를 하게 된다고 한다. 변화에 대응하기 위한 민감한 리더는 팀의 변화에 대한 사항이나 변화를 주도하고 회의수명과 의사결정을 하고 갈등관리와 의사소통을 원활히 해서 동기부여를 주고, 코칭의 스킬과 권한위임을 하게 함으로 변화관리에 대응하게 한다. 조직은 경영환경의 변화와 비전추구를 하고 성과의 달성에 대한 분석으로 성취를 하고 필요한 인재의 핵심역량에 방향이 맞추어져야 한다.

　독일의 토마스 킬만의 인간중심과 생산중심의 갈등관리 5단계를 논하기 보다는 변화에 대한 4가지 형을 보면, 자기방식형, 협조형, 회피형, 기존형으로 변화에 대한 민감도와 문제해결능력으로 가로축과 세로축을 놓고 분석하고 있다. 미래에는 리더가 전천후가 아닌 전문가인 리더가 필요해질 것으로 본다.

　머리형과 버디형과 입의형과 손가락형과 손바닥형으로 본다. 머리형은 두뇌회전을 이용한 형으로 혁신적인 업무 추구가 필요할 것이고, 버디형은 현장중심의 형으로 영업과 대인관계에 필요할 것이고, 입의형은 구조조정에 필요한 M&A형일 것이고, 손가락형은 사내외 부서 간의 조율이 필요한 형일 것이다. 손바닥형은 새로운 것에 인재를 채용하고 잘못에 대한 포용과 적재적소에 배치를 하는 인사부서용일 것이다. 안전의 리더는 머리형부터 손바닥형이 전부 필요함을 포용해야 한다.

조직의 변화를 다변화해라

예전에 일본인들은 개인적으로 보면 영특함이 없는 데 비해 한국인들은 개인적으로 똑똑함을 보이고 단체적으로 보면 일본인들은 잠재적인 힘이 있어 단체의 힘을 잘 발휘하는 반면 한국인들은 뭉쳐 놓으면 너무 개성이 강해 뭉쳐지질 않는다는 애기가 무성 했다.

개인의 구성원에 대한 비전과 목표에 대한 부분이 한국인과 일본인들의 차이를 나타내는 사례일 것이라 생각한다. 손자병법의 모공편(謀攻扁)에 보면 '(적군에 비해 아군의 병력이)열 배라면 적군을 포위하고 다섯 배라면 적군을 철저하게 공격하고, 두 배라면 적을 갈라놓고, 똑같다면 전략을 다하고, 열세라면 후퇴하라'는 말이 있다. 현재 사회는 구성원들이 모인 조직의 역할이 중요한 밑거름이되고 있다. 대기업에서는 권한 위양이나 조직 구성원들의 다기능 역할(multi-player)을 쟁점화하고 있다. 이것은 몽고의 칭기즈칸의 역참제 조직과 같다고 본다. 칼을 쓰다가 다른 쪽의 활 쏘는 부대가 위태하면 활을 쏘고, 활을 쏘고 있다가 창을 쓰는 다른 부대가 위태하면 창을 쏘고 하는 병사들의 다기능은 그 당시 몽고군이 전쟁에서 살아남기 위해 얼마나 많은 노력을 기울였나를 나타내는 것이다.

진정한 리더는 입으로 살지 말고 진정한 행동으로 보임이 중요하다. 간혹 권한이양과 권한위임에 대한 많은 혼동을 가져오지만 분명히 유능한 리더는 현장의 판단을 중시하는 권한위임을 적극적으로 행하는 사람이다. 조직의 다변화는 구성원에 대한 활성화의 시간과 공간의 다양성에 대한 역할의 활동에 대한 것이라 정의한다. 조직의 변화의 급선무가 일에 대한 지식과 기능과 전문성에 대한 일의 반경을 깊게, 넓게, 크게 가져가는 것이 다변화의 일차조건이라 판단한다.

안전의 문화를 만들어라

다방면 실천 사고가(multi—practinker)가 되라

보통 기업의 최고경영자(CEO)가 주어진 일을 효율적으로 수행하는 것이라면 리더십은 올바른 일을 효과적으로 수행하는 것이라 정의를 내려본다. 상호 보완적 측면으로 볼 때 둘의 비교는 양자의 균형과 조화가 이루어져야 한다는 것을 의미한다. 마찬가지로 안전에서도 현장에서의 경험을 가지고 운영을 하면서 느낀 것은 실천(Practice) 과 사고(Think ing)가 항상 병행되어야 한다. 안전의 리더가 생각만 가지고 있고 실천에 옮기지 못한다든가 앞뒤 합리적·최적화를 생각하지 않고 실천에 옮기는 것은 칼집 없는 칼과 같고, 노력 없이 무재해를 기원하는 것과 같다. 이처럼 실천과 사고는 다른 어느 영업부서나 구매부서나 품질부서나 마케팅부서도 동일한 현상일 것이다. 리더가 현장감이 없거나 리더가 조직원들이 현장에서 어려움과 불편을 겪고 있는 것을 모르고 있다면 리더로서 부족한 점을 가지고 있다고 본다. 현내의 리디는 실천(Practice)과 사고(Thinking)를 겸비한 실천 사고가(Practinker)가 됨을 제안 및 강조한다. 리더의 형태는 시대와 환경에 따라 적응하기 위해 많은 변화를 거듭한다.

유클(Yukl), 다우프(Daft), 콜린스(Collins) 학자들은 리더십은 리더들이 다양한 관점으로 발전하고 있다고 한다. 리더의 성격, 신체적 특성, 교육배경, 가치관 등이 중심인 개인적인 특성에서 행동패턴과 의사결정과 영향력으로 맞춰진 형태론까지 발전되고 조직원과 추종자들의 성격으로 다양성에 따라 맞춰지는 상황이론까지 발전하는 사항이다. 최근에는 빌 조지의 말과 행동이 일치하는 통전성(Integrity)이라 하는 단계까지 발전한 사항을 보게 된다.

작업현장에서 조직원들과 항상 공유한 행동과 의식과 기술과 조직과 목표에 대하여 강조한 안전인의 10대 원칙을 함께 공유하고자 한다.

- 무재해에 초점을 맞춰라
- 확신과 신념으로 모든 것을 가능케 하라
- 목적과 가치에 실용성을 추구하라
- 용기와 의지로 어려움을 극복하라
- 원칙을 가지고 안전을 운영하라
- 당면한 일에 집중하라
- 미션과 비전을 통해 미래 꿈을 이루라
- 열정을 가지고 목표를 향해 전진하라
- 선택과 집중을 해서 부가가치를 창출하라
- 숲과 나무를 동시에 보아 안목을 높여라

미래를 짊어지고 나갈 안전의 리더는 항상 다방면의 경험과 사고 (Thinking)를 근간으로 행동에 옮기는 실천가가 되어야 한다고 본다.

안전에도 인증 시스템을 구축하라

시스템으로 얘기하면 선진국인 미국을 꼽을 수 있지만 싱가포르는 사소한 부분까지 시스템적으로 되어 있는 것을 예로 들 수 있다. 그 나라는 철저한 시스템국가로 되어 있어 하나에서 열까지 정부 주도 하에 계획되고 가꾸어 가고 있어 거지에게도 '거지 자격증'을 주는 나라다. 돈을 구걸하는 것도 소득인 이상 세금을 거둬들이는 것이다. 웬만한 글로벌의 대기업에서 생산하는 제품에는 수출하는 나라의 인증마크가 보통 10개 이상의 스티커가 부착되어 있어 소비자의 눈을 어지럽게 하고 있다. 현재 국내외에서 운용하고 있는 인증마크제도는 제품의 안전이나 품질, 기술개발, 에너지의 효율적 이용, 환경보호 등 목적이 다양하다. 제품 생산의 최소한의 가이드 역할을 하던 인증마크가 최근에는 국내외 경쟁 사업자와는 차별화된 상품을 제공하는 마케팅 수단으로도 활용되고 있다.

국가별 주요 인증 현황을 보면 한국의 경우 전자파 적합등록(MIC)은 휴대폰, 통신단말기류와 PC, 모니터, 컴퓨터 주변 기기 등을 대상 분야로 하고, 전기용품 안전인증(EK)은 전선, 전원코드, 전기기기로 하며, CE(EU안전인증), UL(미국 안전인증), PSE (일본 전기용품 안전 인증), CCC(중국 강제 인증제도) 등을 나라마다 운용하고 있다. 일반적으로 유럽 수출 때는 CE 마크가 없으면 수출을 못하게 되어 있다. 유럽은 안전과 환경이 포함되는 사항으로 자발적인 일종의 선언제 같은 것이고 특히 유럽과 미국에서는 제조자, 판매자, 소비자 모두 인증마크에 대한 신뢰가 높아져 인증 획득을 요구하고 있는 실정이다.

우리 산업체에서의 안전기반시설도 인증에 대한 구체적인 시스템이 구축되기 위한 제반여건이 필요하다. 수입에서 사용하는 제품에 대한 안전성의 획득과 수출하는 제품에 대한 수입국의 인증 체계에 대한 정부의 적극적인 지원과 구축을 위한 프로그램이 필요하다고 본다. 그래서 기술표준원장이 "국가적인 인증제도 개선을 통해 신규 제 시대의 파고를 넘어야 한다."고 하고 있다.

결국 모든 기업체에서의 인증시스템은 광의적인 표현은 수출과 수입에 대한 제품으로 국한했지만 협의적인 표현은 기업체에서 활용하고 있는 모든 기계, 설비에 대한 제반 부대설비도 가시적인 소규모의 틀에서 시작이 되는 안전인증 기반이 되어야 한다.

리더십의 영향력은 사람중심에 맞춰라

리더십의 영향력은 여러 가지의 방향에 따라 방향이 달라질 수 있다고 본다. 일의 추진이 결과에 대하여 성과를 중요시 한다면 업적 중심이 되어야 할 것이고, 업무에 대한 대책이나 납기로 인해 완료를 해야 하는 사항이라면 사람중심이 되어야 한다. 지속적인 프로세스를 갖추고 가야 할 사항이라면 프로세스 중심이 되어야 한다. 그에 따른 영향력은 시작과 진행 과정과 결과로 세분화 한다면 부분에 따라 비중이 달라질 수 있다고 보지만 환경안전의 경우는 비중에 따라 사람중심에서 성과 중심에서 프로세스중심으로 가야 한다.

미국 내 사람의 능력을 리더십으로 극대화하는 인조이 그룹의 설립자인 존 맥스웰(John C. Maxwell)의 〈리더십의 반박할 수 있는 21법칙: The 21 Irrefutable Laws Leader ship〉에서 영향력에 대하여 언급을 하고 있는데 21법칙 중에 안전의 리더로서 4개의 법칙이 가장 마음에 닿는 것이 수준의 법칙과 영향력의 법칙과 우선순위의 법칙과 굳건한 기초의 법칙을 선호한다.

기업의 안전리더자로서 현 상황에 대한 운영관리를 기본으로 한 시스템에서 문제가 발생되면, 영향의 법칙에 따라 망대, 망소 개념으로 대응력을 가지고 있느냐가 중요한 관건이고 중심이어야 한다. 기본에 충실한 부분을 원칙과 법칙을 가지고 있느냐이기 때문이다. 리더십을 얘기할 때 '사람을 어떻게 다룰 것인가'라고 한다면 경영이란 틀을 가지고 있겠지만 '우리 부하직원, 우리 구성원들이라는' 명제를 두었을 때 리더십의 작은 부분으로 정의하는 것으로 얘기가 될 것이다.

> 상사가 부하에게 미치는 영향력
> 부하가 상사에게 끼치는 영향력
> 동료와 동료에게 옮겨지는 영향력

영향력은 선의의 관계, 호전의 관계, 안정의 관계를 유지, 발전, 개선하는 종합적인 의미일 것이다. 자기 자신이 부족하여 영향력이 모자라다면 셔너즈 켈리 리왓, 트레버 월독이 쓴 〈리더가 넘어야 할 18개의 산: The 18Challenges of Leader ship〉을 읽고 능력을 발휘하라고 권한다. 리더의 능력에 대하여 자신의 경력 및 직위를 욕심내기에는 너무 두렵고 자신이 무능하다고 느껴져 올라갈 수도 없고 그렇다고 아래로 내려가는 것 역시 두렵고 창피한 지경에 도달하는 것을 리더십 혼란(Leadership Vertigo)이라고 표현하고 있다.

결국은 혼란과 곤경을 탈출하기 위해서는 정신적인 가치와 육체적인 능력으로 프로세스를 가지고 움직이게 하고, 움직이고, 움직일 수 있게 하는 것이 우선 중요하다.

안전문화를 사회문화로 접목해야 하는 것은 당신의 몫

문화라고 하면 '사회 구성원들이 가지고 있는 가치관의 일부나 전통적인 사회에서 기본적으로 깔려 있는 기본적인 의식이나 전통으로 각 나라마다의 특화된 사회성질'로 정의를 내려본다. 사회에는 여러 형태의 문화성질을 가지고 있다. 과학문화, 사회문화, 교통문화는 이해관계가 있는 것은 이해당사자끼리 서로의 질서와 체계적인 순서의 안녕과 질서를 위해 운영한다.

안전문화는 사회통념이 '그 어느 곳에서나 누구나가 접할 수 있는 것은 아니다'라고 본다. 일반화되어 있는 안전문화의 통념이다. 그럼에도 불구하고 안전문화는 기업을 운영하든, 안전과 관계된 관공서든 많은 사람들이 군집 및 운집해서 운용하는 것이라 잘못 인식 될수도 있다. 안전문화는 현세대가 후세대를 위하여, 전세대가 현세대에게 틀림없이 틀을 잡아 넘겨주어야 한다. 틀이 안 잡혀 있다면 누군가 잡아야 하고 주관자가 없다면 우리가 발의를 해서 기틀을 마련해야 한다. 소중하고 중요한 문화이면서도 특수집단이나 일부 관련된 사람에게만 적용되고 운용되는 것으로 인식하고 있는 것은 잘못된 인식이다. 공유나 홍보나 의사전달이 일방적으로 진행되었고, 없어서는 안 되는 것이고, 절대적 자유제처럼 없어져서는 안 되는 것이다.

산업재해 예방을 위한 사업장의 안전관리는 범국가적인 안전문화의 정립이나 기업의 경영전략에서 추진되어야 하는 것이 과제이자 이 사회에 대두되는 것이다. 인간존중의 차원이나 경제적 손실의 예방차원이나 안전하고 쾌적한 작업현장을 만들기 위해 중요한 것으로 안전문화의 기반요소를 세 가지로 본다. 조직 구성원의 의식과 행동과 지식이 확고하게 정립되어 있고, 구성원들이 공유한 가운데 안전문화의 기능과 역할이 현실화되고, 더 나아가 사회인식으로 사회문화로 자리를 잡으면 문화적 확산이 쉽게 될 것이다. 하루아침에 안전사고를 첫 뉴스로 접하지 않아도 될 것이고, 불안전한 사회의 연속으로 붕괴, 압사, 침몰, 화재, 인명사고 등의 안전문화 정립에 발목을 잡히지 않아도 될 것이다.

안전문화를 사회문화에 접목해야 하는 주인인 현재의 안전리더가 조직 구성원들의 신뢰를 쌓고, 원활한 의사소통을 하고, 기본을 중시하고, 교육을 강화해서 체질화시키고, 의식에 필요한 정서와 인적오류를 유발하는 행동을 관찰하고 지도하는 기반구성을 마련하는 것이 필요하다.

기업의 경영방침과 관리자의 안전관리 시스템과 조직원의 행동과 의식과 지식을 겸비한 가운데 사회문화도 확산이 되어 안전문화의 테두리 안에 사회문화를 정립시키고 안전환경을 만든다면 안전국가의 세계는 먼 길이 아닐 것이다.

안전연상법은 해결의 수가 많아진다

어느 부서의 팀원(간부, 대리, 사원)들을 대상으로 미팅이 끝난 후 A4 용지를 1/4로 잘라 한 장씩 나누어 주고 팀원들을 테스트했다. 팀원들이 어떤 문제에 대하여 어느 정도의 연상법을 가지고 있는지를 보기 위해 부서장의 호기심으로 부서원들의 생각을 시험에 보기 위한 간단한 것이었다.

이 부서장은 어느 대학의 안전을 전공한 박사 출신의 그룹장 이었다. 부서원의 편성은 20대는15명이었고, 30대는 10명이었고, 40대는 5명이었다. 제목을 주면 그것으로 무엇을 활용할 수 있는지를 시간

내에 적어 넣는 것이었다. 제목은 벽돌이었고 1분 동안에 무엇에 사용 할 것인가를 최대한 많이 써보는 것이었고, 벽돌로 연상을 하게 하는 쪽지 설문이었다. 그런데 20대는 8~17개, 30대는 5~13개, 40대는 10~14개였다. 용지에 무기명 조건으로 하되 나이에 대하여 10단위로 표기하도록 했다. 결과에 대한 부분을 볼 때 무기명으로 했지만 유추할 수는 있었다. 이 부서의 업무 성격은 40대의 지시로 업무가 진행되고 있었고 거의 대부분이 간부였고, 15~20년 정도 근무한 사람들이었다. 간부들은 자기 일에 대하여 전문가들이었고, 30대에는 간부도 있었지만 1~2명을 제외하고는 대부분 대리였다. 쪽지에 작성한 결과 제일 많이 작성한 사람은 13개를 작성한 간부였고, 5개는 항상 업무, 창의성이 떨어지고 항상 수명업무에만 치중하는 대리로 유추할 수 있었다. 특히 20대의 1명이 17개를 작성했는데 이 친구는 입사한 지 얼마 안 되는 신입사원이었지만 항상 일에 적극적이고 무엇인가 창의성과 많은 아이디어를 내는 젊은 친구였음을 어림할 수 있었다.

보자! 창조적 생각을 갖게 하자! 생각을 유연하게 하는 분위기를 만들어 보자! 조직단위로 한번 해 보면 A4 용지 한 장으로 쉽게 부서원들의 창의력에 대한 수준을 알 수 있을 것이다.

시간관리는 미래 자신의 청사진이다

시간관리에 긍정적인 사람(positive-man)이 되라

시간관리의 개념은 일반적으로 넓은 의미로 보면 주어진 모든 시간을 최선으로 활용하여 최대의 효과를 거두는 것으로 삶 전체를 관리하는 것이다. 좁은 의미로 시간관리는 사람이 인간으로서 영위해야 할 기본 생활들을 제외한 시간을 관리하는 것을 말한다.

피터 드러커는 '시간 부족은 부족 그 자체가 아니라 관리의 문제'라고 했다. 시간 관리의 정의는 첫 번째 삶이 목표를 이루도록 자기 자신을 관리하고, 두 번째는 목표수준을 이루도록 일을 관리하고, 세 번째는 존재이유를 달성토록 조직관리를 해야 한다고 한다. 시간관리가 전제 되어야 관리를 한다고 할 수 있으며 제한된 시간을 관리하려면 우선순위를 설정하고 지켜 나가야 한다. 시간의 본질을 파악하면 시간은 상대적이기 때문에, 한정적으로 주어진 시간관리를 위해서 우리의 시간을 빼앗아 가는 일들을 너무 많이 갖지 않는 것이 현명하다.

시간관리는 테일러(Taylor)와 갈브레이드(Galbreth)에 의해 연구가 시작되었으나 정보화 사회는 매시간 너무나 많은 정보가 생산 및 공유되고 있으므로 이 정보들은 일이나 인생과는 무관한 것들이 많다고 본다.

시간의 특성을 보면 보이지 않는 자원이고, 사용하지 않아도 저절로 사라지게 되고, 누구에게나 공평하게 주어지고, 한번 지나간 시간은 다시는 돌아오지 않고 저장할 수가 없으며 누구에게 주거나 돌려받을 수 없다는 것이다.

시간관리의 특성은 4단계로 나눌 수 있는데 제1세대는 기록을 하고 목록표를 작성하는 것이고, 제2세대는 달력과 약속기록부를 활용하는 세대이며, 제3세대는 목표설정에 초점을 맞추고, 제4세대는 인간관계의 유지와 종전의 결과의 달성을 강조하는 것이다. 스피드로톰 피터슨은 시간에 대해 "중요한 것은 시간투자이고 중요치 않은것은 시간투자를 제거해야 한다."고 한다. 시간에 대한 도둑은 마치인생의 시간을 누가 도둑질을 하면 가만있겠는가. 끔찍할 것이다. 개인과 조직의 시간의 도둑을 제거해야만 한다. 시간을 도둑질하는 것을 보면 네 가지가 있는데

첫 번째는 미루는 습관이다. 해결책은 원인분석을 하고 일을 고려하고 작은 단위로 나누고 자신을 긍정적으로 자기 일처럼 하면된다.

두 번째는 거절 못하는 것이다. 해결책 또한 다른 사람에게 양도하고 일정에 따라 일을 하고 대안을 제시하고 이유를 충분히 설명해서 받아들이게 하면 된다.

세 번째는 서류작업에 대한 건이다. 책상정리를 하고 계획에 따라서류처리를 하고 처리할 서류만 책상에 두고 불필요한 서류는 제거해야 한다.

네 번째는 방문객에 대한 건이다. 우선순위를 정하고 면담시간을줄이고 필요사항만 얘기하고 사무실 밖에서 처리하도록 하고 방문객의 만나는 시간을 정해 놓고 처리해야 한다. 이 밖의 과도한 업무,

커뮤니케이션의 부족, 형식주의, 우선순위의 충돌 등이 있다.

시간관리의 우선순위에 있어서도 긴급한 것과 긴급하지 않은 것과 중요한 것과 중요하지 않은 것과를 나누어 볼 때 긴급한 것과 중요한 것은 Ⅰ활동으로 위기관리 및 기간을 정한 프로젝트이고 즉시 직접처리를 하고 긴급하지 않되 중요한 것은 Ⅱ활동으로 예방과 생산활동으로 새로운 기획과 발굴 및 중장기의 일이고 긴급하나 중요치 않은 Ⅲ활동은 일상적인 전화나 질문 및 일상회의로 권한위임 및 일을 축소하고 중요하지 않고 긴급하지 않은 Ⅳ활동은 시간낭비와 일에 대한 낭비로 중단해야 한다. Ⅰ·Ⅱ활동에 역점을 두고 추진해야 할 시간관리의 우선순위이다.

우리는 충무공이 2359일 즉 임진왜란부터 정유재란까지의 기간 동안 쓴 난중일기를 통해 시간관리에 대한 노력이 어느 정도였는지를 알 수 있다. 충무공은 날씨와 인적, 물적, 병무적인 모든 것을 기록 관리하고 더 나아가 스스로 리더로서의 핵심역량을 키우기 위해 병법과 전략과 전술과 사무처리 및 인사관리와 활쏘기를 게을리 하지 않은 시간관리의 모범사례로 볼 수 있다. 충무공은 32세의 나이에 무관에 급제하여 22년간 관직생활을 하면서 세 번의 파직과 두 번의 백의종군을 하면서 자기 자신과의 시간관리에 남다른 경영관리를 보여 줬다. 처음 공직으로 백두산아래 동구비보 전관인 종9품으로 여진족과 맞서 싸움을 시작하던 해(45세 1598년) 정읍현감과 만포진의 첨사를 이어져 전라 좌수사까지의 시간관리는 환경적인 시간관리이고 자기 자신과의 시간관리의 경영이었다. 충무공은 뭔가 부족함이 있어 어려운 점을 해결하고자 노력을 하고 근간으로 경쟁력을 키웠음을 볼 때 이것이 나라의 경쟁력이었다고 본다.

내가 회사 생활 하면서 시간관리 사례들 보면 초급간부시절이라고 기억이 난다. 시간관리과정에 입과해서 교육받던 기억을 되살려 본다. 당시 바쁜 업무 중에 팀장이 배려해서 시간관리과정에 입과하게 되었다. 과정 중에 영화를 보게 되었는데 제목이 시간관리〈Time Management〉였다. 그 영화를 통해 시간을 앞서 산다는 것과 시간 관리가 얼마큼 중요하다는 것을 알게 되었다. 그 이후 나의 업무에 일정관리, 주간관리, 월간관리뿐만 아니라 일일제어신이고 일년제어 춘(一日諸於晨 一年諸於春: 하루의 계획은 새벽에 세우고 일 년의 계획은 봄에 세운다)처럼 연간 계획과 5년 계획과 10년 계획을 세우는 것이 현재까지도 몸에 배어 생활하고 있다.

내 책상 앞에는 해마다 연간실행계획이 붙어 있다. 예를 들면 2007년도의 목표는 실행력 있는 인생을 만들자(가정과 직장과 삶)란 이름을 달고 시간을 두고 씨름을 하였다. 8월 달을 넘어가면서 10개 항목 중에 6개는 시간관리에서 내가 승리를 거두었고 10월에는 2개를 완료했고 12월에까지 1개는 시간관리에 밀리고 말았다. 여기에 90%는 완료했고 10%는 아직 행동을 따르지 못하고 있다. 10%는 2008년으로 해를 넘겼다. 미실행 부분은 가족 간의 시간조율이 안되어 미루어진 것이다.

서울대에서 경영학을 가르치고 있는 윤석철 교수는 〈경영ㆍ경제ㆍ인생 강좌 45편〉에서 '경영자는 변화속도가 빨라지고 경쟁의 격차가 심해지는 요즈음 한 가지 부분 해법만 가진 자는 조직의 발전적 미래를 이끄는 데 한계에 봉착할 수밖에 없다.'고 말하면서 '한정된 자기 분야를 초월해서 관련영역 전체를 조망 할 수 있는 지적 시야가 필요하다.'고 강조하고 있다. 나는 '미래는 나의 것이다.'고 생각하고 목표를 위해 정확한 미션과 비전을 가지고 나의 고지를 위해 시간과 어울리고 시간을 쫓아가기보단 시간이 쫓아오게 만들어 나의 목표에 동반자의 역할을 하게 만드는 것이 필요하다.

시간관리와 안전관리는 보완관계이다

시간관리는 내가 직접 통제할 수 없는 절대적 가치이자 조건이다. 많은 사람들이 생활이나 조직에서 관리해야 하는 것임에 틀림없다. 시간관리의 유형은 구조적 관계, 관리적 관계, 행동적 관계로 나누어 볼 수 있다. 구조적인 관계는 회사가 이룩하기 위한 조직의 구조나 제도나 문화나 풍토 중심의 시간관리 중심으로 일이 진행되는 것을 말하고, 관리적인 관계는 조직이나 구성원이 어느 목표를 달성하기 위한 조직을 말하는 것이고 행동적 관계는 삶의 목표를 이루도록 자기관리를 하는 것이다.

시간관리의 롤에 대한 정의를 보면 구조적 관계는 회사의 미션이나 실패나 성공에 대한 사례에 대하여 치중을 하고 더 나아가 고객에게 다가갈 수 있는 고리의 연결점을 찾기 위한 핵심가치를 추구하는 것이라 볼 수 있다.

관리적 관계는 손실시간이나 팀이나 조직이 시간관리에 좀 더 효율적으로 운영하기 위한 시간일지나 시간낭비요인에 대하여 차단하는 것을 말한다. 예를 들면 관리적 관계에서 시간관리 측면으로 업무의 기획을 세운다고 가정하자. 그러면 무엇을 먼저 검토할 것인가를 보자.

미래 지향적인 꿈이 있어야 하고, 목표의 설정을 바르게 하여야 하고, 혹은 우리는 기획을 극대화로 세울 수 있는지, 중요사항에 대하여 어느 정도를 중요사항으로 보아야 할 것이다. 조직화에 필요한 구성이든 환경의 조직화, 업무의 조직화, 사람의 조직화가 필요하기 때문이다. 시간관리에 있어 시간낭비요인들도 속성은 가지는데 속성의 낭비요인을 보면 하는 일이 다른 개념의 보편성, 능한 사람일수록 개념의 특수성, 하나의 낭비가 다른 개념의 연속성이다. 시간낭비

요인을 우리가 없앤다는 개념의 인과성과 시간낭비관리의 최대의 적 개념인 내재성은 분명히 중요한 포인트다. 나라별, 문화별 시간낭비 요인을 보면 미국의 경우 1, 2, 3 순위는 첫 번째 우선순위의 불명확, 두 번째 전화방해, 세 번째 목표부재이다. 유럽의 경우도 1, 2, 3 순위는 전화방해, 비효율적 업무, 과욕으로 나타나고, 아시아의 경우 1, 2, 3 순위는 비효율적 업무, 전화방해, 불필요한 회의라고 분석하고 있다.

회사는 업무 중심의 시스템적 관리가 필요한 것처럼 안전관리에서도 동일 종류의 재발, 교육 및 인지부족으로 인한 인적오류 사고, 비효율적인 안전관리로 발생하는 사고들도 우리나라 관점으로 보면 안전관리의 낭비요인은 동일선상에서 유사하다고 본다. 좋은 목표를 위한 구체적이고, 측정할 수 있어 계수화가 가능하고, 목표 지향적이며 성취적이고 창조적이고 시간 중심적인 것이 바람직하다고 생각된다.

소비시간을 분석하고 써라

시간관리에 대하여 나무꾼의 톱날 이야기가 있다. 한 나무꾼은 쉬지 않고 계속 나무를 자르고 있었고, 다른 나무꾼은 나무를 자르는 동안에 주기적으로 쉬면서 쉬는 동안에 무뎌진 톱날을 손질했다. 쉬지 않고 일한사람보다 쉬면서 도구를 손질한 나무꾼이 일의 효율성과 시간관리 측면에서 좋은 결과를 가져오는 것이다. 시간관리는 각 개인이 진행과정의 업무로서 혹은 사업의 계획으로 꼭 필요한 일정과 시간관리에서 필요하고 혹은 시간의 투자로 얻어지는 좋은 시간관리의 결과일 것이다.

SAFETY VIEW

시간관리는 답을 제시하지 않지만 답을 찾아가는 과정이고, 각 개인의 지식이나 정보를 제공하는 것이 아니고 조직이나 구성원들이 시간관리에 대한 생각의 틀을 어떻게 가지고 있느냐이다. 작게는 개인의 영역도 되지만 크게는 조직이나 구성원의 영역까지 생각해야 하는 총체적인 부분이 많다. 시간관리에 대한 행동은 누구나 어릴 때 방학이 되면 원에 24시간을 근거로 아침에 일어나기부터 저녁에 취침하기까지의 생활 계획표를 세워 행동에 대한 시간관리를 해본 적이 있을 것이다. 그 계획표에 맞춰서 시간관리를 하려고 노력을 해본 사람은 생활계획표 없이 생활하는 것보다 훨씬 능률적이고 실천적이며 행동의 변화를 가져온다는 것을 알고 있을 것이다. 시간관리의 목적은 자기관리를 계획적으로 하고 그것이 행동으로 이어지고 변화를 가져와서 궁극적인 좋은 결과를 얻는 것이다.

모 부서의 A과장은 시간관리를 철저히 해서 업무에 대한 일정관리와 자기관리에 대한 시간관리로 업무를 끌고 가는 형이고, 같은 부서의 B과장은 항상 업무에 허덕거리고 일에 대한 우선순위도 없고, 일에 대한 시작은 있으나 끝이 없고 그 누구보다도 바쁜데 일의 성과는 없는 형이다.

이 두 사람의 궁극적인 문제는 무엇일까?

두 가지 요소로 볼 수 있는데 첫 번째는 시간의 방해요소이자 저해요소를 찾아내어 제거를 하는 것이다. 이것을 찾아내는 데 시간이 걸린다면 다른 장애 요소로써 파레토의 법칙(80:20의 법칙)에 근거해 필요 없는 시간 중에 비중이 큰 80%를 없애는 것이 급선무일 것이다. 몇 년 전에 삼원정공회사도 '잡무 낭비 없애는 것이 초 관리의 핵심이다'라고 해서 시간관리의 초(秒)단위 관리로 대기업들이 벤치마킹을 했었고 이 회사는 그 이후에노 사럭 0,01%, 기이찾기운 동으로 역점을 두고 있다. 대기업에서는 시간관리에 역점을 두어 근무집중시간이란 풋말을 사용했던 기억도 있다. 지정이 되면 해당 관리자도 부르지 않고 전화도 대신 받아 주는 제도가 있었다. 해당 사원에 대한 근무 의욕을 높이는 제도가 있었다. 두 번째는 시간에 본질적인 미션을 정확히 습관화하는 것이 필요하다. 본질적 시간관리는 코비의 〈성공하는 사람들의 7가지 습관〉에서 보면 1세대는 메모와 리스트를 활용함으로 해야 할 일의 표시와 인식을 했고, 2세대는 스케줄 활용으로 일과 활동에 대한 미래관리를 했다. 3세대는 효율중심으로 목표설정과 우선순위와 단기중심으로 일을 하고 있고, 4세대는 삶의 질과 결과 중심으로 원칙과 양심과 존재와 균형추구와 중장기지향을 하는 특징을 가진다고 한다.

시간관리는 모두에서 얘기한 것처럼 개인에게 있어 자기관리의 일부이고 조직에서는 관리의 일부이고 리더에게는 개념에 대한 체계화 구체화되어 시간관리로 인간적인 면과 기계적인 면과 시스템적인 면이 내부요소를 우선화해서 결정체로 구성이 되면 외부적인 요소의 변화에 변동 없이 균형을 이루는 시간관리의 리더가 되길 바란다.

꿈은 자신감의 산출물로 표출해라

우리는 2004년 월드컵 4강 신화 때 '꿈은 현실로 이루어진다'는 많은 플래카드와 붉은 악마가 그려진 붉은색의 티에 역동하는 군중을 보았을 것이다. 월트 디즈니(Walter E. Disney)는 꿈의 실현은 결국 신념과 노력의 결과물인 것으로 나타냄을 보인 CEO였다. 1923년 단돈 40달러로 자신이 만든 애니메이션을 가지고 성공을 이끌어 냈다. 1928년 11월 세계 최초의 유성 애니메이션인 증기선 월리(Steam Boat Willie)의 주인공인 미키 마우스였다. 경이로운 아카데미상을 40년간 32번이나 수상하는 영예를 안았다. 작품의 주인공을 보면 미키 마우스, 구피, 도널드 덕, 피노키오, 덤보 등은 모두 시대와 공간을 초월하여 세계 모든 어린이들에게 만화 주인공이다.

창조의 말을 창조적 경영으로 이해를 만들어 보면 그의 말 중에 "꿈은 실현시키는 비결을 알고 있는 사람에게는 넘을 수 없는 장벽이 있다고는 결코 생각하지 않는다. 거기에는 'C'로 시작하는 네 개 단어가 있다. 호기심(Curiosity), 자신감 (Confidence), 용기(Courage), 불변성(Constancy)이다. 그 중에 가장 중요한 것은 자신감 즉 자기 자신을 믿는 것이다."라고 했다.

일전에 대기업인 삼성전자의 SDI의 김 사장이 토인비의 '위기는 기회다'라는 말을 인용해 "성공의 반은 위기에서 불러오고, 실패의 반은 자만에서 불러온다."라고 했다. 안전에서도 실패는 인적오류의 한 부분이고 사고로 연계가 되는 자극제의 원인 제공의 한 부분이다. 이러한 실패는 기업에서는 파산을 가져오고 안전에서는 사고로 이어짐을 볼 때 여러 사회적, 기업적 분위기를 감안하면 개인의 새로운 패러다임이 필요한 것이다,

창조적 경영을 이슈화하고 있는 상태에서 중요한 자극제이어야 한다고 본다. 요즈음 대기업에서는 새로운 동기부여와 생존경영과 적자생존의 시대에서 기존의 하드 방식에서 새로운 탈피를 하기 위한 소프트 방식을 이끌어 오기 위해 일의 방식과 일에 대한 접근 및 일의 질과 일에 대한 요소를 변화라는 물리적 힘을 가해 실질적인 결과물을 찾기 위한 상황적 추구인 것이다.

꿈은 노력과 신념의 산출물인 것이다. 그런 측면에서 볼 때 노력은 과거부터 지금까지 진행되었던 정신적인 것과 물리적인 것이 수반되어 이루고자 하는 열정적인 시간적 투자라 생각되어 진다. 신념은 확고한 미션과 목표와 비전을 염두에 두고 불굴의 의지를 바탕으로 지속적으로 꾸준히 잘된다는 의지로 진행하는 것이다. 노력은 육체적인 시간 투자의 결과물이고, 신념은 미래의 정신적인 진행의 과정물이다.

지수와 지표관리를 해야 목표가 보인다

숫자에 강한 습관을 길러라

일부 대기업에서는 GE의 잭월치의 식스 시그마의 중요성을 알고부터 부서가 생기고, 부서장들이 과제를 운영하고 시그마에 대한 교육 이수를 하게 하고, 벤치마킹에 열을 올리고 있다. 문제점을 시스템화하고 체계화하고 분석을 통하여 대책을 연속하기 위하여 정의(Define) - 측정(measure) - 분석(analysis) - 개선(improve) - 조절(contorl)의 방향으로 운영을 하고 업무를 담당하고 있다. 통계적 문제점에 대한 분석 방법으로 한 과제를 진행하다 보면 통계적 개념의 문제해결책을 식스 시그마로 문제의 해결책을 갖게 된다. 안전의 업무를 하게 되면 정성적 개념의 문제의 해결책도 중요하지만 정량적 해결책이 문제의 접근을 쉽게 가져갈 수 있는 방법을 찾게 된다. 유독 힘들어하는 업무가 환경안전의 업무에 대한 6시그마의 접근이다. 안전사고에 대한 대책이 원인미상이나 정성적 표현으로 일괄되어온 우리의 현실이 교육을 하고 훈련을 한다고 해서 쉽게 적용될 수 있는 사항은 아니다.

  우리나라의 인적자원은 세계적으로 높은 교육수준을 가지고 있어 그 어느 나라보다 교육으로 모든 문제를 대체하는 나라도 없을 것이다. 리더도 안전업무의 수준을 높이기 위해서는 정량적인 기초부터 아니 개념의 숫자로부터 도입이 되어야 한다.

우리나라 사람은 숫자에 대한 개념이 수학적 계산으로만 생각하는 학문용 숫자로만 생각하고 실용화를 위한 실용적 수학의 숫자는 미비한 부분이 없지 않다. 무엇을 구입할 때도 가지고 있는 돈을 기준으로 "얼마치 주세요."라기 보다는 구입하려는 양을 구체적으로 표현해서 "500그램 주세요."라고 얘기하는 것이 더 실용적이라고 본다. '안전관리를 잘한다.'라기보다는 재해율이 0.02라는 표현이 더 현실적이고, '공부를 잘한다.'라기 보다는 '전교 1000명에서 15등 한다.'라고 해서 상위 0.015%에 든다는 것이 숫자에 대한 개념이 되는 것이다. 이것이 여의치 않으면 작은 단위 및 큰 조직까지의 조직의 약속을 규범화해서 레벨하는 단계부터 적용해보자. 그러면 지금부터 보는 눈이 달라질 것이다.

고마츠 도시아키의 〈잘 나가는 상사는 정시에 퇴근한다〉라는 책에서도 '숫자를 근거로 제시하라'라는 명제를 두고 설명을 하고 있는데, 중간관리자인 상사는 한 부서의 리더로서의 얼굴과 회사의 경영에 관여하는 매니지먼트 팀의 일원으로서의 얼굴로 자신의 존재감을 어필하게 된다. 미래를 개척해 나가기 위해서는 담당부서의 실적을 올리고 숫자에 대한 상시 파악과 회사에 보고를 숫자로 제시함으로 대화를 하게 하고 질문에 즉각 대응 및 머리 속에 숫자의 개념을 넣어 두어야 한다.

A라는 부서장이 상사에게 보고시 숫자에 대한 질문을 받았을 때 정확한 대답으로 상사를 놀라게 하는 경우가 있다. "그 많은 관리 항목을 어떻게 다 기억하느냐?"고 물으면 "신경 써서 관리를 하고 있습니다."라고만 보고를 한다. 그러나 A부장은 나름대로 숫자에 대한 강한 기억 살리기 방법을 십수 년간 사용하고 있다. 그 방법은

운전을 하면서 내 차량 앞 차의 차량 번호가 네 자리인데 한 자리수씩을 더하는 방법으로 몇 개월간을 눈여겨보는 것이다. 다만 운전할 때는 곤란하다. 거기에 신경 쓰다 보면 사고를 유발할 수 있기 때문이다. 처음일 때는 교통신호에 따라 정차나 정지했을 때 차량의 숫자에 대한 더하기 방법으로 운영해야 한다. 조금 속도가 빨라지면 옆 차선의 지나가는 차량 번호도 쉽게 숫자의 덧셈이 된다. 아이들하고의 숫자놀이도 좋을 듯싶다. 안전의 숫자놀이에 안전의 사고는 주의를 요한다. 그 방법이 더해지면 십 단위로 두 자리씩 끊어서 더하기를 하는 방법과 빼는 방법을 활용해 보면 숫자에 대한 개념이 예전보다는 훨씬 수월해질 것이라 본다.

숫자의 개념은 어느 정도인가?

미래를 예측하기 위해서는 무엇보다 숫자에 밝아야 한다. 재미나게도 누구나 아는 숫자인데 어떤 사람에게는 중요한 판단의 기준이 되고, 어떤(혹은 대부분의) 사람에게는 그저 흘려듣는 이야기에 불과할 수 있다. 이공계 지원 경쟁률이 떨어진다는 것은 우리나라에서 이공계 출신으로 두각을 나타내는 것이 상대적으로 쉬워짐을 의미한다. 매해 배출되는 변호사 숫자가 늘어나고 있다는 것은 변호사로서 우리나라에서 먹고 사는 게 조금 힘들어 질 수 있다는 뜻이다.

ITT의 사장이었던 헤럴드 겐인(Harold Geneen)은 "숫자에 강해야 비즈니스에서 성공한다."고 했다. 비즈니스를 하는 사람에게 숫자는 더욱 중요하다. 주위에 널려 있는 숫자를 보고 미래를 정확히 예측해 내는 것이 필요하다. 어떻게 숫자를 관찰하고, 내재되어 있는 의미를 이해해야 위험을 피해 가며 성공의 길로 갈 수 있을까?

20%의 구성원이 전체 가치의 80%를 차지한다는 '파레토'의 법칙을 여지없이 뒤집어 놓는 '롱테일의 법칙'은 숫자의 힘과 함정을 나타내는 것이다. 수학의 근간은 숫자이고 수학의 발전은 과학의 발전을 이루는 근간이 되었고 가치를 인정받았다. 숫자의 발전은 성장발전의 밑바탕이 되었고 모든 계수화의 근간이 되었다. 안전에서도 수학만큼 숫자에 의존하는 학문은 없을 것이다.

　이제는 안전의 어떤 현상에서도 '질'의 성향을 반영치 않고 '양'의 개념만으로는 숫자의 힘을 발휘 할 수가 없게 됐다.

건강한 조직은 개인의 역량에서부터 출발한다

한 부서의 부서원들이나 조직원들은 직급에 따라 일을 하게 된다. 직무분석에 따라 혹은 부서의 일의 비중에 따라 업무의 다변화와 성과에 대한 업무 달성도를 극대화하기 위해 관계된 사람과 긴밀한 조직을 형성해서 달성하고 사소한 업무개선이라도 조직적인 역할분담을 하게 하자. 체계화가 되면 각자의 구성원에 대한 업무 역할이 정의되고 역할과 업무에 대한 시간과 속도가 성과를 발휘하게 된다. 수면이 높아지면 배가 높아진다.(각 사의 제품에 브랜드를 높이려고 하지 말고 전체 그룹의 이미지를 높여라.)

　고객의 입장에서 그룹의 이미지가 높아지면 제품에 대한 전체 울타리 측면에서 제품에 대한 부가가치가 높아져서 배가의 효과를 가져올 수 있다. 조직원에 대한 전체적인 측면보다 각자 개개인의 기능과 지식을 습득하여 업무의 브랜드가 결국 프로세스의 변화를 가져오고 다중화가 되면 전체적인 시프트의 업그레이드를 가져오게 된다.

　기업조직의 변화관리를 컨설팅 하는 패프릭 렌시오디는 〈탁월한

CEO가 되기 위한 4가지 원칙〉에서 건강한 조직을 만드는 원칙을 4 가지로 얘기했는데

첫째, '지도급 임원의 단결을 구축하고 유지'한다.
둘째, '조직의 성격을 명확히'한다.
셋째, '조직의 명확성에 대해 가능한 자주 의사소통'을 한다.
넷째, '인력시스템을 통해 조직의 명확성을 강화'한다.

라고 제시하고 있다.

건강한 조직을 체질화하기 위한 리더와 부서원들과의 중간 매개체는 전자에서 강조한 것처럼 조직의 성격과 성격의 명확성과 원활한 의사소통이 강한 조직의 원칙이라면 업무에 대한 신속, 대응, 결정, 수립, 기획의 기본은 인력의 정보구축을 겸비한 구성이라 보는 것이라 판단된다.

지표관리를 몸에 배게 하라

지표를 하게 되면 경향이 보이고 분석 및 예측이 가능하다. 직급에 대한 지표가 달라야 하고 계획도 직급에 따라 달라야 한다.

예를 들면 회사에서 안전에 대한 선택과 집중이 되어야 할 사항에 대하여 지표관리를 한다고 볼 때 임원이 보는 지표가 달라야 하고 부장이 보는 지표가 달라야 하고 과장과 대리 및 사원이 보는 지표가 달라야 한다. 계획도 임원이 연간 계획이라면 부장은 반기나 분기 및 월간 위주로 과장은 월간과 주간 위주로 대리 및 사원은 주간, 일일계획이 철저하게 분석, 실행이 되어야 한다고 본다. 임원의 일정에 따라 부장이 짜고 부장의 일정에 따라 과장이 짜고 과장의

일정에 대하여 대리 및 사원이 계획성 있게 일률적으로 업무처리를 해 나갈 수 있어야 한다.

어느 날 년 초가 되어 연간 안전 지표관리에 대한 회의를 하게 되었다. 참석자는 간부와 사원을 포함해서 수십여 명이 되었다. 자유토론을 하면서 지표에 대한 여러 가지 얘기를 하게 되었다. 의외로 지표관리의 중요성을 알면서 왜 해야 하는지, 어떻게 해야 하는지, 무엇을 해야 하는지, 어떤 방법으로 해야 하는지, 지표에 대한 역할분담에 대한 부분에 대하여 구성원들의 정확한 미션과 목적의식이 뚜렷하지 못하고 의견이 분분했다. 그만큼 중요성에 대하여 나름대로 고민을 해 보지 않고 구태의연하게 답습해 왔다는 것을 알 수가 있었다. 지표도 시간에 따라, 환경에 따라, 사람에 따라, 지역에 따라 많은 변경점과 변곡점을 가져오기 때문에 민감하게 반응해야 하는데 그것에 대한 둔감함을 보였던 것 같다.

아래 내용은 왜 해야 하는지를 질문 했을 때 이에 대한 구성원들의 대답이었다. 이 질문에 대한 답변은 직급이 낮은 사원부터 직급이 높은 간부에게까지 의견을 수렴한 것으로 사원부터 간부까지 포함되어 있는 사항에서 답변이 강구된 사항이다.

◼ **지표관리를 왜 해야 하는지에 대한 사항은?**
  ▪ 사전예측 ▪ 미래예측 ▪ 데이터 수집 / 분석
  ▪ 문제점 분석 ▪ 공유 / 공감 ▪ 파악 ▪ 방향제시
  ▪ 정량화 ▪ 재발방지 ▪ 경향 / 유형 ▪ 업무참고, 신속한 의사결정

◼ **어떤 방법으로?**
  수치화(Tool, System, Program, graph)

◼ **어떻게?**
  일일, 주간, 월간, 분기, 반기로 선정해 운영

◼ **무엇을?**

- 현장에서 못 찾고, 못 보는 부분 ■ 현장의 각 사업장, 제품별 단위 환경 안전의 비중 있는 큰 항목 ■ 인적오류 ■ 계절성, 민원성의 사항
- 문제가 확산 될 수 있는 사항
- 리스크에 대한 항목 ■ 사고에 대한 횡 전개의 현황
- 환경안전의 사고와 변경 / 변곡점 / 이상 발생점
- 교육에 대한 진행 ■ 특화된 위험요소에 대한 리스크의 중요도

개과불린(改過不吝: 잘못을 고치는 데는 조금도 인색하지 말라는 뜻)처럼 구성원들하고 공유되었으니 시작부터 해보자. 다만 쿼터니즘(Quarterism: quarter는 1 / 4을 의미하고 시간에서는 1시간의 1 / 4인 15분을 뜻하는 것으로 즉 어떤 한 가지에 15분 이상 집중하지 못하고 금세 싫증을 내는 형태를 나타내는 말)처럼 논리적인 사고가 부족하고 단순성과 획일성으로 지표를 본다면 발전성이 퇴화한다는 것을 분명히 알아야 한다.

지수와 수치에 강한 분위기를 만들어라

대기업이든 중소기업이든 안전의 업무를 지수화, 수치화해서 업무를 하는 것은 그만큼의 지수, 수치에 대한 시계열분석이나 사전적인 경향이나 향후에 대한 선행 일에 대하여 대응을 가능케 할 수 있는 것이다. 어떤 전략자료든지, 경영자료든지, 생산자료든지 수치에 대한 경향치는 항상 들어가게 되므로 흐름과 경향에 대하여 서로 간에 상호 공유하는 상황이 되는 것이다.

지수와 수치에 강한 의미를 가져야 하는 것은 전체를 보고 현재의 시점을 파악하는 매개체 역할의 일부일 것이다. 작은 의미로는 재해율이나 안전지수를 논하지 않고 대충 짐작으로 일상적인 사고로 관

리한다면 어림잡아 일한다고 할 수 있다. 관리자는 안전에 대한 모든 부분을 지수화, 수치화하고 중요한 부분은 성상에 따라, 리스크에 따라 분석하는 방법과 수단을 몸에 익혀 안전업무의 변화와 추이에 대하여 지속적인 부분이 필요할 것이다.

안전의 리더는 모든 안전의 사건과 사고의 문제해결의 중심선에 따라 움직이는 과정의 중심자가 아니고 문제에 대하여 과정과 운영 상의 문제점을 찾아 시스템화시켜 주거나 프로세스화시켜 주는 과정의 개혁가로 추진해야 한다. 지수와 수치를 논한다고 해서 수학적으로 접근하는 것은 아니지만 지수와 수치도 안전적인 의미의 기준을 주어야 한다고 본다.

목성 탐사선 개발자의 한 사람이었던 우주학자 칼세이건도 "우리 가 믿고 있는 진실 중 수학적 정의를 빼고 절대적인 것은 없다."고 말했을 만큼 수의 의미는 중요한 과학의 발전을 가져오게 되는 단계 였음을 부인해서는 안 될 것이다. 단순관리의 변경선을 넘어 변화와 추이에 대하여 좋든 나쁘든 쉽게 접하는 것이 아닌 업무의 핵심적인 부분과 경향에 대하여 선택과 집중으로 안전에 강한 분위기를 만들 어야 한다.

리더십의 지수를 몸에 배게 하라

지수를 만들어 사용하는 것은 정량적에서 정성적으로 만드는 것으로 현장경험과 업무에 직접적인 상황이든 간접적인 상황이든 간에 쉬운 것은 아니다. 모든 문제의 현황에서 지수로 관리하면 세부 관리가 되고 변화와 변경에 대한 관리의 역량과 변화의 역량을 다룰 수가 있다.

조셉 포크만(Joseph R. Folkman)의 〈피드백의 힘〉에서 "변화를 지속시키려면 새로운 체계나 구조를 갖추어야 할 때가 많다"라고 얘기한다. 어떠한 일의 업무나 환경이 변화를 하더라도 일에 대한 연속성과 지속성에 대한 변화된 관리가 필요하다고 느껴진다면 지수로 접근해 보는 것도 물리적인 변화량보다 훨씬 판단과 일에 대한 의사결정을 쉽게 할 수 있음을 알게 된다. 특히 한국인들은 대충과 빨리 빨리에 익숙해져 있어 숫자로 혹은 기호로 표식을 하고 관리 하는 것에 익숙해져 있는 사람이나 그 일에 없어서는 안 되는 직업과 일에 전문적인 사람이 아니면 쉽게 적응되는 것이 아니라 판단된다. 일에 있어 상사의 질문에 쉽게 숫자로 대답하는 것은 습관화나 정예화되어 있지 않으면 기대하기 어려운 경우와 같다. 예를 들어 상사가 "그래 김 과장 어제 지시한 안전에 대한 월 중점사항에 대하여 진행이 잘되고 있나?"라고 질문을 했다고 하자. 당신이 숫자에 대한 개념이 있다고 하면 "예. 50% 진행이 되었습니다." 혹은 "3분의 2정도가 진척이 되었습니다."라고 대답을 하겠지만 그렇지 못한 부하의 대답은 "잘되고 있습니다."혹은 "거의 되어 가고 있습니다."라고 얘기를 한다고 할 때 당신이 상사의 입장이라면 어느 부하직원의 대답이 지시사항에 대하여 진도를 알아볼 수 있는 척도가 되겠는가를 볼 때 전자의 대답이 훨씬 신뢰감을 갖게 될 것이다. 이처럼 지수의 개념은 안전리더로서 업무에 대하여 숫자의 인식의 공감대를 가지고 공유의 활용과 공유의 지속성을 점진적으로 습관화하도록 해야 한다.

당신의 안전리더십 지수는 얼마나 되는지 한번 YES, NO라는 대답으로 체크해보자.

- ■ 업무는 계획적으로 하고 실천하는가?
- ■ 나와 일하는 구성원들의 비전과 목표가 뚜렷한가?

- 안전업무에 경험과 이론을 겸비했는가?
- 조직에게 업무에 대하여 위임 및 신뢰를 하는가?
- 정기적으로 조직원의 직무분석에 대하여 스킬을 시키는가?
- 구성원이 업무에 대하여 자신감과 애착을 가지고 하는가?
- 수평적, 수직적 업무에 대하여 커뮤니케이션이 원활한가?
- 구성원 간에 학습조직 운영과 리스크의 안전관리를 사이클로 운영하는가?
- 문제발생 시 대응체계 운영과 근본적인 문제를 찾으려고 하는가?
- 구성원과 한 방향으로 가고 일의 과정 및 결과에 자부심을 갖는가?
- 성공과 실패 사례를 벤치마킹하고 꾸준한 변화와 창조를 이끌어 가는가?

안전리더의 관점에서 보면 9개 이상이면 안전의 리더로서 비전과 목표가 뚜렷한 유능한 리더십을 가졌다고 판단되며 6~8개는 준비된 미래추구형으로 생각되고 구성원들과의 조화 및 융화가 병행되면서 자발적인 안전리더십이 필요하며 3~5개는 준비가 부족한 리더십이라고 판단된다. 자기 스스로의 부족함을 아는 리더는 언제든지 보완할 수 있는 기회가 되면 채울 수 있을 것이라 믿는다. 채우자, 안전리더십의 핵심으로 성장하기를 긍정적으로 생각하고 펼쳐나가자. 긍정적인 리더십을 발휘하기 위해서 스티브 코빈 박사는 리더의 4가지 역할을 정의하는데, "모든 조직이 나아가야할 목표인 방향을 설정하고(Path finding), 한 방향으로 나갈 수 있는 시스템을 마련해 정렬하고(Aligning), 권한 위양을 통해(Empowerment) 리더가 모델이 되어야 한다(Modeling)."고 말하고 있다. 리더의 조건 중에 긍정적인 조건이 더한층 효율적인 시너지를 갖게 하고 지수를 높이는 계기가 될 것이다.

Safety View

●
●
●

6장

리더의 조건; 조직편

조직을 단단하게 하라

조직에 수시로 변화된 환경으로 의식화하자

어떤 심리학에서 사람에게 무엇을 격파하기 전에 소리를 지르게 하면 사람이 가지고 있는 잠재의식이 상당히 UP이 더 발산된다고 한다. 운동할 때 소리를 지른다든가 무엇인가 자신이 없을 때 소리를 지르게 한다든가 훈련을 받을 때 소리를 지르게 하는 것도 일종의 에너지 발산인 것이다.

A라는 리더는 3년간 아침 미팅 시 팀워크 안전구호를 하게 해 보았다. 처음에는 몰랐는데 소심하던 친구가 열린 마음이 되고 인간관계가 안 좋았던 친구가 많은 사우들과 관계도 호전되고 남 앞에 나서기를 꺼려했던 팀원이 상당히 적극적인 자세가 되었고 이밖에 업무에 대한 뚜렷한 목표의식과 자신감이 생기게 됨을 보았다. 선창과 하루하루의 팀 구호의 리더를 각자가 하니 리더라는 자신감을 갖고 적극성을 갖게 하는 분위기가 형성되었던 것이다. 구호의 내용을 보자.

- 우리는 무결점 운동(Zero Defect Movement)을 생활화 한다.

- 안전대책의 복기를 원칙으로 한 횡 전개를 추진한다.
- 실행 안전문화를 정착한다.
- 현장 중시의 선택과 집중을 한다.
- Plan-〉Do-〉Check-〉Action-〉Check를 진행한다.
- 사건, 사고, 이상발생, 변경발생, 불합리 발생은 정보경유를 실시간(On-Time)으로 한다.
- 사전예방은 환경안전의 본질이며 우리 업무의 핵심이다.
- 몸떼, 감, 대충을 버리고 시스템으로 정착한다.

상기의 주된 내용이 의식화된 행동의 집중화로 볼 때 구니도미 쓰요시가 쓴 〈앞서가는 리더의 행동학〉에서 리더를 4가지로 얘기하고 있다. 가치를 높여 주는 행동학-활력을 만들어 내는 행동학-인재를 육성하는 행동학-신뢰감을 구축하는 행동학으로 부하를 움직이게 하는 커뮤니케이션을 강조하고 있다. 국내외적인 동향에 맞게 주목해야 할 새 시대가 요구하는 리더로 해결점을 찾아야 함을 강조하면서 행동에 역점을 둔 것이 인상적이다. 안전에서의 행동은 큰 비중을 차지하고 사고 재발 시 원인에 대한 중요한 분류 요소이기 때문이다.

비전과 목표와 미션을 갖게 하라

업무에 대하여 작게는 실행을 높게 하기 위해서 크게는 장기적인 전력에 발맞춰 가기 위해 일일단위, 주간단위, 월간 단위, 격월단위, 분기단위, 반기단위, 년 단위의 시간 중심으로 작성이 필요하다. 자기에 대한 학습과 지식에 대한 투자 및 시간을 비례화시키면서 계획화에 대하여 자기 스스로의 머리 값을 올려야 지식사회와 경쟁사회의 현대사회에서 팀원들 각자 별도의 자격을 가지고 있다고 본다. 준현대인 즉 지식과 조직사회의 집합단계를 좀 더 수용하지 못하거나 자기만의 이익과 사회에 공헌하지 못하는 행동과 사고는 자기개발을 등한시하는 사람이라고 정의하고자 한다. 안전하는 사람의 기본정신은 학문적인 이론과 현장의 경험을 근간으로 발전적이고 미래 진취적인 생각과 행동으로 나아가는 성취인이야말로 조직과 사회가 필요로 하는 인재이고, 각자의 미래에 대한 청사진과 비전 목표를 위해 한 걸음 갈 수 있는 목표이고, 현재와 미래를 연결해 주는 미션이라고 볼 수 있다.

안전의 조직은 팀워크로 뭉치게 하라

리더에 따라 회사의 분위기와 조직의 역할이 확연히 달라질 수 있다. 어떤 일이 성공하면 리더가 수면 위에 떠오르고 조직원들은 숨은 공신들이 되는 것이다. 각자의 역할에 대한 리더의 역할이 중요한 키잡이가 되는 것이다. 조직의 규모도 달라지는데 그래프 형태로 보면 70년대에는 키 큰 타입이었고, 70~80년대에는 평형 타입이었고, 90년대에는 초점 타입으로 되어 있었다. 점점 조직의 규모가 단순형태의 역할에서 복합형태의 각개전투의 업무 다변화의 영역별로 조직화해서 이루어지고 있음을 알 수 있다. 안전의 조직도 3가지로 나눈다. 생산형인가, 스탭형인가, 지원용인가에 따라 이것들의 미션과 목표가 다르듯이 말이다.

조직은 인적오류에도 중요한 비중을 차지한다. 조직은 여러 가지의 모순점을 가지고 혼형이 되고 있다. 비효율적인 조직구조, 생산성이 없는 조직구조, 낮은 실행력의 조직구조라는 것으로 마지막에는 가장 먼저 조직을 탓하고 논하게 되어 있다. 결국은 작은 팀에서부터 크게는 조직팀까지 형태에서 좀 더 상위의 개념인 조직문화가 조직을 움직이게 되는 결정적 요소이다.

게리 닐슨과 브루스 패스터낵이 지은 〈창조적 DNA를 이식하라〉에서 보면 조직을 7가지유형으로 나누고 있다.

> 변화에 동의하지만 아무 것도 변하지 않는 순응저항형.
> 하나의 하나의 조화를 만들려고 하는 자유방임형.
> 성공신화는 이루었으나 새로운 시련에 당면하는 과다성장형.
> 중앙 최고 부서가 꼼꼼히 관리하는 과도관리형.
> 가까스로 성공해 나가는 민첩대응형.
> 한치의 오차도 없는 일사불란형.
> 만사에 능동적인 유연적응형.

안전리더로서 당신의 조직이나 팀워크는 어떤 분위기이고 어떤 생각을 가지고 형성되어 있는가 자문자답 해보자.

조직은 구성원의 필요충분조건을 구성하는 것이고 리더는 리더십의 기본, 사용조건의 환경을 만드는 것이다. 조직의 팀워크의 운영은 문제해결중심으로 팀을 최대한 유연하게 운영해야 한다. 문제 시 이해관계자들로 흩어지게 해서 각자의 일로 해결하게 하고, 뭉치게 해서 하나의 힘을 함축시키는 일을 하게 하는 것이 리더이다. 조직들의 팀워크에 대한 일의 전문성과 융합성을 결합시키는 주체가 리더이기 때문이다.

유효기간이 없는 미래: 조직부터 챙겨 보자

웨렌 베니스(Warren Bennis)외 2명이 저서 한 〈미래의 리더십: The Future of Leader ship〉에서도 유효기간이 없는 미래에 대하여 5개의 자문자답 형태를 가지고 있다.

첫째는 10년 전, 10년 후 엄청난 변화에 대하여 조직의 구성이 어떻게 될까? 할리우드식의 이산집합형일까 아니면 혼합형의 모델이 될까를 얘기하고 있다.

둘째는 새로운 리더는 어떤 모습일까? 10년 후 현재의 CEO들이 그 능력으로 발휘할까 아니면 현재의 40대 CEO들이 60대들이 하는 CEO만큼 능력을 발휘할까라는 것이다.

셋째는 구성원의 참여도가 높은 조직의 미래는 어떤 것일까? 사원들이 의사결정과 자율권으로 중요한 사안에 대하여 이사회의 모든 중요사항에 대하여 결정하게 되는 미국 항공사처럼 환경이 되지 않을까라는 의문점이 생기기도 한다.

넷째는 민주주의에서 능력의 우열에 어떻게 해야 하는가? 결국 민주주의의 딜레마는 재능의 불균형의 문제를 어떻게 다루어야 하는가 하는 것이다.

다섯째는 오늘날 우리에게 다가온 인구통계학적인 변화는 또한 어떠한가? 연령별, 능력별, 젊은이별, 노령자별 차별로 인한 직업에 대한 차별성과 사회인식에 대한 차별성과 환경에 대한 차별성이 문제가 되고 있는 부분이다.

여섯째는 우리는 조직변화의 이론을 가지고 있거나 그것을 필요로 하고 있는가? 이처럼 주도적 변화, 변화 경영의 도입과 지속적 변화에 대한 모델을 가지고 있다고 보면 된다.

이 같은 6가지 문제를 축약해 보면 미래에 대한 조직과 리더와 사람의 능력의 문제로 좁혀진다.

　조직의 변화에 대한 역할과 역량에 대하여 미래의 비전과 미션을 가지고 정확한 목표에 대한 끊임없는 도전의식을 주고 성취인의 특성을 가지게 한다. 인적자원의 시대, 인적자본의 시대는 리더십에 맞게 새로운 사고를 요구하고 있고 리더십은 개인 및 소수에게 있는 특성이 아니라 조직력 능력이 있는 리더가 되어야 한다. 안전의 리더 관점에서 보면 조직의 능력은 개개인의 능력을 단순 지시에서 다수 또는 멀티의 역할과 전문성인 학습의 능력의 깊이를 T형에서 H형으로 확대, 깊이를 더해가고 있다. H형으로 진행함으로 수평적 관계와 수직적 관계를 더 확대해 나가는 형태를 추구하고 있다고 보면 될 것이다.

　안전의 리더는 또한 개개인에 대한 직무분석을 통해 지속적인 향상과 자아성취를 갖게 하고 내 스스로의 작은 실천부터 시작할 수 있도록 계획표와 학습조직을 삼삼오오 움직이게 해야 한다. 예를 들면 1인 3지표 달성하기를 만들어 각자 개인의 교육과 잘할 수 있는 것과 부족한 것을 키우고 채우기와, 상반기 능력향상을 학습조직, 교육 세미나, 전문가 과정을 실시해서 경쟁력이 있는 조직을 갖게 하는 것도 리더의 팀원교육에 대한 덕목이다. 유효기간이 없는 미래도 겁낼 것 없다. 조직의 능력을 키우고, 실력을 키우고, 경쟁력을 키우고, 국제력을 키우고, 정보전달의 중요성을 인식하여 미래의 안전한 국을 만들어 보자.

팔레시보(Placebo) 효과는 조직문화의 기반이다

팔레시보 효과는 일종의 의약심리의 일종인데 투약형식에 따른 심리

효과를 뜻하는 것으로 위약효과의 일종인데 약 모양으로 만든 비스킷을 복통에 듣는 영약으로 알고 먹는 사람이 아픔이 없어지는 일이 발생하는 등의 효과를 말하는 것이다. 약의 실제적인 효과가 없어도 그 약을 먹으면 나을 것이라는 믿음 때문에 고통이 사라지는 것이다. 이런 의미에서 엄마 손의 치료효과는 과학적인 견지에서 여러 가지 근거가 있다. 흔히 아이들은 어른들이 무엇이든 할 수 있다고 믿는다. 자신을 늘 보호해 주는 할머니나 엄마는 아이들이 가장 믿는 대상이다. 아이들은 당연히 엄마가 고통을 없애 줄 수 있다고 굳게 믿고 배앓이를 멎게 하는 것이다. 안전의 팔레시보 효과도 보이지 않는 효과, 정량적으로 나타낼 수는 없지만 그 조직 안에서의 목표를 향한 안전의 무한한 끊임없는 업무의 실행은 실행의 안전문화와 조직문화의 기반이 되는 것이다.

안전의 틀을 짜라

안전의 틀은 기본에서 갖추어라

일반적으로나 일상적으로나 현재기준이나 미래기준에서 목적을 추진할 때 계획상의 걸림돌을 문제라고 보고 혹자는 목적을 두고 진행하는 데 방해가 되는 것을 문제라고 본다. 안전의 경우에 문제는 요인이 잠정적이거나, 만성적이거나, 돌발적인 상황에 대한 과거, 현재, 미래에 대한 전체적인 방해요소를 문제라고 정의할 수 있다. 안전은 과거를 근간으로 현재를 운영하고 현재를 근간으로 미래에 대한 선행적 역할을 수행하고 이에 대한 해결책 및 운영에 대하여 접근하고 있다.

해결하기 위한 일반적인 시퀀스는 문제, 원인파악, 대책으로 일괄되지만 사실은 원인파악을 광의적, 협의적인 관점과 인적, 물적 관점과 휴먼웨어, 하드웨어, 시스템웨어 등으로 볼 때 전혀 다른 대책이 될 수 있다는 것이다. 기초가 부실한데 현상만 가지고 움직이면 답이 나오질 않는다. 근본적인 원인에 접근해서 논해야 문제의 원초적인 사항까지 접할 수 있다.

문제의 발생 원인에 대하여 왜, 왜, 왜 분석도 필요하고, 요즈음 국내에서 식스 시그마, 종합생산성 운동(TPM), 도요타 생산 시스템 (TPS), 트리즈(TRIZ), 품질관리(QC) 등의 설비에 연관된 방법 등으로 여러 가지의 툴로 이용하는 방법도 필요해서 운영되고 있다. 안전관점에서는 원인과 현상 분석을 위해 사전점검의 분석방법이나 사후에 대한 대책을 위한 방법은 어떤 성상의 원인이냐는 판단에 따라 방법도 여러 가지로 달라질 수 있다고 판단된다.

공정안전관리(PSM: process safety management) 분석 등도 그 일례가 될 것이다. 기본은 초기의 상태에서 환경적인 상황에 대한 인프라적인 구축이 되어 있는 상태이고 기초는 초기의 상태에서 환경적인 상황과 시간적인 구축이 부족한 것이다. 기본은 모든 여건 중에 실제 이루려고 하는 것에 대한 부분집합의 개념이고 기초는 모든 여건 중에 실제 이루려고 하는 것에 대한 주관적, 객관적인 상황이 미비한 전체 집합의 여집합이라고 본다. 안전의 교육도 기본 교육이 필요하고, 안전의 업무도 기본에서부터 시작이 되고, 안전의 사고 사례도 기본이 결여되고 부족된 것부터 확인, 점검, 행동해야 한다. '남만큼 해서는 남 이상 될 수 없다'는 기본 철학을 가지고 사고(思考)와 행동을 철저히 일에 반영해야 한다. 안전의 기본 지키기에 충실하고 이론적인 부분이 내재되어야만 안전의 사고가 제거되고 예방될 수 있다. 안전의 현장 실무자에서부터 관리자까지 근본적인 문제에 대해서는 서로의 인식이 먼저 공유화되고, 대책에 대한 등급을 차별화해서 추진하는 방안이 장기적인 100% 보다 현재의 80%가 되어야 한다는 속도감을 갖추어야 한다. 다만 진척에 대한 80%, 100%에 대한 사항은 시간을 다투는 업종이나 의사결정을 신속히 해야 하는 일에 대해서는 상당히 중요한 부분으로 다루어지는 것이다. 먼저 직장에서의 속도, 의사결정은 업무에 있어 중요틀(main frame)이 되는 것이다.

기초부터 다듬어야 안전의 수준이 올라간다

보통 한국 사람이 말하는 경험은 두 가지 전제조건을 두고 얘기를 한다. 광의적인 경험은 하나는 육체적 경험이고, 다른 하나는 정신적 경험이다. 수단론으로 표현하면 직접적이거나 간접적인 것도 있고 방법으로는 매개체를 통해 혹은 사람을 통해 얻어지게 된다. 모두는 직접이나 손수 손과 발과 눈과 머리를 가지고 정신적 전달의 밑거름이 되는 것이다. 후자는 긴장과 스트레스와 초조와 불안과 공포와 불감증 등이 정신적 경험으로 겪는 것을 말한다. 어떤 일을 추진함에 있어 경험으로 해본 적이 있으면 전자의 부분은 쉽게 생각하고 후자에 대한 부분으로 해결책을 접한다.

안전의 상황은 모두와 후자의 복합적, 융합적인 부분이 발생함으로 대처함에 있어 의사전달에 대하여 공유 및 표현과 전달에 빠른 의미로 전달이 되고 있다. 적어도 경영전략이나 부서 발표나 제품에 대한 정확한 미션과 비전은 CEO, CFO, CTO, COO, CSO가 적어도 목표에 대한 정확한 큰 그림에 대한 의미의 단어 수집에 표현을 해 보는 것이 팀과 부서와 사업을 운영함에 있어 좀 더 바른길로 갈 수 있는 일체부동의 마음을 가지는 계기가 필요하다.

안전의 리더는 선 경험이 우선이 되지만 경험적인 상황에서의 대응적인 방면이고 실질적인 사항이 병행이 되려면 이론적인 부분에도 보는 눈과 관찰하는 눈이 선행되어야 한다. 의사결정의 시초는 확고한 현장의 경험과 결정자의 철학과 분위기에 선행조건으로 보아야 한다.

적어도 본인의 발표 자료는 본인이 직접 만들어라. 부하사원을 시키면 조루(내용전달이 안 되고 거창하게 현상만 얘기하고 만다.)현상의 원인이 된다. 그래서 몇 해 전에 대기업의 CEO를 하셨던 진 장관으로 교체되고 나서 그룹의 사장이었던 분위기를 살려 공무원에게도 국장급(사무관급이상) 이상은 직접 자료를 만들라고 지시했다는 내용도 우리는 접하고 있다. 자료 만드는 것도 훈련이다. 관리자들이 본인의 발표 자료를 본인이 직접 만들어 보아야 문제가 보이는 깊이를 알 수 있다.

우리의 현실은 그렇지 못한 것이 사실이다. 회사의 사장 결재에 대한 내용은 사원이 결재상신 한다는 것과 이런 가운데 부서의 현황 및 난제를 공유할 수가 있다. 공유가 안 되면 임원은 현장을 발로 뛰고 부서의 부하사원은 전략을 수립하는 불균형이 일어날 수 있다. 일전에 모 장관이 고위급 간부들에게 직접 ppt(power point: window 일종의 program)로 작성해 보고하라는 고정관념을 깨는 업무 방식의 변혁은 좋은 사례이다. 현장의 환경안전도 실무진에 의해 직접 작성되어 현장감을 반영하듯, 탑의 오너도 문제에 대한 해결책의 실마리를 수작업(hand-write)으로 시작해야 한다. 업무의 가치 비중은 효율적인 측면에서 충분한 검토가 전제가 되어야 현실적이라 본다.

모든 문제 해결의 시발점은 기초부터 진행이 된다. 인간관계도, 업무의 처음도, 사물의 완성을 위한 첫 단계도 이처럼 시작이 된다. 잘하기 위한, 기초부터 튼튼히 하기 위한 기본 사상은 열정을 가진 기본의 시발점이다. 기본을 잘 다듬어야 수준이 올라가는 경우는 모든 분야에 적용됨을 명심해야 한다.

당신의 가치를 개인에서 조직으로 업그레이드하라

척마틴(Chuck Martin)는 〈CEO의 조건〉이란 책에서 '회사가 추구하는 가치에 맞추라.', '보이지 않는 가치를 팔아라.', '도전을 받아들임으로써 가치를 더하라.'란 말을 하고 있다. 궁극적인 목적은 각자 개인의 집단 더 나아가 포괄적인 집단인 기업과 회사에서 추구하는 가치에 맞추는 것이 중요한 부분이다. 조직에 대한 개인의 가치를 병행하여 증가시키고 향상시키는 것이 된다면 자기만족이 커지게 된다는 것을 의미한다. 회사가 요구하는 진정한 가치는 정확히 인지하면 초점이 맞추어질 것이다.

안전의 리더들은 여러 환경의 요인들로 인해 많은 가치이동을 겪고 있다. 가치이동은 자기업무하고 연관된 것부터 회사가 추구하는 목표까지 수많은 요인들로 연결고리로 이루어지고 있다. 예를 들면 경쟁력, 판매력, 고객력, 대응력 등으로 눈으로 보여져야 한다는 것은 제대로 인식되어야 한다. 보이지 않는 부분도 중요한 가치이동의 변수이자 안전에서도 빠지거나 간과해서는 안 되는 부분인 것이다.

기업이나 기업의 어느 부서인가 자신들이 가치를 정확히 파악하고 있느냐 하는 것도 중요한 부분이다. 회사가 추구하는 가치는 'CEO의 조건'에서 10가지 방법을 이렇게 제시하고 있다. 수익과 결과 산출, 이윤, 커뮤니케이션, 경비, 창의적인 아이디어, 책임, 협조, 정보, 고객과의 시간으로 제시되고 있다. 제시된 단어 앞에는 보다 많은, 더욱 많은 수식어를 앞에 놓고 최상의 향상된 방향으로 가기 위한 목표일 것이다.

안전의 리더 측면에서 보면 가시화되는 것들이지만 결과를 내기 위해서 안전은 수면 아래의 일들이 벌어지고 있다. 현장의 안정적 유지, 변경점 및 이상점이 없어야 하고, 무재해 현장이어야 하고, 안전하고 만족한 현장이어야 하고, 현장의 구성원들이 명확한 역할을 수행하거나 숙지하고, 시스템이 운영되고, 지속적인 점검, 개선, 교육 등이 유형적·무형적 가치 동조에 맞추어지고 있는지 노력이 필요하다. 무형적 가치는 안전의 리더로서 보이지 않는 비즈니스와 일의 중요한 프로세스의 부분일 것이다. 무형적 가치를 가지기 위해 분명히 명심해야 하는 것들을 제시한다.

- 마음의 안정을 찾도록 해야 한다.
  현장의 작업자가 현장의 안전에 대하여 기준과 규정에 의하여 서비스를 받는다는 것을 확신해 주어야 하는 것이다.
- 미래 지향적이어야 한다.
  현장의 모든 프로세스가 어제는 과거, 현재는 시간과의 싸움, 미래는 완벽한 현장을 추구하는 신념에 찬 현장감으로 자신에 찬 움직임을 보여 줘야 한다.
- 역할이다.
  현장에 있는 작업자나 엔지니어나 기술부서나 각종 지원부서의 해야 할 일을 무를 자르듯이 명확하게 하는 것이다.
  가치들이 유한적으로 무한적으로 당신의 가치가 조직과 개인으로 향상됨으로 내부와 외부의 압력을 받더라도 가치에 우선을 두고 업사이징(Up Sizing)과 다운사이징(Down sizing)을 반복하여 성장하는 계기가 되는 것이라 본다.

작고, 적고, 사소하고 반복되는 것부터 기준을 잡아라

어느 일이든 세분화하다 보면 단발성이든, 연속성이든 분류하게 되지만 처리를 하다 보면 단발성의 문제는 조직원의 능력유무에 따라 처리를 하게 된다. 일의 처리는 조직이나 구성원의 처리방법에 따라 직접형, 간접형, 혼합형으로 분류를 해서 제시하고자 한다. 직접형은 자기가 주관이 되어 끌고 가는 타입으로 일을 하고, 간접형은 자기가 주관이 되는 것이 아니라 상대방이 주관이 되어 일을 하고, 혼합형은 자기와 상대방의 일을 합리적으로 구분하여 일을 처리한다. 이러한 세 가지 유형은 능력과 의사전달과 정보공유나 개인의 직무나 역할에 대하여 구분이 된 전제조건이 되어야 한다는 것이다.

일의 추진방법이 사람에 의해 해결을 했는지, 혹은 일의 내용이 단순성이라 판단되어 누구나 해결하는 일인지, 상대방에게 일을 전가해서 해야 할 일이라 손을 놓는 것인지에 대하여 처리중심으로 해결되곤 한다. 문제해결 중심이든, 업무의 수행 능력이든, 의사결정이 필요한 사항이든, 위기대응에 대한 기본 대응안을 작고, 적고, 사소한 것부터 기준을 가져야 된다고 본다.

서양 아이들과 동양 아이들의 그림을 보면 사고의 차이를 알 수 있다. 집을 그릴 때 서양 아이들은 반석을 그리고 기둥을 그리고 지붕을 그린다. 동양아이들은 지붕을 그리고 기둥을 그리고 바닥의 반석을 그린다. 그림이야 자유롭게 그리면 되는 것이지 무슨 방법과 절차가 있고 그림의 순서를 보느냐고 생각하겠지만 분명한 것은 순서의 유무에 따라 확인하면 생각의 차이는 결국 기준의 사상이 된다고 생각한다.

기준은 기초준수라고 보기 때문에 대상에 대한 문서의 기준, 사람에 대한 사상이나 생각의 기본, 업무의 진행의 기본이라고 본다. 문서의 기본은 지침과 안전백서나 지켜야 할 수칙은 적혀 있는 대로 시행하자는 것이고 지키자는 것이다. 작고, 크고, 사소한 것 또는 보이지 않는 것들조차 기본준수를 하자는 것이다. 사람에 대한 기본은 약삭빠른 사람은 건너뛰고, 익히 아는 사람은 요행으로 빠져 나가고, 관계없는 사람은 대상에서 제외되는 것이 아니고 누구나가 범용적으로 기본준수가 되어야 하고 기본에 충실하게 이행하기 위해서는 정서, 문화, 교육, 홍보, 수준, 선진화 등을 갖추어야 한다.

업무에 대한 기본은 작은 것부터, 사소한 것부터, 적은 것부터 시간이 걸리더라도 바르게, 충실하게, 규정대로 프로세스가 되어야 한다.

초등학교 시절부터 안전에 대한 부분은 교통안전에 대하여 기본에 충실하게 학교에서 운영한다고 보면 더 나아가 불안전한 상태와 불안전한 행동을 유발하는 가정의 안전과 놀이터의 안전, 학교시설의 안전을 기본을 정하고 철저한 수행의 프로세스가 필요하다고 본다. 필요하면 소규모 단위의 관공서에서 정기적인 안전교육을 정립시켜 나아가는 방향도 강구해야 된다. 더 나아가 관공서에서 지역단위로 어린이에 대한 각종 안전에 대하여 교육이나 세미나를 활성화해서 동민, 구민, 시민들로 교육에 대한 실천중심의 지식과 지혜를 주지시키고 알게 함으로 자국민의 안전의식을 높여 나가야 한다.

　　이런 문화가 정착되면 유아 및 아동이 성정해서 청소년과 장년과 성인이 되어서도 안전의 복지국가를 위해 하루아침에 안전사고가 밀려오는 불안전한 사회에 통념적으로 묻혀 사는 것이 아닌 더불어 사는 사회의 구성원임을 자부심으로 느껴 나가는 계기가 되리라 믿는다.

3개의 눈이 사고(事故)를 건너는 방법이다

어느 작가가 〈사막을 건너는 방법〉에 대하여 저술한 내용을 보면 '사막에 자동차 바퀴가 빠지면 시동을 반복함으로 문제는 더 심오하게 될 것이고, 이와 같은 방법으로 해결키 어려워 다만 바퀴에서 공기를 빼면 해결은 된다.'고 한다. 인생을 약간의 공기를 뺀 것처럼 살라고 제시하고 있다.

　　안전과 관련해 눈으로 사고를 건너는 방법을 공유하고자 한다. 사람의 신체적인 눈은 점검 시 눈으로 보기 위한 기본적인 눈, 관념과 타성적인 눈에서 탈피한 상태에서 보는 관찰의 눈, 또 다른 각도의 눈은 생각의 눈으로 보자는 것이다. 충실하게 보면 의외로 문제의 해결책을 준다는 생각이 든다. 안전의 눈은 기본적인 눈에서 업그레이드해서 관찰하는 눈으로 보자는 것이고 한 차원 높게 보면 생각의 눈으로 보는 것이다. 보는 관점의 깊이를 더해가는 방법을 논하는 것으로 이 얘기는 어떤 수준으로 생각과 사고(思考)로 보느냐가 중요한 의미를 가지고 있다.

　이솝우화에도 손과 발과 위(胃)에 대한 이야기가 있다. 손과 발이 위에게 "우리가 힘들여 구해오는데 너 혼자 그것들을 다 차지하면 곤란해 어떻게 하니? 우리가 이렇게 고생을 하는데 너는 가만히 앉아서 우리가 주는 것을 먹으면서 놀고먹기만 하는구나."라고 구박을 하고 모른척함으로 위는 먹을 수가 없어 도와 달라고 사정하지만 손과 발은 번번이 거절하고 거듭되는 행동에 위는 열기가 시그러지면서 목이 말라 타들어가고 정신이 몽롱해졌다. 손은 몸 전체가 죽어가고 있었으며 자기도 죽어가고 있다는 걸 알았고 먹거나 마실 수가 없었다. 결국은 손과 입과 위가 함께 죽어가고 있다는 것을 알게 하는 메시지를 주고 있다. 어느 하나만 중요한 것이 아니고 전체가 각자의 위치에서 역할과 역량을 발휘하고 자기수준의 업무의 질을 높이는 것이 직무에 대한 향상과 조직 개개인이 글로벌한 지식의 추구와 적응의 확산을 추구해야 본다.

　개인의 힘으로 처리능력을 배가시킬 수도 있지만 현재 사회는 팀원과 머리를 맞대고 해결책을 강구해야 하는 안전사항이 강조되고 있다. 여러 사람의 이야기가 반영된 사항이라면 다소 관점이 다를 수 있지만 짜깁기를 해보면 맞는 이야기가 될 수도 있다는 것이다. 안전의 해결방법은 많은 다목(多目)을 가지고 보아야 한다는 것을 보여 주는 단편인 것이다.

대인관계는 항상 긍정적으로 해라

대인관계를 스마일 파워로 해라

안전과 환경과 보건을 일반 기업체에서의 일반적인 업무로 진행하고 일의 특성과 성격에 따라 위험기계 및 설비와 각종 인증과 자격 조건과 교육으로 진행하나, 인적사고에 관련된 항목들은 기업의 제조 특성상 비중이 점점 높아지는 현장도 있다. 환경부분은 각종 대기오염과 수질오염과 토질오염을 다루고 있고, 보건은 현장에서의 작업자의 각종 근골격계 및 피부, 시력, 배기, 작업 환경과 관련된 조도, 소음, 동선, 물류 등이 업무 특성과 각종 임산부의 작업 조건 등이 있다.

요인들의 복잡한 사항들이 문제가 되면 관련부서 간 관공서나 유사한 해결책을 가지고 있는 업종들 간에 실마리를 풀기 위한 조건의 첫 번째 해결 디딤돌이 대인관계이다. 풀기 위한 충분한 의견교환이 실마리의 해결책이 인간관계로 이어진다.

안전은 어떠한 결과에 대한 부분들이 사고와 연관되어 있고 재발 방지에 대한 물적, 인적 요소를 잠재요소로 가지고 있어 인간관계만큼 중요한 것은 없다. 그래서 유럽에서는 상대방 의복과 주변의 좋은 기운을 잡아당긴다는 뜻의 '스마일 파워'라는 말이 있다. 하루 3분간 유쾌하게 웃는 것은 10분간 보트의 노를 젓는 운동을 한 것과 같은 효과를 낸다고 한다. 20초 동안 크게 소리 내어 웃으면 5분간의 에어로빅과 마찬가지의 효과를 낸다고 한다. 대인관계에 있어 인맥관리는 진실한 마음이 전제조건이 되어야 하고 유혹의 기술이 있어야 하는 것처럼 안전에서도 어떤 문제해결을 하기 위해서는 우선 인간관계가 우선적인 것이다. 빌 게이츠에게는 스티브 발리머가 필요한 것이나 혼다의 혼다 소이치로는 후지사와 다카오가 정말 필요한 것처럼 말이다. 안전에서의 인간관계는 모든 사람의 대인관계의 인맥성을 어떻게 진행하고 있느냐에 따라 좌우됨을 알게 된다. 사실 인맥관리는 본질적인 부분으로 보면 대인관계는 기본적인 사항일 것이라 생각된다.

미국의 긍정심리학으로 유명한 도널드 클리프턴(Donald Clifton)은 마법의 비율로 긍정적 상호작용과 부정적 상호작용을 5:1로 강조하고 있는데 긍정적인 것과 부정적인 것의 비율이 3:1 이상이면 상호 간에 성공적인 확률이 훨씬 높아진다는 결과를 발표한 적이 있다. 긍정적인 것을 기반으로 대인관계를 병합시키고 사람과의 관계인 인간관계를 구축하면 그 무엇보다 성공의 비율을 높이는 결과가 될 것이다. 자신과 타인과의 상호작용을 극대화하는 부분이 이 부분이 될 것이다.

문턱 없이 팀원들의 말을 경청하라

일전에 A라는 부서장은 팀원들이 무슨 생각을 가지고 있는지를 확인하기 위해 팀원들을 3개 그룹으로 정해 놓고 행동과 의식과 지식에 대한 앙케트 조사를 했다. 특히 트레버 월독, 셰너즈 켈리 라왓의 〈리더가 넘어야 할 18개의 산〉이라는 책을 읽고 난 이후였다. 아래에서 제시한 것처럼 내용의 머리글만 보더라도 팀원들의 사고에 대한 생각이 궁금하지 않겠는가. 그래서 조사를 해보기로 했다. 18개의 산을 넘기 위한 인간행동의 처신과 목표를 향한 팀원들의 정신적인 의식과 생각과 삶에 대한 자기극복이 리더로서 내면에 심어져 있었으면 하는 바람에서 조사를 했다.

- 능동적이 되어라 / 영향력을 행사하라 / 현실적이 되라
- 비전을 가지라 / 전략을 세우라 / 지혜로운 사람이 되라
- 통찰력을 기르라 / 자신감을 기르라 / 내면의 방향을 설정하라
- 더 높은 곳을 오르기 / 리더십 혼란 이겨내기
- 긴장에서 벗어나라 / 경력의 전환 / 고독을 이겨라
- 성격을 이해하라 / 병적행동을 관리하라 / 불확실성을 이겨내라 / 일과 삶의 균형 잡기

전체 30명을 대상으로 10명 단위 1개조로 나뉘어서 A4지에 설문케 했다. 문제는 부서원들이 자기발전을 위해 어떤 생각을 가지고 있으며 업무에 대하여 안전에 회자정리가 되고 있는 것과 현재의 업무 분위기와 인적요인에 대한 자기행동에 무슨 내용이 필요한 것인지 그리고 우리가 목표까지 달성하려면 어떤 사고를 가지고 있어야 하는지 물어 보는 것이었다.

간부, 대리와 사원은 무슨 생각을 하고 있는지 단어들을 쓰게 했다. 간부들이 작성한 단어들의 표현을 보고 현재 업무흐름에 대한 생각을 읽을 수가 있었다. 간부들은 박식, 목표, 비전, 믿음, 방향, 경영달성, 자신감, 계획, 확신, 지식, 신념, 방향, 시스템, 불확신성, 전략, 우선순위, 동료애, 인프라, 20:80, 사고(思考), 혁신, 창의성,

효율화, 실적, 분석, 대응력, 실행력이 대부분의 단어들이었다. 대리들은 효율화, 일정, 목표, 공유, 계획, 노력, 납기, 사랑, 선택과 집중, 배려, 학습, 아이디어, 공유, 시너지, 시스템, 확신, 대화, 정보, 납기, 동료애, 점검, 품생품사(쀵生쀵事), 무결점, 자기역량 등이었다. 사원들은 교육, 지식, 행동, 목표, 계획, 자신감, 비전, 믿음, 대화, 단합, 동료애, 분위기, win-win, 수치화, 지수화, 안전관리, 기준, 표준, 역할, 미팅, 점검, 기준, 납기, 활동, 개선 등이었다

세 개의 분류가 되어 표현한 단어들이었는데 간부들은 일에 대한 'HOW'에 대하여 많은 부분이 필요하다는 것을 느꼈고, 대리들은 'WHAT'무엇을 할 것인가에 대한 고민을 하고 있음을 알게 되었다. 사원들은 'WHO'에 대한 선입관을 먼저 개성에 초점을 맞추기보다는 타 부서 간의 대인관계 및 자기 자신과의 조율과 상호작용에 대하여 사원들 간의 마음을 열고 경쟁 가운데 일이 진행되도록 신경을 쓰고 있음을 알게 되었다.

말 한마디의 중요성은 경청의 매개체이다

말 한마디의 중요성은 정보공유의 매개체의 일부분이다. 요즈음은 인터넷이나 모바일 폰이나 PDA 등을 의사소통의 수단으로 사용하지만 안전 업무의 중요성은 해당 조직원 간의 공유차원의 언어 전달이 중요한 부분을 차지할 수 있는 사항이 된다. 어느 일간지의 시사평론에 홍길동과 모바일의 공통점에 대하여 '동에 번쩍, 서에 번쩍'이라고 얘기한 것을 본적이 있다. 이 얘기의 궁극적인 것은 우리 세대가 모바일 세대에 사는 것을 지칭하는 것인데 답을 하나 더 제시하라면 언어 즉 말이라고 하고 싶다.

사람의 전달방법은 말과 억양과 행동이 있는데 우리가 사용하는 말은 의사소통의 7%에 불과하고, 어조와 억양과 음성이 38%이고, 비언어적인 것이 55%인데 행동에 의해 이루어진다고 한다. 안전의 리더는 행동에 대한 표현을 자주하고, 조직들에게 전적으로 립-서비스를 하라고 강조하고 싶다. 미소도 보내고, 어깨도 쳐주고, 조직원들이 보는 앞에서 박수도 보내고, 악수도 해주고, 기도 살려 주고, 관심도 가져 주고, 비공식적인 면담을 통해 내 시간을 소비해서 팀원을 위한 시간희생을 해보자. 결국 말의 전달인 정보와 공감과 행동의 흐름을 익혀 가는 부분인 것이다.

예를 들면 화장실에 들어갔는데 휴지가 없다면 어떻게 처리 하겠는가라는 질문에 대한 대답은 성격에 따라 처리하는 방법이 다를 것이다. 그 상황을 상상해보면 어떤 이는 화장실에 사용자가 없을 때까지 기다렸다가 그냥 나와서 휴지가 있는 화장실로 옮겨서 처리를 하거나 아니면 손수건을 이용하거나 인도 사람처럼 왼손가락으로 처리하거나 아니면 몸에 지닌 아무 휴지를 이용해 용무를 처리할 것이다. 생각의 차이가 쉬운 해결책을 가져 올 수 있다. 칸막이 옆을 쳐서 "죄송하지만 휴지 좀 밑으로 전해 주실 수 있으세요?"라고 양해를 구할 수도 있다.

우리 국민은 남하고 얘기하는 것을 꺼려하는 국민으로 이런 사항을 헤쳐 갈 수 있는 사람은 요즈음의 젊은 세대가 아니겠는가. 미국 하버드대의 기숙사 화장실은 칸막이 설치 없이 좌변기만 4-6개가 일렬로 쭉 설치되어 있다고 한다. 성에 대한 예방책으로 운영한다고 하지만 국민성과도 연관성이 있지 않나 생각한다. 태도에 대한 부분으로 연관시켜 보면 에릭 뱀(Eric Beme)의 4가지 유형의 교류이론 중에 자기긍정의 'I'm ok.'와 타인긍정의 'You're ok.'가 서로가 기장 풀어 가기 위한 긍정적인 대응에 대한 말의 중요성이 최선의 방법일 것이다.

우리도 업무 추진에 있어 안전관련 작업사항이 있으면 필히 표식을 하고 의사전달을 하고 안전의식이 고취화된 서로의 의사소통으로 인간애를 근간으로 이루어지면 상호 극대화가 결국 상호존중의 도달점이 될 것이다.

트라이앵글(삼각형)로 A-C-T를 구축해라

리더에게 있어 품성과 대인관계를 일 지향적이나 성과 지향적이나 미래 지향적으로 추구한다면 이 조건의 의미는 분명 빠져서는 안 되는 중요한 요소이자 정립이 되어 있어야 하는 핵심 부분이다. 어느 회사든지 신년호에 성과를 이룬 리더에 대한 얘기로 페이지를 장식하는 것처럼 부분 중에 빠지지 않는 부분이 리더의 품성과 대인관계에 대한 일의 성과에 대한 현재와 미래의 스킬이다. 조직을 움직이다 보면 리더마다의 특성이 있다. 어느 팀의 리더는 "나(me) 중심에서 거울을 보니 우리(we)가 되어 우리를 위한 조직 중심으로 팀을 이끌어 간다."라는 말을 남기고, 어느 연구소 리더는 "우리 조직은 찰흙이다. 어느 장소, 어느 기술이라도 생산에 적용하기 위해 조직의 적응력을 가지고 있다."라고 얘기하고 있다.

리더십 연구가인 워렌 베니스는 리더십의 행동을 '전인격성(Integrity)'이라고도 하며, 허먼 밀러의 CEO이자 리더십 글을 자주 쓰는 맥스 디 프리는 "리더십과 개인의 품성은 같다."라고 얘기하고 있다. 짐쿠제스와 베리 포스너는 〈신뢰성〉이란 책에서 '개인의 신뢰성이 모든 리더십의 근간'이라고 하고 있다. 하존 젠거와 조셉 포크만은 리더십의 행동에 대하여 텐트에 비유를 하고 있는데 그 중에 5개의 폴대를 성과 집중력과 개인적 능력과 대인스킬과 조직변화와 품성으로 설명을 하고 있다. 어디 리더십의 행동이 5개만 중요하겠는가? 개인적으로 생각 할 때는 수많은 중요 요소가 있을 것이다. 다만 중요도에 따라, 신뢰도에 따라, 일의 성질과 심각성에 따라, 조직의 역할과 운영에 따라 요소에 대한 우선순위와 중요 비율이 달라질 수 있을 것이다.

나는 이 주제에서 트라이앵글은 리더의 품성과 대인관계와 기술을 말하는 것으로 판단되어 연계된 3가지를 강조하고자 한다. 행동(Action)－의식(Consciousness)－생각(Thinking)을 구축하라 강조한다. A－C－T라고 하면 확장전개해서 태도(Attitude)－창조(Creation)－기술(Technology)이 되고 이것을 A′－C′－T′라고 하면 또 확장하면 인식(Acknowledge)－변화(Change)－훈련(Training)이 되어 A″－C″－T″가 된다. 확산되면 주의(Attention)와 집중(Concentration)과 일(Task) 등으로 확산되면 A‴－C‴－T‴일 것이다. 확산의 중요 축을 갖게 된다는 인식이 되면 리더는 다른 사람과 차별화가 될 것이다.

그러면 이러한 것이 왜 중요할까를 보자.

A 시리즈는 모두에서 행동과 태도와 인식으로 표현을 했다. 리더는 특히 안전에서는 현장중심의 일이 되어야 하고, 현장에 대하여 전문적인 부분에 대한 의사결정이 확실한 태도와 의사결정이 있어야 하고 조직과 구성원에 대하여 일에 대한 당위성과 필요성과 추진성에 대하여 분명한 인식을 가져야 하는 부분이다.

C 시리즈는 리더에게 있어 의식과 창조와 변화에 대하여 언급을 한 사항으로 리더에게 리더십은 필요조건이지 충분조건은 아니지만 의식은 필요조건이자 충분조건이 되어야 한다. 창조는 최근에 중요성이 중요하게 대두되고 있는 만큼 기존의 틀에서 벗어나서 앞면만 쳐다보는 사고에서 이면과 뒷면을 바라보고 새로운 패러다임을 찾아내어 성과를 내고, 조직과 구성원들의 업무 변혁을 가져오는 부분은 절대적인 우위요소인 것이다. 변화 또한 어떤 위기대응과 상황에서

도 기본 틀에 대한 움직임이 변화 없이 대응체제의 연속성을 갖추고, 리더로서의 명확한 추진력이 적용되는 것을 말한다. 그 사례로 2001년 9월11일 세계 무역센터 테러 사건 직후 사태수습을 총지휘했던 루돌프 줄리아니 뉴욕시장은 실제적이면서도 침착하고 결단력 있는 행동으로 난국에 대처함으로써 시민과 언론으로부터 매우 넓은 찬사를 받은 것은 우리가 익히 아는 바다. 2007년 9월 20일 ○○전자 반도체의 창업 이래 변압기의 문제로 40분 이상 정전이 되었을 때도 위기대응과 현장의 정전관련 상황대응으로 현장의 문제없이 신속하게 대응 한 것도 좋은 사례이다.

  T 시리즈는 리더에게 있어 생각과 기술과 훈련과 일을 언급한 사항은 안전에 있어 리더의 생각과 기술과 훈련과 일은 특히 문제해결의 중요한 키워드이고 해결중심의 중요한 수단과 방법과 목적의 매개체이다. 리더의 생각은 일에 생각의 속도와 탄생을 반전시키기도 하고, 가속화시키는 데 중요한 행동의 기반이 되기도 한다. 기술은 안전리더로서 일에 있어 근본적인 모색과 기틀에 있어 전반적인 틀에 접근하기 용이하게 만드는 방법이다. A－C－T를 중요한 확산작용으로 염두에 두고, 텐트와 중심폴(Pole)의 형태로 비유해서 크기를 키워 용량의 형태를 갖추고, 구축되기를 바라는 마음이다. 훈련은 개인적으로 '콩나물 시루에 물 붓기'처럼 지속적으로 역할과 역량을 강화하는 데 주안점을 가져야 한다. 형식적이 아닌 목적을 뚜렷이 가지고 실제의 상황을 가식화해서 훈련을 하는 것이 어떤 현상으로 발생하는 충분한 훈련이 특화가 되어야 한다. 자연재해인 태풍과 풍수해이든, 지진이든, 화재이든, 황사이든, 정전이든, 비상사태이든 예외일수 없다. 해당되는 어떤 상황에도 준비를 해야 한다. 공장에서, 사무실에서, 중소기업에서, 학교에서, 해양에서, 공공장소에서 특화된 사항을 계획화하여 실천토록 실전화하도록 하다.

가이드라인(GUIDER LINE)문제가 없게 해라

웃음학과 안전학은 비례한다

모 일간지에 보면 웃음이 명약이라는 말을 과학적으로 증명하려는 노력이 일본에서도 한창 진행 중이다. 일본 국제과학재단의 무라카미 카즈오(村上和雄) 이사 겸 주석연구원은 연예프로덕션 회사인 요시모토 쿄고(吉本興業)와 손잡고 연구에 들어가 상당한 성과를 거둔 것으로 알려지고 있다. 재단의 바이오 연구 소장 직을 맡고 있는 무라카미 이사는 유전자는 바뀌지 않는다는 것이 통설이지만 사실은 90% 이상이 수면 상태에서는 단백질 생산에 소극적인 것으로 보인다면서 이것을 자극하면 정상적인 기능을 회복할 수 있다고 주장하고 있다. 무라카미 이사는 3년 전 당뇨병 환자들에게 지루한 강의를 듣게 한 후 요시모토 쿄고 소속의 일류 코미디언들의 쇼를 보도록 하고 몸 안에서 진행되는 변화를 확인했다. 이틀간 진행된 실험에서 당뇨병 진행의 중요한 바로미터가 되는 혈당수치가 쇼를 보면서 마음껏 웃고 난 후에 현저하게 낮아진 사실을 확인했다. 최근에는 웃고 난 후에 최소한 23개의 유전자가 활성화되며 그 중에서 18개는 면역반응, 몸 안에서 신호변환, 세포 주기 등과 연관이 있는 것을 확인했으며 기타 5개의 기능은 아직 연구 중이다.

　미국에서는 웃음은 병균을 막는 항체인 '인터페론 감마'의 분비를 증가시켜 바이러스에 대한 저항력을 키워 주며 세포 조직의 증식에 도움을 주는 것으로 밝혀졌다. 이는 사람이 웃을 때 통증을 진정시키는 '엔돌핀'이라는 호르몬이 분비되기 때문이다. 18년간 웃음의 의학적 효과를 연구해 온 미국의 리버트 박사는 웃는 사람에게서 피를 뽑아 분석해 보면 암을 일으키는 세포를 공격하는 '킬러 세포 (killer cell)'가 많이 생성돼 있음을 알 수 있다고 밝혔다. 무라카미 소장은 "웃음 치료는 부작용이 없다는 획기적인 장점이 있다. 앞으로 '코미디 비디오를 한 편 보라'는 처방이 더 이상 농담이 아닐 날이 올 것이다."고 장담했다. 일본 정부도 의료비가 엄청나게 증가하고 있는 상황에서 웃음치료가 과학적으로 증명되어 임상에 사용되면 예산 절감에 크게 기여할 것으로 기대하고 있다. 오사카산업대학은 정부의 재정 지원을 바탕으로 지난 2004년 연구자, 일반회사, 의사들이 참여하는 벤처회사를 설립하고 육체적 치료와 병행하여 웃음 치료를 제공하는 프로그램을 마련했다. 이 프로그램에 참여하는 주민들은 의료진단을 받은 후 운동과 함께 일류 연예인들의 코미디 관람 처방을 받는 데 92명의 참가자는 연간 의료비가 30%나 줄었다고 보고 했다. 웃음은 심장을 튼튼하게 한다. 웃음은 스트레스와 분노, 긴장을 완화해 심장마비 같은 돌연사도 예방해 준다. 한번 웃음이 암을 물리친 사례를 보면 크리스틴은 마흔 살에 유방암 진단을 받았다. 어머니도 유방암으로 사망했기 때문에 절망과 두려움 속에서 수술을 받았다. 수술을 받은 지 4주일이 되던 날 그는 한밤중에 일어나 새로운 사실을 깨달았다. 낮에 찾아온 친구와 실컷 웃은 덕에 몸과 마음이 편안해진 것이다. 수술 뒤 이웃들이 따뜻하게 대해 줬지만 크리스틴은 웃어 본 적이 없었다. 그 때부터 그는 웃음과 유머로 암을 이겨내기로 했다. 그녀는 머리카락이 빠져나가는 화학요법과 살에 물집이 생기는 방사선요법을 웃음으로 견뎌 내고 암을 물리쳤다.

이처럼 안전 중에서 한국소비자보호원의 자료를 위해 정보보고 기관을 정해 병원, 소방서, 보건소, 학교, 경찰서, 소비자 단체의 140여 곳에서 수집을 해서 자료를 분석하는데 시설물에 관련된 정보가 가장 많고, 농기계, 차량 및 승용물, 식품, 의약. 화학. 위생제품 관련 정보가 수집되고 특히 어린이용 장난감, 놀이기구 관련 정보도 거의 10%에 육박하고 있다. 결국은 위해 요소 부분에 대한 건의 및 불량 부분이 많다는 것을 의미한다.

가정 안전에 대한 원인을 분석해 보면 너무 많은 취약점이 보이고 있고 부모와 자식 간, 할아버지와 할머니와 손자와 손녀 간의 정보에 대한 공유가 이루어지지 않고 있다. 문제와 불합리한 부분에 대한 가족의 공유로 설명 및 인지가 되어야 하나 그렇지 못하고 있고 가정에서의 사용빈도에 따라 위험성에 대한 대안 및 대응조치가 되어야 하나 고작 산업안전공단에서의 보육교사 교육 및 초등학교 선생님의 안전교육은 실효성 측면에서 많이 떨어진다고 본다. 아이들의 안전사고 부분 중에 활동지역에 대한 주의력과 집중력을 강화해서 학교생활과 가정생활에서의 가이드라인을 구축하는 것에 가정과 학교와 관공서가 우선순위를 두어야 할 것이다.

조기검진 가이드라인으로 건강을 구축하라

한국인외 조기 검진에 대하여 자료를 보다가 안전을 운영관리 하는 리더가 외부적인 요소인 환경과 기업에만 초점을 맞출 것이 아니라 내부적인 요소인 개인의 건강에 대한 부분도 중요하리라 판단되어 언급을 하기로 한다.

　대한암학회는 지난해 6월을 '암의 달'로 선포하는 것에 맞춰 위암, 간암, 대장암, 유방암, 자궁경부암, 폐암, 전립선 암 등 우리나라 사람들에게 흔한 7대 암의 조기검진 가이드라인을 제정, 발표했다. 보통 가이드라인은 중요함을 강조하고 기준성 맞춰 시행하길 원할 때 제정하고 수립을 한다. 가이드라인 제정에는 관련 위암, 대장항문, 유방암, 부인종양, 비뇨기종양 학회와, 국립암센터, 보건복지부, 대한간호학회 등이 공동 참여했다고 한다. 지난해 보건복지부와 국립암센터 등이 발표한 5대 암 조기검진 가이드라인에 최근 급증하고 있는 폐암과 전립선암 등 2개 암을 추가했다는 것은 건강에 대한 위해인자가 건강에 노출되어 암으로 양상을 띠게 됨으로 인하여 많은 암의 성상들이 신체적인 파괴 현상을 가져온다.

　가이드라인은 지속적인 리뷰를 하고 국민건강을 위해 지속적인 홍보 및 교육과 실생활에 적용하기 위해 업그레이드가 필요하다. 이것은 건강을 유지하고 조기에 사전검진을 철저히 하고 위해가 되는 신체적인 여러 가지 요소들을 절제하고 삼가는 것이 필요하다.

　건강의 적기발생인 암은 선천적인 원인과 후천적인 요소로 나누어진다고 보고, 여기에는 유전적인 요소와 환경적인 요소로 세분화된다. 환경적인 요소에는 구체적인 세부요인이라 하면 스트레스, 음식문화 및 기호식품에 대한 과다섭취, 무절제한 자기충족 등으로 인해 신체상의 이상발생에 대한 조기검진과 조치가 암까지 유발되는 현상을 가져온다. 치료하기 위해, 혹은 이러한 병이 발생치 않기 위해서는 기존의 방법, 습관, 태도, 운영, 절차, 관행화된 행동을 바꾸지 않으면 안 된다. 이러한 변화를 주기위해 자신의 건강에 대한 책임을 가지고 건강에 우선순위를 둔 새로운 생활습관을 익혀 가야 한다.

　필립 셀즈닉(Philip Selznick)에서 쓴 〈경영 리더십: Leader ship in Administration〉에서 이러한 차이를 일상적인 문제와 핵심적 문

제로 나누기도 했다. 의미는 기술적인 것과 적응력을 문제의 정의를
하고 해결책 강구 및 적용을 위해 어떻게 과업수행을 하는지를 말하
고 있다.

신체도 안전도 이상, 변경점이 생기면 관리를 하고 기준을 정하고
정기적으로 점검을 해서 운영하고 지속적인 영구성을 띄면 프로세스
를 구축하고 좀 더 범용화된다면 조기대응이 가능하다. 시스템으로
운영하는 것이 일반적인 현상처럼 말이다.

건강도 동일한 관점으로 운영이 필요하다. 아래 도표처럼 연령에
따라 선택과 집중이 되어야 할 종류를 알고 연령에 따라 검진주기를
확인하고 정기적인 검진이 빨간색의 적신호를 사전에 막을 수 있고
안전의 리더가 알고 있어야 할 리더의 안전 건강법에 대한 검진 기
준 흐름이다. 보건복지부와 국립암센터에서 자료를 제시한 부분이다.

종 류	검 진 대 상	검진주기	검진방법
위암	40세 이상(남녀 공통)	2년	위내시경검사 또는 위장조영
간암	남자 30세, 여자 40세 이상으로 B형 또는 C형 간염바이러스에 의한 만성 간질환 환자. 기타 간경변 등. 간암 발생 고위험군인 경우	6개월	복부초음파검사 및 혈청알파태아단백
대장암	50세 이상(남녀 공통)	5-10년	대장내시경검사 또는 이중조영바륨검사 + 에스결장경검사
유방암	30세 이상 여성 35세 이상 여성 40세 이상 여성	매월 2년 1~2년	유방자가검진 검진병원에서 임상진찰 및 유방촬영술
자궁 경부암	성경험이 있거나 만 20세 이상의 모든 여성 (단, 성경험이 없을 경우는 제외)	1년	자궁경부질 세포검사

종 류	검 진 대 상	검진주기	검진방법
폐암	45세 이상의 고위험군 20년 이상 장기 흡연자 폐암 가족력이 있는 경우	1년	흉부 X선 사진과 저선량흉부전산화 단층사진
전립 선암	50세 이상 남성 전립선암 가족력이 있는 경우 지나치게 금욕하는 경우 어린 나이에 성관계를 시작한 경우 성관계 상대가 많거나 성병에 걸린 적이 있는 경우 등	1년	전립선특이항원 (PSA)과 직장수지 검사(고위험군은 45세 이상부터 매 년 검사)

팀원의 인격 문화요인을 높여라

리더십과 팀원의 상관관계를 다루는 연구와 서적들은 수없이 많이 쏟아지고 있다. 팀원이나 조직원들의 일 추진 시 다른 요인으로 진행이 부진할 경우에 도덕성을 강조하거나 의식을 피력 할 것이 아니라 팀원이 경쟁사회에서 리더가 가져야 할 올바른 핵심요소이자 행위지침이 될 수 있는 인격적인 문화요소들을 찾아 주고, 발굴해서 구체화시켜 주는 것이 리더가 할 일이다.

인격이 팀원들의 총체적인 문화로 형성된다면 팀원의 엄청난 힘은 막강해질 것이다. 긍정적인 영향과 모범적인 요인들이 연계될 수 있어 필수적인 조건이자 요소가 되는 것이다. 인격의 주체가 되는 팀원은 사람이고, 조직이고, 구성원이며 결과와 과정에 대하여 어떠한 위험요소나 난관에 부딪칠 때 불평보다는 해결책을 모색하고 찾아내는 행위의 결정체가 될 것이다.

리더들은 뛰어난 기술이나 추종자의 인격이나 물자를 이용하는 것이 아니라 경쟁자들과 비교할 때 훨씬 절대적인 우위에 두는 것이

SAFETY VIEW

내가 강조하고자 하는 생각문화이다. 생각문화는 사람에게서 나오는데 리엑터가 아닌 프리엑터(Preactor)가 되어야 한다. 기존의 고정관념에서 수명업무로 진행하던 개념에서 이제는 선행업무의 개념으로 수동적인 자세에서 능동적으로 앞을 보고 주도해 나갈 수 있는 일을 찾는 것이다.

변화문화는 기존의 틀을 깨자는 것이다. 해 왔던 일, 시스템, 고정되어 있는 프로세스나 작업의 형태는 바꿔야 한다. 다른 시각으로 쳐다봐야 한다. 이상하다고 생각해야 한다. 로스가 많이 든다고 생각해야 한다. 이런 가운데 혁신과 개혁이 있고 변화를 창출하는 시발점이 되는 것이다. 미래문화에 대한 우선순위가 조직이다. 살아서 숨쉬고, 끈끈한 정이 있고, 서로의 눈빛만 봐도 무엇을 서로 도와주어야 하는지를 알고, 서로의 신뢰로 나 하나의 작은 일이 마치 조각의 퍼즐을 맞추기를 하듯 각자의 역할에 충실할 수 있는 조직이 되어야 한다. 기본을 두고 일괄되게 움직이는 것이 공정성, 일관성, 정당성, 당위성으로 추진해야 한다는 것이다.

미국의 장군인 조지 패튼(George Patton)이 "적군의 진지를 뚫고 들어가는 것은 날카로운 총검이 아니라 그 총검을 휘두르는 사람의 날카로운 눈빛"이라고 한 애기처럼 조직들에게 인격적으로 심어 주어야 할 것은 리더로서 어느 것이든 열정적인 부분도 중요하지만 인격을 갖춘 현대사회에는 리더가 필요한 것이다.

조직을 지켜 나가는 데 있어 현 상태를 유지하는 데만 급급하고 초조해 한다면 무능력의 조직으로 서서히 변하게 될 것이다. 인격적인 리더는 태드 개벌린(Thad A. Gaebelein) 및 론·시몬스(Ron P. Simmons)가 〈인격의 힘〉에서 언급한 것처럼 "조직을 성장시키고, 새로운 것을 시도하며, 시시때때로 바뀌는 주변환경에 질 적응해야 한다."라고 강조하고 있다.

리더의 인격 문화요인은 요행을 부리거나 단시일적인 결과에만 치중하고 보여 주는 것에 시간을 소비하거나 여러 요인의 영향성을 무시하고 시행한다면 결과에 대하여 파급이 큰 결과를 초래할 수도 있는 상황이 예측된다. 중간을 무시하고 결과 치중주의로 팀원의 문화 형성에 초점이 안 맞춰지면 각자의 힘의 결과를 볼 수 없지만 각자의 노력에 전체가 뭉치고 화합할 때 리더 및 팀원은 다시 한 번 인격의 문화요인이 바르게 정립되어야만 제대로 가는 안전기업의 전초전이 될 것이다.

리더는 자신만의 비전을 가져라

독일계 미국인으로 하버드대 출신이고 닉슨 행정부 때부터 포드 행정부까지 백악관 국가안보보좌관과 국무장관을 지냈던 헨리 키신저(Henry Kissinger)는 리더십 콘퍼런스에서 "훌륭한 지도자에게는 자신만의 비전과 용기가 있어야 한다. 훌륭한 리더는 사회가 어디로 가야 하는가에 대한 그림을 가지고 있어야 한다. 그리고 비전을 실행할 수 있는 숙련된 기술과 리더십과 실행력을 갖춰야 한다."고 했다.

어디로 가야 하는가에 대한 얘기는 참 중요한 부분이다. 몇 해 전에 부장 승진 면접을 보게 됐는데 모 임원이 나에게 "안전한 사업장을 위해 안전 관점에서 어떤 청사진을 가지고 있으며 현장은 어떤 모습으로 가야하는지 미래의 그림을 설명해 보시오."라는 것이었다. 질문을 했던 임원은 가장 중요한 현장의 기술부서와 제조부서를 관리, 운영하고 있었으며 현재 가장 중요한 생산과 수율로 전쟁을 치르고 있는 분이다.

장치산업에서의 안전의 청사진에 대한 답은 학리적인 설명이나 논리적인 설명이나 규범적인 설명이 필요한 것이 아니었고 실제적인 답은 현장의 실제상황을 정확히 알고 단기와 중기와 장기를 가지고 여러 인프라를 프로세스화해서 안정적인 현장운영의 그림을 그려 가는 것이 중요한 사항이라고 보았다.

장치산업의 현장은 HMI(Human Machine Interface: 인간 기계 인터페이스) 부분이 이슈가 되는 부분이고 추가적으로 덧붙이면 자동화에 대한 시스템 구축이 되어야 하는 것이다. 이러한 구축을 하기 위해 리더는 비전에 대한 자기확신이 중요하며 믿음을 가져야 한다. 같은 조직구성원이 세운 목표에 대하여 흐트러짐이 없이 일사불란하게 역동적으로 움직여야 하는 방법론이다.

질레트의 CEO인 짐킬츠(Jim Kilts)는 자기확신에 대하여 "종종 틀리지만 절대 흔들림은 없다."고 표현하기도 한다. 그렇다. 목표에 대한 뚜렷한 비전을 가지고 있고 거기에 대한 과정을 수행한다면 진행하는 과정에 일부 수정을 하면서 다다를 수 있다고 본다. 리더로서 정신적인 원동력이자 확신력이 뚜렷해 질 것이다. 조직을 일관된 방향으로 나아가도록 이끌어갈 수 있는 원동력이 되는 것이다. 비전은 자기 인생행로가 방향키에 따라 달라질 수 있지만 환경에 대한 항해는 물위에 행해지는 것처럼 여러 경우에 따라 변화할 수 있다. 가정에 대한 비전, 직장에 대한 비전, 개인에 대한 비전, 인생에 대한 비전에 대하여 실현성, 도전성, 용기성을 가진 가운데 실행력을 기본으로 움직여 보자. 목표가 저기인데 멈출 수는 없다고 되새겨 보자. 당신은 성취인이 될 것이다.

미래의 다양성을 갖추어라

미국의 다양성 관련 사상가로 활동하고 있는 루스벨트 토마스 (Roosevelt Thomas)는 자신의 다양성을 살려 미래의 리더들은 '대 변으로서의 다양성'에서 '복잡성으로서의 다양성'으로 개념 자체가 옮겨가는 방법을 제시하고 있다.

다양성은 어느 부분이든 간에 적용되는 학문, 조직, 사회, 정치에 존재하고 있고, 발전적 대응 및 안정적 대응, 한 단계 업그레이드 및 생존하기 위해 딜레마에 대한 다각적인 관점 및 행동이 수반되는 과 정의 일부일 것이다.

안전에 대한 문제요소의 다양성에 대하여 대책이나 현상 및 과정 이 확고한 원칙으로 양상을 띠지 않더라도 작게는 소규모 조직에서 크게는 큰 규모의 집단에서 의식 및 행동으로 나타날 것이다. 이것 은 창조적 발상이며, 책임, 가치관, 리더십으로 가시화될 것이며, 업 무 성과 및 경영성과도 의사결정 및 스피드 및 커뮤니케이션과 리스 크의 중요관리 등을 포함해 안전, 수율, 생산, 품질은 결과물을 도출 할 것이다.

다양성 관리는 미래의 리더들에게 필수적인 하나의 기술이다. 프랜 시스 헤셀바인(Frances Hesselbein)과 마셜골드 스미스(Marshall Goldsmith)가 쓴 〈미래형리더: the leader the Future〉에서 다양성에 대한 기대를 10가지로 표현하고 있다. 내용은 대변과 다양성 문제를 구분해서 대응하고 다양성 관리라는 새로운 경영기술을 논하고 있으 며 다양성 관리는 '조직 내의 차이나 동질성에 대한 사상적인 부분에 대하여 논하고 있으며 그리고 긴장관계 속에서 올바른 결정을 내리는 것'으로 규정하고 있다. 조직 내의 관리와 전략적인 접근법과 사회적 인 차이를 극복하는 데 기여한다고 볼 수 있다. 다양성은 복잡한 문제구성의 틀에서 해법을 찾는 사회적 기술이 아니라 환경적인 여건과 사회적인 여건과 여러 문제들이 규칙성을 갖기 위해서 문제의 네트워크의 경우의 수를 다각도로 갖기 위한 인프라 기술이다. 창조적 찾기를 원하면서 과거지향적인 방향에 몰입해서 찾으려고 하는 문제의 부분을 축소시키는 부분이 되어서는 안 되는 것이다. 다양성은 여러 가지 문제 해결의 기술과 추론과 가정에서 해법을 찾아야 하는 것이다. 안전에서는 사후예방(BM: Break－down maintenance)의 차원에서 사전예방(PM: Prevent maintenance)의 개념과 활동을 실사구시가 되도록 하는 것이 필요하며 안전의 리더십의 기본실천 철학은 다양성에 대하여 공존하여 다각적인 대응과 핵심 가치 추구에 더욱 추구해야 한다.

리더의 조건; 전략편

리더의 전략적 함수관계를 만들어라

전략은 현재와 미래의 성숙의 함수로 해야 한다

전략은 두 가지 관점으로 본다. 하나는 사고의 관점이고 다른 하나
는 경영의 관점이다. 전략에 대하여 서울대의 송재용 교수의 전략적
기본 프레임워크를 보면 지속 가능한 경쟁우위, 자원의 효율적 배분,
외부환경, 핵심역량 4개로 분류하고 있다. 전략에 대한 궁극적인 목
표는 성공을 위한 전제조건이 기반되어 있어야 한다는 것이다.

성공적인 전략을 위해서는 전략의 장·단기적인 목표가 수반되어
야 하고 환경에 대한 판단과 이해와 행동이 동일한 관점에서 추진되
어야 하고 내부적, 외부적인 것을 포함해 주관과 객관적인 평가와
인증 및 실행되어야 한다. 효율적인 실행의 구심점을 찾아야 한다.
성과에 따라 목적을 이루게 되는 프로세스의 진행이 되어야 한다.

클라우제비츠의 〈전쟁론〉에서 보면 전략은 "전쟁에서 적보다 유
리한 위치를 점령하는 것이라 했고 위치는 장소를 뜻하는 물리적인
위치이고 무기와 전투력, 군량비 등은 우열을 의미하는 상대적인 위
치라고 볼 수 있다."고 얘기하고 있다. 많은 기업들이 전략의 본질
을 이해 못하고 있는 부분이 이기기 위한 전투적인 개념이 상투적

으로 운영하고 있지만 다른 관점은 상호 우호적인 전략이 공존할 수도 있다.

안전에서도 불안전한 행동과 상태는 인위적인 관점인지, 물리적인 관점인지는 이면성에서 판단되어지는 것일 수도 있다. 마이클 포터의 〈전략이 무엇이냐: What is strategy〉에서 보면 '전략이란 운영의 효율성을 추구하는 것이 아니라 차별적인 경쟁 포지션을 확립하는 것'이라고 한다. 조직 구성원이 문제를 해결하기 위한 사항은 실질적인 문제의 해결책과 전략 및 전술이 나올 수 있고, 한 사람의 머리에서 나오는 생각은 단기에 써먹을 수는 있어도 장기적인 계획은 못된다는 의식이 정립되어 있다고 본다.

〈포춘〉지에 보면 'CEO의 6가지 습관을 보면 실행에 옮기지 못하는 CEO의 70%가 전략의 문제가 아니라 행동으로 옮기지 못하기 때문이다.'고 하는 것도 행동의 실행력의 중요성을 강조하는 것이다.

미국의 FPL그룹의 짐 브로드 헤드가 전략에 대하여 "전략도 실행에 옮기지 못하면 한 장의 종이에 지나지 않고 책임을 지고 있는 리더가 어떤 일이 필요한가를 아는 것도 중요하지만 반드시 그에 응하는 결과를 얻어 내야만 한다."고 한 것도 실행에 대한 중요성을 말한 것이다. 대기업의 제품에 대한 전략적인 기본 프레임을 보더라도 알 수 있다.

- 문제점의 발생 / 분석 / 지표관리
- 큰과제 / 목표(안해야 하는 것, 해야 하는 것, 했어야 하는 것)
- 기획(예측가능), 선택과 효율화(집중)
- 벤치마킹 ■ 수율, 안정화 ■ 제품의 호환성
- 고객 요구력 ■ 아웃소싱 문제 ■ 리스크-테킹
- 윈윈(win-win) ■ 개발, 미래대응 ■ 우리의 위치
- 기술 개발력 ■ 핵심에 대한 축 ■ 취약점

- 제품이력효과 ■ 사건, 사고에 대한 분석 ■ 일의 정의
- 타사가 보는 우리의 입장 ■ 중점관리

미래전략의 기본 프레임이다. 미래를 위한 것으로 마치 마젤란 (Ferdinand Magellan)이 마젤란 해협의 발견으로 대서양과 태평양을 잇는 새로운 바닷길을 열고 당시 유럽인들에게 미지의 바다였던 태평양을 횡단하여 최초의 세계일주 항해의 발판을 놓은 항해자의 마음일 것이다. 그의 항해가 순탄치 않고 폭풍우와 반란과 동료를 앗아가는 여러 가지의 환경과 여건 속에서 유례없는 항해를 가능케 했던 원동력에 대하여 조엘 오스틴(Joel Osteen)은 "대부분 사람들은 걱정과 근심으로 미래를 준비한다. 우리가 미래를 근심하는 이유는 우리의 마음이 그것을 믿지 않기 때문이다."라고 말한다.

기존의 발상에 얽매이지 않고 미래를 위한 창조적 발상과 긍정의 힘이 필요한 것이다. 창조와 긍정의 힘이 위대한 개척자들이 추구한 목표치의 결과라면 전략은 결국 현재와 미래가 함수관계로 이루어져 성숙관계의 함수가 전반적으로 이루어져야 함을 의미한다.

가치가 있다면 합병하라: 전통적 리더십 / 서번트 리더십

전통적이고 위계적인 조직 내에서의 리더는 다른 구성원들에 대해 가부장적인 모습을 가지며 모든 권한과 책임을 혼자 독점하는 경향이 있다. 전통적 리더는 아침 일찍 자신이 책임지고 있는 팀에서 오늘 하루 할 일이 무엇인지를 확인하고, 구성원들에게 해야 할 업무를 명확하고 세세하게 지시해야 한다. 오후가 되면 시킨 대로 제대로 처리했는지를 확인해서 일을 제대로 처리하지 못한 사람은 사유의 대상이 되고, 미결 일은 다른 사람이 처리하도록 만들어 성과를

내지 못하는 사람들은 점점 더 업무 기회를 잃게 된다.

리더는 자연스레 권위적인 모습을 띄게 되고, 부하는 지시 받은 일을 규정대로 착실하게 수행하는 수동적인 자세를 가지게 된다. 전통적인 리더가 자기중심적인 일을 강하게 드라이브 되면 팀원들의 자율과 자립에 대한 일의 질이 현 상태에서 고정적인 일로 점프 업을 기대할 수가 없을 것이다. 구성원들은 리더에게 의존적이게 되고, 다양성이나 창의성을 발휘하기가 어려움을 알게 되고 몸에 배이게 된다. 전통적 리더십 하에서는 계획된 업무들이 일사불란하게 진행될 수 있다는 장점이 있지만, 그 상황에 맞게 행동을 취해야 하는 환경에 달려 있다. 유연성과 창의성이 요구되는 상황에서는 좋은 성과를 거두기가 어려움을 알고 있어야 한다.

전통적인 리더는 시간과 세월을 통해 답습되었던 업무의 리더로서의 자질을 갖추었다고 보지만, 현대사회의 리더는 업무의 자질과 조직의 자질을 겸비하고 조직을 이끌고 나가는 리더로서 나 혼자만의 성과를 냈다는 이기적인 발상이 아닌 권한위임과 조직원의 실력을 쌓게 하고, 상사보다 나은 팀원을 육성하는 서번트 리더가 되어야 한다.

변화에 적응하는 리더는 조직 안에서의 옥상옥(屋上屋)이 아닌 섬기는 리더가 되어야 한다. 리더십은 곧 열정과 헌신이 현대사회의 서번트 리더인 것이다.

제임스 쿠페스(James M. Kouzes)와 배리 포스너(Barry Z. Posner)의 〈최고의 리더: A Leader's legacy〉에서 보면 리더십의 봉사에 대하여 '사람들은 의식적이든 무의식적이든 리더가 자기들의 문제를 해결해 주고 욕구를 충족시켜 줄 수 있다고 판단될 때 충성스러운 지지자가 된다.'고 했으며, 개인적인 문제들을 해결해 주고 욕구를 충족시켜줘야 한다는 것이다. 사람들은 '자신은 자신의 열망과 두려움과 이상에 관심을 기울여 주는 리더를 기꺼이 따른다는 것이다.'라고 설명하고 있다. 부서원과 조직원들에게 관심과 시간과 욕구에 대한 해결책의 멘토링 효과는 봉사형 리더십을 겸비한 리더로서의 심상을 심어준다.

리더가 리더십을 가지고 지속성의 엔진을 가지고 모든 사람을 미래로 움직이게 한다면 문화적인 정립과 안전시민으로서의 궁극적인 해결책은 풀리지 않을까라는 생각이 든다.

안전의 전략은 고객주의에 입각해서 해라

안전 전략의 기본은 사람을 귀히 여기는 본질이고, 존중과 효율성을 가지고 있어야 한다. 사고 제로가 목표라는 관점에서 수반이 되어야 한다. 기본에는 시스템적인 부분도 있고 하드적인 부분도 있고, 소프트적인 부분도 내재되어야 한다는 것이다. 모든 요소들이 유기적인 화학적 결합과 물리적 결합과 생물학적인 결합으로 네트워크가 구성되어 있지 않으면 항상 취약한 부분에서 문제가 되기 때문이다.

방향에 대한 부분이 명확하거나 정의가 되어 있지 않으면 복합체들이 요소가 되어 있더라도 목적에 달성할 수 없는 상황이 벌어지게 된다. 안전의 전략 분야를 달성하기 위해서는 선택과 집중이 수단 및 방법으로 매개체 역할을 한다는 전제조건이 성립해야 한다.

첫째는 전략의 정교성이 있어야 한다. 현실성과 반대성과 가상성과 대립성 및 공략성이 들어 있어야 한다는 것을 뜻한다. 이처럼 갖은 경우의 수를 검토해야 실패의 확률이 적을 수 있다는 것을 의미하므로 세부적인 부분까지 충분한 고려가 가미되어야 한다.

둘째는 혁신주체의 내부역량에 대한 충분한 반영이 되어야 한다. 내부역량에 대한 포지션 파워 키우기, 권한 위임 등이 되어야 목표에 대한 도달방법이 실행착오 없이 수준에 맞게 진행될 수 있다.

셋째는 공급자 중심이 아닌 수요자 중심에서 부합하려는 지향성이 있어야 한다. 현장을 알고, 고객의 소리를 반영하게 되고, 다양한 커뮤니케이션의 채널을 통해 걸림돌에 대한 해결책의 실마리를 찾아야 한다. 안전의 전략 또한 시대상황에 맞게 항상 유동적인 부분도 있지만 근간적인 부분은 틀려질 수 없다고 보는 것이 타당하다.

전략의 근거는 제품을 근간으로 하는 제품중심에서 회사의 브랜드의 기업으로, 가치추구를 하는 기업중심에서 고객중심으로 시각을 넓혀서, 생각과 행동을 넓히고 고객주의에 초점을 맞추는 것이 안전의 중심이다.

의사결정의 과정은 정보와 사람과 시간으로 연결해라

리더들은 의사결정이 필요한 사항에 대하여 충분한 정보와 전문가적인 식견과 안목과 현장경험이 있는 사람과 시간적인 부분이 필요한지를 기본으로 두고 결정함이 필요하다.

의사결정의 기본 프로세스는 문제를 분석하고, 문제의 정의를 내리고, 정의를 내린 것에 어떤 사항들을 추진할 것인지 판단을 한다. 현재의 환경에서 최선의 방향에 옳은 것인지를 결정하고, 세부적인 실천방향을 추진하게 하고 결과에 대한 효과적인 측면과 유용성에 대하여 분명한지를 검토하는 것이 일반적인 의사결정의 형태다.

프로세스는 광의적인 의사결정이라 판단된다. 현장에서의 협의적인 의사결정은 계획, 실행, 점검, 행동으로 진행도 하고, 일부에서는 본다(see), 실시한다(do), 환원(feed-back)으로 운영하기도 한다. 왜(why)-왜(why)-왜(why) 라는 TPM인 설비운영 문제점 찾기 방식으로 진행하기도 하고, 6시그마인 정의, 측정, 분석, 개선, 조정과 러시아 과학자가 만든 문제 분석기법인 트리저 방법을 사용하기도 한다. 기타 안전의 분석기법인 리스크 분석과 품질 분석기법인 C-E 분석을 이용하기도 한다.

일반적인 문제는 의사결정 시 중요요인들에 대한 충분한 검토가 안 되는 분위기가 되면 조직원들의 자생력이 없어지고, 반영이 충분히 되어야 할 요인들이 빠진 상태에서 검토가 되어 실패 사례가 될 수도 있다. 기업마다 실패를 병가지상사로 사원들의 실패를 혼다의 기업처럼 연말 때 포상을 100만엔 씩 시상해서 사원들의 격려와 성공을 위한 발판의 계기를 만들기도 한다. 의사결정의 중요요인에 꼭 염두를 두어야 할 것이 무엇인지 세 가지를 강조한다.

하나는 정보다. 정보의 질과 양을 잘 가려야 한다. 중요한 사항으로 위험을 초래하거나 현재의 기업과 현장에서 긴급한 부분으로 결정이 필요한지를 알아야 한다. 그러기 위해서는 〈현장을 보라, 현장의 소리를 들어라, 현장의 보고서를 자주 쳐다보라, 현장감을 갖추어라, 현장의 사원들과 느낌을 함께 가져라〉 이런 요인들이 현장을 강화시킬 수 있는 매력의 장소이고 사랑을 배이게 해야 하는 곳으로 소홀히 해서는 안 된다.

두 번째는 사람이다. 사람에게도 단점과 장점이 있다. 문제에 대한 해결책으로 사람의 책임자를 선정하거나 지시를 할 때 강점과 약점을 염두에 두고 맡겨야 하고, 문제의 해결에 대한 전체적인 대안이 적합지 않으면 쪼개서 지시하는 방향으로 잡아야 한다. 문제에 대한 의견 수렴 시 충분한 경청(敬聽)이 되어야 하고, 이것을 들으려면 들을청(聽)의 한자처럼 왕의 귀를 가지고 한 가지를 열네 번 듣는 것처럼 마음으로 들어라. 리더로서 사람에 대한 약섬의 함정과 경계적인 마음은 없는지를 살펴야 한다. 결국 해결의 실마리는 적임자를 선정함으로 문제에 대한 정확한 중심축을 찾기 때문이다. 다만 근시안적인 해결책의 적임자보다 원시안적이고, 최적화를 환경에 맞게 맞출 사람이 필요한 것이다.

세 번째는 시간이다. 시간과의 맞수는 정보와 기록이다. 계획만큼 실수가 비례하는 것이고 급하다고 바늘을 몸에 실로 꿸 수는 없지 않은가. 상황적인 시간과 환경적인 시간이 균형을 갖도록 하되 진행되는 상황은 보고를 하게 하고 환경적인 변화에 대하여 인폼을 들어라. 잘 시행이 된다면 변화적시간과 경험적시간을 리더는 지시자 및 위임자에게 듣는 것이 무엇보다 중요하다.

변화에 대한 요인들에 대하여 어떻게 대응하고 있으며, 다양성에 대하여 듣고, 의견교환을 하고, 의사결정을 수시로 하고, 경험적인 시간에 위임자의 생각과 육감을 이용해서 판단케 하라. 리더로서 의사결정 과정에서 필히 염두에 두어야 하는 정보와 사람과 시간을 면밀하게 운영하는 방법인 것을 인식해야 한다.

사고(THINKING)의 차이를 기본사상으로 삼아라

공상과 현실의 차이는 사고(THINKING)의 차이다

현장을 모르면 이상적인 얘기만 나오게 된다. 사무실의 오피스 근무자들은 현장이 이상적이라 생각하고 비행기를 띄울 만큼의 현장이라고 하는 공상을 가지고 있고, 현장의 근무자들은 자전거 바퀴에 바람을 넣을 정도의 수준으로 어려운 실정으로 끌고 가고 있는 어려운 현실을 감안할 때 사무실의 공상과 현장의 현실 간에 괴리가 생기면 현장중심의 활동이 이루어지지 않고 갭의 차이가 난다.

모든 업무의 중심은 위아래 구분 없이 현장중심형 업무 추구가 기본이 되어야 한다. 현장중시의 경험은 곧바로 부하직원과의 감동으로 엮어질 수 있는 사고(思考)의 차이다. 문제가 누적되면 될수록 현장중시의 경영이 되는 것이고 공상이 누적되면 될수록 공상중시의 경영이 되어 허상의 경영이 된다. 안전과 사고(事故)는 생각의 속도를 가속화시키면 대형의 안전사고를 일으키는 갭이 생기게 되고, 안전과 사고(思考)의 실행의 속도를 가속화시키면 대형의 안전예방을 사전에 막는 갭이 없어지게 된다.

같이 풀려고 하는 문제가 아닌 문제를 담당자에게만 추궁하는 책임 떠맡기기의 전가식 관리가 되면 안전사고는 의도치 않게 발생될 것이다. 일과 논리를 비례로 어느 한 갤럽에서 조사한 결과를 보면 재능에 대한 역할을 분석한 결과 150개 정도가 된다고 한다. 각 역할에서 요구되는 재능은 엄청날 것이다.

재능은 3가지로 정리하고 있는데 분발하는 재능, 사고하는 재능, 연관된 재능이라고 하는데 영역은 팀원들이 각각의 영역에 따라 팀원들의 여러 변수에 의해 달라질 수 있다는 것이다. 안전에서도 중요시 하고 있는 지식과 태도와 행동에 의해 많이 좌우되고 여기에 수반되는 적성, 습관, 추진력, 기술, 핵심 능력이 가르칠 수 있는 범주와 가르칠 수 없는 범주로 들어가지만 팀원들의 업무적용에 따른 실용의 법칙이 되고 표준법칙의 시발점이 되기 위한 사고의 정리가 되어야 한다.

업무에 뛰어난 사람들의 공통점을 찾아내기 위한 사항은 업무 천재(귀재)들의 4가지의 내용은 업무의 천재란 논리적 사고를 근간으로 한 기본표출이다.

- 명쾌하다.
- 집중한다.
- 열려있다.
- 논리적이다.

4가지가 전체를 얘기할 수는 없지만 요약을 하면 간단성과 개방성과 논리성이라고 본다. 업무에 대한 간단성은 쉽게 요약정리가 되고 선택과 집중이 되어 쉽게 선중후박 하지 않고 선평후평 하게 일에 대한 진행방법이다. 개방성은 일에 대한 내용성과 문제에 대한 대책이 여러 사람의 의견과 자유분방한 토의를 하고 직급에 관계없이 문제의 해결책을 찾기 위한 흐름인 것이다.

리더의 개방성은 조직구성원들의 감정의 거리낌과 환경에 대한 부담감과 조직구성원들이 선례 없는 경우로 가자의 판단 하에 진행될 때에 많은 시간과 업무에 대한 진척도를 가속화 시킨다.

일에 대한 목표가 확고한 사람으로 단계를 살펴보면 목표 지향적인 사람은 12단계를 철저히 지키고 있음을 알 수 있다.

- 1단계 불타는 욕구를 가져라.
- 2단계 실현 가능한 목표를 세워라.
- 3단계 목표를 글로 적어라.
- 4단계 스스로에게 질문하라.
- 5단계 나의 출발점을 분석하라.
- 6단계 마감 기한을 정하라.
- 7단계 장애물을 인식하라.
- 8단계 필요한 지식을 습득하라.
- 9단계 누가 나의 고객인지 파악하라.
- 10단계 구체적인 계획을 세워라.
- 11단계 선명하게 가시화하라.
- 12단계 결단과 고집스러움으로 계획을 고수하라.

목표 지향적인 사람은 선행단계가 실천 지향적인 사람이 되겠다는 근본적인 인지와 인식을 하고 목표와 비전과 미션을 제시하여야 한다. 목표 지향적이고 실천 지향적이 되려면 나와 고객과 목표와 계획과 지식과 장애물을 연상법으로 해결할 수 있는 방법을 강구하는 것도 목표와 실천의지가 내재되어 있음을 알 수 있다.

지도자의 20조건은 안전관리자의 기본사상이다

지도자의 사전용어는 '남을 가르치고 이끄는 자'로 정의하고 있다. 우리가 알고 있는 지도자의 개념은 넓게는 국가를 이끄는 지도자부터 작게는 각기 자기 영역에서 작은 리더로서 이끌어가는 의미도 내재되어 있다. 정신적지주로서 이끌어 가는 종교적 지도자인 신부님, 목사님, 스님을 생각한다. 또한 배움의 지식과 지혜를 더해주는 선생님과 교수님은 배움의 지도자라고 인식한다. 직장에서도 마찬가지로 자기 업무 영역에서 전문가가 되어 지도자의 위치에서 전문교육을 가르치는 선배들은 여러 후배들에게는 지도자의 위치에 있다고 본다.

지도자란 자기의 전문성뿐만 아니라 인적 내면의 부분까지 품성과 기본으로서의 자질을 연관시켜 늘 생각하고 모범을 보이고 있다. 혹자들은 지도자란 조직의 안정과 발전을 위하여 미래를 기획하고, 실천에 옮기는 과정에서 지적인 능력, 즉 '지혜'를 필요로 할 것이 분명하다. 지도자는 조직이 처해 있는 상황에 대한 판단과 조직의 앞날을 위한 필요를 결합시켜서 최적의 의사결정을 내리는 데 필요한 지적능력을 필요로 할 것이다.

고금(古今)의 지도자론(指導者論)을 보면 20개 정도로 요약을 하고 있다.

- 심신의 건강을 유지해야 한다.
- 비전을 제시할 줄 알며 철학도 있어야 한다.
- 인간적인 매력이 있어야 한다.
- 우월해야 한다.
- 지지(존경)를 받아야 한다.
- 직언과 고언을 용납할 줄 알아야 한다.

- 인재를 모을 줄 알아야 한다.
- 사람을 육성하고 평가할 줄 알아야 한다.
- 조직력이 있어야 한다.
- 솔선수범해야 한다.
- 때로는 연출·연기를 할 줄 알아야 한다.
- 되도록 포용하되 아무리 공이 많은 측근 일지라도 버릴 땐 비정해야 한다.
- 고독을 이겨내야 한다.
- 국제적인 감각을 지녀야 한다.
- 지휘통솔원칙을 터득해야 한다.
- 나무와 동시에 숲을 볼 줄 알아야 한다.
- 열정·도덕성·개혁성이 전천후 무기라야 한다.
- 양서를 가까이 할 뿐 아니라 공부하는 자세를 잃지 않아야 한다.
- 가슴이 따뜻해야 한다.
- 신의 존재를 인정한 가운데 국가와 민족을 위해 무릎 꿇고 기도할 수 있어야 한다.

지도자론의 공통점은 자아실현을 위한 나와 남과 우리의 요인들을 절충해서 나 자신의 주관요인으로 운영함을 알 수 있다. 주체는 사람이고 객체도 사람과 조직과 이를 구성하고 있는 구성원이라고 본다. 어느 때는 지도자고 어느 때는 리더이고 어느 때는 CEO인가를 살펴보면 과정이야 경우의 수가 다를 수가 있지만 목표는 하나이다. 결국 지도자란 위치에서, 위치처럼, 위치같이, 위치답게 의식과 지식과 행동을 보이는 것이 지도자의 개념이고, 사상이고, 철학이다. 아우렐리우스의 〈지도자론〉에서도 4가지를 강조하고 있다.

- 지적능력인 지혜
- 도덕적 판단과 실천력을 지닌 정의감
- 역경과 위험을 극복하기 위한 정신적인 힘인 강인성

■ 자신의 절제력을 억제하여 균형을 이루는 힘의 절제력

지도자란 그것을 지지하는 모든 구성원과 환경이 수긍하고 합리적으로 운영하고 기본에서 해야 할 사항을 철저히 준수하게끔 항상 지속유지의 과정을 지각하고 지속적으로 운영되어야 한다.

훌륭한 리더에 의해 일의 분위기가 좌우된다

〈칭찬은 고래도 춤추게 한다〉는 책이 큰 인기를 누렸다. 이상적인 리더십 모델에 변화가 일어나고 있다는 의미다. 일상적인 조직의 관리는 물론이고 목표를 향한 변화 관리에 요구되는 바람직한 리더의 모습이 최근 수년 사이에 크게 변하고 있다. 네거티브한 방식에서 포지티브한 방식으로의 변화다. 과거에는 부하직원들이 허튼 일을 하지 않도록 잘 통제하고 주어진 과제를 수단과 방법을 가리지 않고 달성하도록 하는 리더가 훌륭한 리더였다. 그러나 그것은 이제 더 이상 바람직한 리더의 모습이 아니며 우선시되는 덕목도 아니다. 보다 나은 방안을 위해 어떻게 부하직원들을 동참하게 만들 것인가, 자율적인 분위기에서도 책임감을 갖고 과제를 달성하도록 할 것인가를 고민하는 것이 리더의 역할이 되고 있다. 상황 변화 속에서 칭찬, 배려, 설득의 기술들이 필요하다. 그러나 '어떤 고래가 생전 처음 보는 조련사의 칭찬에 재주를 부릴 것인가'를 생각해 보아야 한다. 칭찬을 하든지 질책을 하든지 그것이 중요한 것이 아니다. 현실적으로 매번 과제를 완수하지 못하고 게으름을 피우는 팀원을 칭찬할 수는 없다. 칭찬이든 질책이든 모두가 필요하다. 기저에 깔린 요지는 고래와 조련사 간의 신뢰관계이다

조직의 책임자인 상사에게 요구되는 두 가지 측면은 관리자와 리더의 역할이다. 장군에게 평시에 요구되는 관리자로서의 역할은 경계태세가 완벽하고 보급체계에 차질이 없는가를 살피는 일이다. 전시(변화)에 요구되는 리더로서의 역할은 병사들이 자신과 함께 고지를 점령하는 데 적극적으로 나서게 하는 진두지휘력이다. 세상을 변화시키기 위해 자기 자신의 노력을 한 킹 덩컨의 〈더 좋은 세상을 만드는 영향의 법칙〉을 인용하면 변화에 대한 우선순위가 내 자신이 변화의 선봉이 되어야 한다는 내용이다.

- 변화시킬 첫 번째 대상은 바로 자신이다.
- 자기 자신을 믿어라.
- 자신을 표현하라.
- 다른 사람의 마음을 읽어라.
- 가장 가까운 사람을 감화시켜라.
- 인맥을 형성하라.
- 최선을 다하라.
- 리더가 되려는 포부를 가져라.
- 자신에게 영향을 준 사람들에게 감사하라.
- 더 나은 세상을 꿈꾸어라.

관리자와 리더는 엄격히 구분되어야 한다. 요구되는 측면은 두 가지라고 하더라도 동일인에게 주어진 역할이며 기업에서는 두 가지 측면이 수시로 혼란스럽게 요구된다. 상사는 관리자이면서 동시에 리더이어야 하며 변화가 심한 경영환경에서는 리더로서의 역할이 훨씬 중요해진다.

하지만 모든 사람들이 이상적인 리더의 모습을 보이지는 않는다. 왜곡이 일어날 수 있다. 실천으로 옮길 때면 스스로에게 편하고 득이 되는 행동유형만을 예외적으로 받아들인다. 근엄함의 이면에 있어야 할 인자한 배려가 없다. 범접하기 어려운 정도가 아니라 가까이 하기 싫은 사람이 되고 배울 것은 전혀 없어 '반대로만 행동하면 모두가 행복해진다.'는 푸념이 쌓이게 된다. 전설적으로 이어져 내려오는 회의 중 재떨이를 날리는 CEO, 구둣발로 무릎을 차는 CEO에 대한 얘기는 왜곡된 카리스마의 리더십 모델을 들려주고 있다.

훌륭한 일터의 리더에게 부하는 주어진 목표과제를 달성하기 위해 함께 업무를 추진하는 파트너. 과거에는 리더에게 있어 부하는 지시한 과제를 완수시켜 줄 또 다른 하나의 자원일 뿐이었다. 좋은 분위기의 리더는 일의 진행이나 보완유무에 대한 조언과 처리를 팀원들에게 성공을 이끌기 위한 목표를 향해 실패를 하지 않는 팀원으로 대하여, 리더로서의 자신에 대한 믿음이 우선시 되어야 한다. 좋은 일터의 리더가 되기 위해서는 부하를 바라보는 시각부터 바꿔야 한다.

글로벌 준비전략으로 고객 요구력을 높여라

글로벌이란 개념은 여러 가지의 쟁점이 있다. 사람 측면에서는 국제화를 위한 활동과 생각의 영역이 중요하고, 국가적인 측면에서는 경제에 대한 무역수지가 중요한 영역이다.

생존경쟁에서 중요한 부분이 기업의 관점에서 접근을 해야 하는 것이 일반적인 부분으로 다차원적인 관점으로 접근하고 있다. 기업이 어느 산업에 속해 있느냐에 따라서 세계화의 양상은 차이가 나게 되고, 동일한 산업에 대해서도 기업의 글로벌 전략의 유형은 다르게 나타난다.

글로벌 기업에서의 활동이나 자회사 수준에서의 글로벌 양상은 많이 틀려진다. 멕켄지의 보고서에 의하면 150대 기업의 글로벌 시장 점유율 조사 결과 1980년대에는 27%지만, 2000년대에서는 41%로 시장의 지배력이 강화된 것을 볼 수 있다.

몇 년 전의 일이었다. 모기업에서 있었던 일이다. 이 회사는 첨단산업이고 장치산업과 타이밍산업으로 적재적기에 생산하는 빵을 동일하게 구워내듯 하고, 고객의 요구대로 피자를 구워 내듯이 생산을 하고 있다. 그러기 위해서는 적기에 신규 라인을 납기에 짓고, 조속히 장비 셋업(set-up)을 해서 고객의 요구에 수량과 납기를 지켜야한다. 엔지니어가 검수 후 장비가 긴급히 들어 와서 가동조건 전까지 준비를 해서 안전부서에서 승인이 되어야 하는데 안전조건들(가령 설비안전 측면에서 안전장치의 설치유무, 센서의 신뢰성과 민감도, 작업자 근골격계 측면의 작업대의 위치 및 스위치의 위치와 방재 측면에서의 감지기의 종류와 성능과 가스 누설 시의 감지기에 대한 설치 포인트의 타당성 및 신뢰성) 훅업(Hook-Up)을 하기 위한 조건들이 지적이 되어 가동조건을 만족하지 못하게 되니 부서 간의 입장으로 현장의 엔지니어와 안전부서 간에 조건에 대한 조치유무에 대한 부분을 가지고 실랑이를 하고 언성이 오고 갔다.

문제가 되어 인증이란 조건이 이슈가 되어 회사에서 국제적인 인증을 받으면 승인을 하게 되었고, 국내에서도 관련기관이 인증 시스템을 첨단 설비를 운영하는 부분만 설비인증을 하는 상황이 되었다. 이것으로 인증기준은 SEMI S2(반도체 설비기준) 기준으로 인증을 받고 인증기관인 GS3, TUV Rhainland, SGS, 한국산업안전공단(KOSHA), Safe-Techno, Earth-Tech라는 인증기관을 통해 인증을 받고 운영하게 된 배경이 되었다고 한다.

안전의 리더는 현장의 현상유지와 업그레이드를 위한 방향과 목표도 중요하지만 내가, 내 회사가, 내 부서가, 내 부서원이 선진업체나 경쟁업체하고 비교를 할 때 어느 정도의 경쟁력과 글로벌의 사전준비와 실전업무가 어느 수준일까를 염두에 두고 벤치마킹을 해야 하고 부족한 부분을 느끼고 그 다음 행동과 의식을 깨기 위해서라도 기준을 잡아야 한다.

글로벌 준비전략으로 고객 요구력을 높여야 한다. 선진업체에서는 시스템을 운영해왔고 설비의 중요부분에 대한 중요성과 신뢰성에 대하여 자체 제작업체가 해당국가에서 인증을 받고 입고되는 흐름이었는데 노력의 결과로 시스템의 중요부품에 대한 신뢰성을 높이는 계기가 된 것이다. 글로벌 준비전략으로 고객의 요구와 불만의 사항을 높여 대응케 함으로 잠재고객을 높여 가라는 것으로 행동하면 될 것이다. 그 예는 포터의 국가 경쟁력 분석으로 다이아몬드 모델을 보면 네 가지 요소로 결정된다. 첫째 생산요소, 둘째 수요조건, 셋째 기업전략구조와 경쟁관계, 넷째 부품이나 소재의 연관산업이 얼마나 잘 발달되었는지에 따라 결정된다. 포터 교수는 "한국이나 일본 같은 나라의 경우는 자원이 빈약한데 비해 경제를 빨리 성장시켰느냐를 놓고 볼 때 천연자원보다는 후천적으로 창출된 인적자원이나 기술자원 같은 것이 국가경쟁력을 결정하는 데 중요한 것 같다."고 얘기한다.

어느 조직이나 구성원들의 고객에 대한 확실한 이해와 회사에 대한 고객의 갈등을 보이는 제품의 질과 함께 보이지 않는 고객의 감성을 포함한 감동과 제3의 제품의 질인 서비스를 초기업이 추구하는 잠재고객까지 요구력을 키워야 한다. 결국은 글로벌의 초기단계의 향상의 정석임을 감지해야 한다.

외형적인 생각 컵에 내면적인 생각 소스를 집어넣자

스스로 껍질을 깨고 나오면 생명(병아리)으로 부활하지만 남이 깰 때까지 기다리면 계란 프라이밖에 안 된다.

이와 유사한 얘기를 하고 가자. 햇볕이 쨍쨍 쬐는 날 흐르는 냇가 위의 나뭇잎에 세 마리의 개구리가 타고 있었다. 어느 한 마리의 개구리가 "나는 더 이상 더워 나뭇잎에 있을 수가 없어."라고 했지만 나머지 두 마리의 개구리는 아무 응답이 없었다. 현재 나뭇잎에 개구리는 몇 마리일까요? 결국은 세 마리이다. 말을 했던 개구리는 결심을 했지만 실행을 하지 않았기 때문이다. 결심과 실행의 차이다.

안전리더도 생각으로만 가지고 있으면 반쪽의 안전이요, 생각이 현장까지 옮겨져서 완전히 실행이 되면 온전한 안전이다. 남이 나를 깨뜨릴 때까지 기다린다는 것은 비참한 일이다. 내 관습의 틀을 벗고 고정관념을 깨뜨려 매일 새롭게 태어나야 한다. 수동적인 삶에서 적극적인 삶으로 바꿔야 인생의 주관자인 주인공이 되는 삶을 살아갈 수 있는 것이다. 후회 없는 삶은 마치 인생을 연극이라 하면 배우가 되듯 내가 주인공이 되어 주관적인 삶을 사는 것이다. 인생에 끌려가는 삶에서 끌고 가는 삶으로 전환점을 확실하게 가져가야 한다는 것이다. 안전의 업무도 '내가 주도하느냐' 아니면 '남의 주도 하에 끌려가느냐'가 생각의 차이를 다르게 한다.

예를 들면 유리컵이 하나 있다. 내용물이 채워지기까지는 우리는 유리컵이라고 말한다. 그 안에 내용물이 물로 채워지면 물컵이라 하고, 우유로 채워지면 우유컵이라고 하고, 술로 채워지면 술컵이라 한다. 외형적인 컵이라는 명칭보다 실제 내면적인 것에 어떤 것이 채워지느냐에 따라서 우리가 정의를 내리듯 실제 이름으로 부르는 것이다. 이 컵을 생각의 컵이라는 외형적인 부분으로 정의를 하면 내면적인 내용물은 우리가 무엇으로 채울 것인가가 중요하다.

생각의 컵에 남과 차별화가 되기 위해 수많은 내용물이 생각의 컵에 들어가야 할 것이다. 남과 다른 차별화가 될 것이며 그로 인해 다른 생성물이 창조될 것이라 믿는다. 그 안에 들어가야 할 소스는 긍정적인 생각, 합리적인 생각, 적극적인 생각, 할 수 있다는 성취적 생각, 완전무결하게 마무리할 끝맺음의 생각, 가치의 생각, 사용자의 생각, 안전한 생각, 감성적인 생각, 신뢰적인 생각이 생각의 컵에 들어가야 할 양념이자 소스일 것이다. 이렇게 해서 실행의 모드가 되거나 실행의 초점이 되어야 한다는 것이다. 모든 일에 주관적인 생각이 다를 수가 있지마는 생각의 차이를 주와 객 차이로 다른 점을 보면 몇 가지로 나타남을 알 수 있다.

외형적인 생각컵에 내면적인 생각소스를 집어넣자. 외형적인 컵에 머물지 말고 생각소스를 집어넣어 나름대로 차별화된 실제 컵의 주인공이 되자는 것이다. 실행을 하기 위해 3가지를 접목시켜 보는 것도 중요하다.

첫 번째는 주관하는 자신이 모든 열정을 가지고 시간과 계획과 조직원들의 생각을 입체적으로 생각해서 종합적인 사고의 틀을 만들어 낼 수 있느냐다.

두 번째는 모든 생각을 반영시키기에 충분한 지식과 기술을 가지고·의사결정을 하느냐가 다른 관점의 차이이다.

세 번째는 생각의 소스를 집어넣어 가치 창출을 하는 목적이 뚜렷해야 한다는 것이다. 목적의 명확성을 가지고 있다면 1%의 영감인 선행조건으로 99%의 노력의 후행조건을 갖추게 되는 것이 아니겠는가? 안전의 리더는 내면적인 가치기준을 바로 잡을 때 목적의 방법과 수단과 경로의 이치를 잡게 되는 것이다.

차별화는 두 가지를 병행해야 경쟁력이 된다

보여지는 것도 차별화가 필요하다

외모를 돋보이게 하고 싶은 욕구는 시대와 연령, 남녀 구별 없이 인간의 본성인 것 같다. 외형적으로 나타나는 짐승과 식물들도 종족보존에 이용되고 있다. 외모가 이성적 판단을 흐리게 하고 인식과 지각의 체계를 왜곡시키는 효과를 후광효과(halo effect)라고 한다.

뉴욕타임즈의 칼럼니스트 윌리엄 사피어(William Saphia)는 "기존에는 인종, 성, 종교에 따라 사람 차별을 해 왔는데 이제는 외모가 새로운 차별요소로 등장했다."고 하면서 외모 지상주의를 루키즘(Lookism)이라고 했다. 안전에서는 작업현장의 안전표식의 일환으로 주의, 경고, 위험표식 및 안전표어, 포스터와 안전의 경각심을 불러일으킬 수 있는 간판과 패널은 매개체를 상징적으로 운영한다. 화학물질도 보건상으로 환경유해성, 건강유해성, 유기적 위험성으로 나누지만 물질의 분류 및 표지도 세계조화시스템(GHS: Globally Harmonized System)으로 바뀐다. 분류와 표식은 작업자 및 조직의 의식차원에서도 중요한 요소이다.

회사 정문에 들어올 때 안전표식이 눈에 확 들어오는 유무에 따라 회사 경영자의 안전에 대한 관심과 작업자의 안전의식을 판가름하기도 한다. 외관적인 부분으로 보여 주기 위한 것을 눈 관리라고 한다. 안전의 표식, 안전보호구 및 장구류, 밸브의 방향, 가스의 표식 설비의 위험에 대한 표식까지 해서 사람이 오류에 빠지지 않기 위함이다. 현장의 안전점검을 하게 되면 육안점검으로 현장의 점검자의 능력과 기술과 태도에 의존하여 현장의 리스크 및 안전의 불합리 요소에 대한 오디트 및 문제점을 본다. 시각과 동선의 점검으로 가장 일차적인 점검이 되는 것이다. 만약 가정에서 핵가족의 식구에서 어른인 아빠가 안전의 위해 요소가 있으면 식구들에게 사전에 "이런 문제가 있으니 조심해라."하는 것은 집안의 안전에 대한 기본점검에 대한 육안 대책이 되는 것이다. 관심을 가지고 있는 부모는 자녀의 안전의 일차적인 방패 역할이 되는 것이다.

우리나라의 모든 기업에 대한 현장의 대부분이 안전관리자, 안전책임자, 안전전담자에 의해 실시가 된다. 기본이 되면 육안점검에서 한 단계 상위인 기초점검이 실시가 된다. 기준에 의해 틀어진 것과 사용조건과 기초조건들이 기준화 측면에서 벗어나는 단계이므로 부분적인 부품의 역할에서 점검이 되는 것이다.

기초단계는 환경안전의 규정과 기본과 표준 및 지침에 준해 이루어지고 있다고 본다. 마지막 단계인 정밀점검은 육안 점검과 기초점검과 함께 점검의 흐름 3단계로 본다. 실제 점검운영 측면에서 사람의 오감을 이용하는 단계보다 기준에 의해 변경점의 틀어짐을 보다 정밀하고 정확한 분석과 판단을 위해 계측기나 정밀 분석기를 운영 관리하는 것을 말한다.

CEO의 성공은 차별화에 있다

왕중추의 〈디테일(Detail)의 힘〉이라는 책에서 작지만 강력한 힘을 사례를 들어 얘기하고 있다. "사실 우리는 늘 2%가 부족해 일을 그르친다. 일을 크게 벌이기는 하지만 언제나 마무리가 약하고 사소한 것 때문에 성과를 내지 못하는 경우가 수두룩하다."라고 강조하고 있다. 별것 아닌 것 같은 세심함은 사실 개인의 인생과 성공에서는 물론 기업이나 시장, 국가에 이르기까지 엄청난 힘을 발휘하는 초강력 무기이다. 어느 신문 사설에서의 차별화의 일례를 보자.

고등학교에서도 작은 힘이 큰일을 해냈다고 한다. 대구의 K고등학교는 전국 일반고 중에서 서울대에 최다 합격을 해서 기사화되었다. 대학 진학률이 좋은 학교도 많지만 이 학교의 성공비결의 얘기를 하려고 한다. 내용을 정리해 보면 차별화의 다섯 가지가 있다.

첫 번째는 교재의 자체 개발, 둘째는 제도에 대한 교사와 학생의 공유, 셋째는 모의고사에서 전국 평균을 밑도는 틀린 문제는 다시 시험, 넷째는 학과 수업은 가급적 출제되는 시험문제와 연관 지어 설명, 다섯 번째는 교사와 학부모는 모든 시험관리 순위를 비교하며 관리한다고 했다.

이것을 회사의 안전과 연관시켜보자. 안전에도 업종에 대하여 나름대로의 자체분석 툴이 필요로 운영되어야 하고, 중요한 정보 공유를 수직적 관계에서 수평적 관계를 이루어야 하고, 안전에도 성공학만 분석하는 것이 아니고 실패학도 중요한 자산임을 십분 활용해 운영관리하고, 문제에 대한 부분도 선택과 집중을 해서 중요시했다는 깃을 벤치마킹으로 도출해 봤다. 회사의 중요한 사고는 철저한 분석과 이력관리를 하는 것처럼 학생의 성적에 대하여 3년간의 경향지, 지수화, 순위에 대한 비교분석을 했다는 것을 보고, 필요하면 학교에서도 전교사가 전문가가 되고 교사, 학부모, 학생이 삼위 일체 되는 것처럼 우리도 정부부처의 관과 학교의 연구단체와 회사의 산업기관에서 힘을 합해야 된다고 본다.

빌게이츠가 "나는 힘이 센 강자도 아니고 그렇다고 두뇌가 뛰어난 천재도 아닙니다. 날마다 새롭게 변화를 했을 뿐입니다. 그것이 나의 성공비결입니다. Change의 g를 c로 바꿔 보세요. 변화 속에 반드시 기회가 숨어 있습니다."라고 했듯이 의미를 새겨 볼 때 변화는 새로운 기회의 틈새가 되는 것이다.

성공하는 리더는 무엇이 차별화인가?

성공하는 리더들은 무엇이 다른가, 공통점과 차별점을 보면 4가지로 볼 수 있다.

첫 번째는 안전에서도 사람이 중요한 자산이라고 생각한다. 기업경영에 필요한 것이 무수히 많지만 중요한 것은 사람관리를 위해 많은 투자를 한다는 것이다. 인재경영을 한다는 것은 인간경영을 한다는 것이고 국내 굴지의 그룹에서 '인재제일' 혹은 '인화단결'을 사훈으로 삼는 이유도 여기에 있다고 본다.

두 번째는 매우 창의적인 발상과 사고를 한다는 것이다. 독창적인 아이디어를 발굴함으로 경쟁사나 글로벌기업 간에 차별화된 기업방식과 경영방식과 업무 방식을 리더의 경영 방식과 아이덴티티를 갖기 위해 항상 차별화를 가지고 있어야 한다는 것이다.

세 번째는 다양한 리더십을 소유하고 있어야 한다. 리더는 부서원들의 다양한 요구사항과 다변화된 부서원들의 제의사항에 사상의 철학부터 행동에 대한 실증의 철학까지 각양각색의 부서원들에 대한 업무와 업종과 업책에 대한 리더가 철학과 업무에 대한 삶의 방식도 부서원들에게 좋은 삶의 리더가 되어야 한다.

네 번째는 조직의 활성화와 커뮤니케이션에 대한 인프라 관리를 철저히 하는 리더가 되어야 한다. 조직에 대한 발상에 대한 의견의 조율과 커뮤니케이션에 대한 공유와 개방적인 채널에 대한 순차적인 순방향은 조직에 대한 역할과 역량으로 수직적 관계와 수평적 관계로 업무에 대한 역방향 없이 진행할 수 있는 요인들을 쉽게 접근 및 처리 할 수 있는 리더가 되어야 한다.

자기 조절 능력 중에 감성적인 요인을 조절해라

'차이는 갭(gap)이다.'고 정의를 내리고 싶다. 차이에는 여러 가지 시각적인 차이와 행동에 대한 차이, 문화에 대한 차이, 지식에 대한 차이, 기술에 대한 차이 등 차별화된 요소가 부지기수일 것이다. 발생원은 사람에 의해 생기며, 생존경쟁 하기 위해 생기며, 환경에 의해 생기게 된다.

사람에 있어 차이는 생각과 사고와 의식에 대한 형이상학적인 부분도 있지만 형이하학적인 부분도 병행되어 있다고 본다. 리더는 자기중심적인 생각보다 조직원을 이끌어 가기 위한 상하의 부서 간 관계와 동등한 타 부서 간의 인간관계나 중심적인 사고를 기반으로 먼저 마음을 베푸는 배려와 경청과 칭찬의 선심(先心)과 양보하는 이해와 격려와 용기의 후심(後心)은 조직을 운영하는 리더로서 자기조질 능력에 차이를 두어야 한다.

노엘티시는 〈리더십 엔진〉에서 "승리하는 리더는 사람들의 정서적인 활력이 나오는 마음의 깊은 곳까지 건드린다. 리더의 하는 일은 다른 사람에게 활력을 불어 넣어 주는 일이다."라고 한다. 리더는 감성적인 부분까지 가지고 있어야 함을 의미하고 표현을 부서원들에게 시간과 분위기에 따라 적절하게 조율해 가면서 운영해야 함을 시사한다.

리더는 부서원들과의 관계에 대해서도 자기의 장점과 단점을 잘 알고 장점을 살려 구성원들과의 정열과 에너지를 성과와 일을 위해 쏟아 부을 수 있도록 표출해야 하고, 단점은 보완과 지기의 희생적인 노력으로 구성원들에게 표출되지 않도록 해서 부하직원들이 당황하거나 업무에 혼돈을 줘서는 안 되며 폭 좁게 압박을 가하는 성품을 보여서는 안 된다는 것이다.

위기대응과 긴급하고 급박한 상황에서도 안정과 균형과 적절한 분위기를 조성하여 부서원들이 대응할 수 있도록 부하들을 독려하는 것이 리더의 감성적인 부분이다.

"현재와 과거가 싸우면 피해를 보는 것은 미래다."라는 미국 전 대통령인 케네디의 말처럼 리더는 과거와 현재에 연연하지 말고 어제보다 나은 오늘, 오늘보다 나은 내일이 되도록 팀원들과의 행동 방식에 귀감과 모범을 보이도록 해서 팀원들이 자기 일에 최고의 수준까지 올라가는 노력을 하게끔 하는 것이 리더의 가치추구의 감성 행동 본보기다.

상생지수를 높여라

안전의 역지사지는 격물치지로 해라

경제 용어에도 대기업과 소기업의 관점을 규모를 두고 얘기하자는 것은 아니고 사람마다 대기업과 소기업의 업무의 차이는 있고, 업무의 특성상 차이는 많겠지만 보통성과 일반성으로 보고 일을 추진하자는 것이다. 소기업에서 일하는 사람이라도 대기업처럼 하려면 어떤 어떤 문제점을 개선하고 시스템적으로 대기업처럼 업무의 발전성을 추구해야 한다.

대기업 사람은 소기업 사람처럼 내 물건처럼, 내 회사의 자산처럼 여겨 달라는 것이다. 현재의 업무를 목표 지향적으로 크게 보고 프로세스적으로 임해야 한다는 것을 말하는 것으로 필히 관리자라고 생각하면 분명히 알고 있어야 할 내용이다. 기업 관점에서 목표 지향적이 되려면 다음 조건을 제시한다.

첫 번째는 꿈과 비전과 목표가 있다. 공유와 대담과 명확해야 하고 도전적인 목표 제시를 하고 동기부여와 자극을 부서원에게 지속적으로 하고 한 방향으로 결집할 수 있는 업무의 방향과 결집력을 가져야 한다.

두 번째는 통찰력과 분별력이 있다. 통찰력과 분별력은 지혜에서 나온다.

세 번째는 끊임없이 변화하고 혁신한다. 잘 나갈 때가 위기라고 생각하고 위기경영 측면에서 끊임없는 변화와 혁신을 주도하고 변하지 않으면 퇴보한다는 위기의식을 가지고 미래에 대응할 수 있는 계획과 실행을 가지고 있어야 성공하고 장수 할 수 있다.

네 번째는 창의적이고 도전적이다. 아날로그시대는 경험, 기술축적, 근면성이었다면 디지털시대는 우수한 두뇌, 창의력, 도전, 스피드 시대이다.

다섯 번째는 기술과 정보를 중시한다. 기술은 무형의 보험으로 우수한 인력확보와 육성 없이는 기술개발은 불가능하다는 의식을 가지고 항상 정보공유와 미래 지향적인 기술 중시의 경영을 십분 발휘해서 과거의 되새김을 하지 않도록 철저한 실행이 필요하다.

여섯 번째는 스피드와 속도가 있다. E=1/2 MV2은 운동에너지의 공식으로 운동하는 물체는 자기의 무게에 비례하는 잠재적인 힘을 가지고 있어 에너지는 속도의 제곱에 비례하는 힘을 가진 것으로 속도는 무게보다 훨씬 중요함을 의미한다.

일곱 번째는 신뢰가 있다. 신뢰는 가장 중요한 미덕이고 재산이다. 조직을 지탱해주는 기둥이라고 본다.

여덟 번째는 내부적 신뢰이다. 책임, 인지, 인력, 도덕성과 상호 예절과 존중, 파벌 배제이고 공정한 평가 보상이다.

아홉 번째는 사회적 신뢰이다. 고객과 이해 당사자의 신뢰로 조직의 생존과 직결되고 있다.

"난 할 수 없어"의 장례식을 치러라

학생들과 선생님은 무엇인가를 부지런히 적었다.

> '난 팔 굽혀 펴기를 스무 번 이상 할 수 없어.'
> '난 아무리 해도 수학을 잘 할 수 없어.'
> '난 아무리 해도 친구와 친하게 지낼 수 없어.'

10분이 지나자 종이 앞 뒷장이 '할 수 없는 것'으로 가득 찼다. 그들은 종이를 반으로 접어 교탁 앞에 있는 빈 종이박스에 넣었다. 그리고는 교실 밖으로 나갔다. 선생님은 삽을 가져다 땅을 파도록 했다. 서른한 명이 모두 삽질을 마쳤을 때 종이박스를 묻을 만한 무덤 하나가 마련됐다. "여러분, 다같이 손을 잡고 고개를 숙입시다." 선생님은 엄숙하게 장례식 때처럼 조문을 읽기 시작했다. "친구들이여. 오늘 우리는 '난 할 수 없어'를 추모하기 위해서 이 자리에 모였습니다. 그가 지상에 있을 때 우리는 툭하면 그의 이름을 불렀습니다. 그러나 오늘 그에게 마지막 안식처를 제공했습니다. 그는 떠나갔지만 그의 형제인 '난 할 수 있어.', '난 해낼 거야.' 그리고 '난 당장 할거야.'는 우리 곁에 늘 살아 있습니다. 편히 잠드소서. '난 할 수 없어.'여. 여기 있는 모든 사람이 당신이 없는 세상에서 멋진 인생을 살기를 바랍니다."라는 의식을 치렀다고 한다.

지금 이 책을 읽고 있는 독자들도 자신에게도 할 수 있다는 자신감과 나만의 확신감을 가지고 자신에게도 할 수 있다는 보상감과 자신의 샘에서 능력을 찾도록 해 보자. 문제는 '새로운 것을 시작하라는 신선한 자극제'라고 표현했듯이 문제를 내 안에서 풀어 밖으로 보내는 마음의 펄스(신호)가 필요한 것이라 본다.

우리는 어려서 수많은 '하지 마라'를 들으며 살아왔다. 어느 틈엔지 우리는 '내가 먼저 해 보자'는 고구려인의 진취적 기상도 장보고의 도전정신도 이순신 장군의 필사즉생의 용기도 잊고 있는지 모른다. '해 보자', '할 수 있다'로 진취적 미래로 자신감으로 새롭게 개척하자. 사람들이 머피의 법칙에 관심이 있으나 실제의 마음속에는 세리의 법칙을 다 가지고 있는 것이 아닐까?

실패하는 기업인의 11가지 특성에는 안전비율이 있다

실패는 누구나 원하든 원하지 않든 하고 싶지 않고 되풀이 되지 않기를 바란다. 실패에 대한 좋은 경험을 바탕으로 성공의 기회를 삼는 사람도 있다. 재기를 하지 못해 많은 시련의 연속인 사람도 무수히 존재하고 이 시간에도 희비가 엇갈리는 환경 속에서 시간의 변화에 능동적으로 혹은 수동적으로 움직여 간다.

실패해 본 사람은 실패를 안 해본 사람보다 재기의 의지가 강할 것이다. 실패하여 넘어졌을 때 넘어지는 방법을 알지 못하면 실제 위험과 리스크에 처했을 때 위기대응이 안 되어 큰 치명상을 입게 된다. 실패는 경험으로 판단하기에는 많은 호각을 치러야 하고 결과로 신체에 대한 인적의 문제를 가져오게 되고, 다른 결과로 물질적인 피해와 여러 가지의 수반되는 요인들을 가져오게 된다.

실패에 대하여 다른 방향으로 눈을 돌리고 입과 눈과 문과 뚜껑을 닫아 버리고 싶을 것이다. 입과 눈과 문과 뚜껑을 닫아 버리면 시일과 기간이 지남에 따라 동일한 실패가 반복될 것이다. 다운사이드 실패를 철저히 분석하고 리더로서 기업가로서 감각을 가져 대응이 필요하다. 다운사이드 실패란 실제 사항이 현실화되었을 때 사람에게는 기업가나 리더에게 미치는 영향이고, 정신적인 요소는 기업체의 구성원이나 리더의 조직원들이 느끼게 되고 겪게 되는 충격요소라고 본다.

안전에도 실패의 요소 중에 사람 측면으로 비춰 볼 때 기업가나 리더로서 실패의 요소를 많이 놓치고 간다. 집중하거나 몰입을 하면 실패를 최소화하거나 범하지 않을 수도 있는 것을 보면 물질적인 의존성은 환경과 주변요인들이 있어 각 개인들의 의중하고는 별개로 조절된다. 정신적인 면이 크게 좌우하고 있는 걸 알 수 있다. 도리치 (Dolitch. D. L)의 〈왜 CEO는 실패하는가: Why CEOs Fall〉 내용 중에 11가지 특성을 보자.

- 오만: 자신이 옳다는 생각.
- 멜로드라마: 당신은 주목받는 사람.
- 변덕: 분위기에 좌우.
- 과도한 조심: 의사결정을 내리는 데 대한 두려움.
- 습관적인 의심: 부정적인 측면만.
- 무관심: 어떠한 관여도 안 함.
- 위험한 행동: 원칙과 룰을 쉽게 깨뜨림.
- 괴짜: 남들과 다른 괴짜 행동을 좋아함.
- 수동적 저항: 옳다고 믿는 것.
- 완벽주의: 큰 것을 잃어버리기 쉬움.
- 인기에 연연하는 마음: 인기를 얻는 것에만 집착.

실패하는 CEO도 안전의 요소를 보면 발생원에 따라 인지적, 심리적으로 볼 수 있는 요인들이 있다. 과도한 조심, 무관심, 습관적인 의심, 위험한 행동들도 여러 각도로 반영해야 한다. 과도한 조심은 기준과 지침을 만들어 의식과 행동으로 적용하면 될 것이다. 부관심은 기업에서의 경영인, 안전의 리더로서 사고 및 실패의 인자를 키우게 하는 결과를 가져오고, 조금만 신경 쓰면 해결할 수 있는 것이고, 관리만 하면 실패의 기울기를 높게까지 가질 필요가 없을 것이다. 습관적인 의심은 행동의 결과로 이루어지는 습관과 확신과 신뢰가 없는 것은 튼튼한 뿌리나 기반을 만들 수 가 없다. 위험한 행동은 불안전한 행위로 실패의 결과로 이어지게 하는 것을 볼 수 있다.

실패란 성공으로 가는 첫걸음이며, 진행과정의 프로세스이다. 실패와 성공은 결과로는 정반대의 성과물이지만 처음과 중간은 같이 가는 동반요인이다. 실패를 두려워하는 사람은 성공을 같이 갈 수 없고, 성공을 기원하는 사람은 실패를 두려워해서는 같이 갈 수 없다. 다만 성공은 실패보다 시간을 더 많이 가졌고, 실패는 성공보다 기회를 더 많이 가질 수 있는 것이다.

리더의 공통분모를 찾아내어라

리더는 타고나는 것인가? 만들어지는 것인가? 이것이 만들어 지는 것이라면 어떻게 만들어지는가라는 질문에 현명하게 대답하기 위해 많은 리더십의 책들이 만들어지고 모델을 제시하고 있다. 리더는 나쁜 리더인가, 좋은 리더인가, 탁월한 리더인가로 구별되기도 한다.

존 젠거(John H. Zenger)와 조셉 포크만(Joseph Folkman)의 〈기업이 원하는 리더의 조건〉에서 리더십의 텐트를 제시하고 있다. 품성을 근간으로 사각의 역할이 있는데, 첫 번째는 성과집중력, 두 번째는 조직변화 선도력, 세 번째는 대인 스킬, 네 번째는 개인적 능력으로 이루어져 있다고 하면서 네 개의 규모의 크기가 커지면 텐트의 크기가 커진다는 것이다. 이러한 텐트 폴(Tent Pole)은 리더의 강점을 의미하기도 한다.

리더의 개인적인 역량과 역할이 크게 환경과 성과에 좌우 된다고 볼 수 있고 개인의 열정이 조직에서 많은 활성화를 시키는 촉진제의 역할을 한다고 볼 수 있으며 조직 속에 있는 리더의 역할은 수평적인 관계와 수직적인 관계에서 개방적인 사고로 중요한 관계로 형성되어진다.

짐 콜린스(Jim Collins)의 〈위대한 기업〉에서 리더의 공통점 다섯 개를 제시하고 있다. 뛰어난 업무능력, 팀워크 능력, 관리자로서의 능력, 비전제시 및 동기부여 역량, 겸손과 불굴의 의지이다. 리더의 공통점에서는 동서양의 문화의 차이는 있겠지만 자기 일에 대한 전문가다운 프로정신이 있어야 하고 이 점을 근간으로 팀워크로 다지고 관리자의 역할을 다함으로 목표와 목적과 비전을 가지고 정신적인 강건함을 가지고 있어야 한다는 것이다.

위대한 기업을 이룬 세계적인 철강회사의 NURCO의 CEO인 켄 레버존(Ken Lverson)은 "리더의 정의에 대하여 운이 좋았다."라고 겸손해 했으며 필립 모리스의 CEO인 요셉 쿨멘(Joseph F. Cullman Ⅲ)은 "내 자신이 행운아였다."고 말하고 있다.

리더의 공통분모는 항상 보이지 않는 것과 보이는 것에 대한 융화와 조화가 결과로서 표출되는 부분으로 항상 감사하고, 겸손해 하고, 함께 하는 즐거움을 표명하는 것이 필요하다. 리더의 기본과 기저단위에 있는 부분을 정신과 의지, 조직과 팀워크, 능력과 스킬, 집중력과 변화적응이 우선 리더가 가져야 할 부분인 것이다.

안목을 단계적으로 심층화해라

함께 일하고 싶은 리더가 되라

직장생활에서 가장 어려운 점은 인간관계이며, 퇴사를 생각하게 하는 주된 이유가 상하 관계에서의 불만이라고 한다.

> 직장인들이 퇴사하고 싶은 가장 큰 이유는 회사 내의 힘든 인간관계인 것으로 조사됐다. 인터넷 채용정보업체인 잡링크(www. joblink.co.kr)가 직장인 3,054명을 대상으로 조사해 밝힌 결과에 따르면 '퇴사하고 싶은 가장 큰 이유'를 묻는 질문에 '직장 내 힘든 인간관계'라고 답한 직장인이 33.2%로 가장 많았다. 다음으로는 '내 위치에 대한 회의(24.6%)', '너무 지쳐서 쉬고 싶다(20.4%)'라는 응답이 많았으며 '월급이 적다'와 '적성과 능력의 한계'라고 답한 직장인도 각각 12%와 9.2%에 달했다.

일상생활에서 사람은 가족, 친지, 선후배, 직장 동료와 상하 간에 서로 영향을 주고받으며 살아간다. 우리는 '친구 잘 사귀라'는 말은 많이 듣지만 '다른 사람에게 좋은 친구가 되라'는 말은 별로 듣지 못한다.

나폴레옹 힐이 1927년에 출판한 〈성공의 법칙: The Law of

Success〉에서 제시한 "황금률(Golden Rule) 당신이 입장이 바뀌었을 때 대우 받고 싶은 대로 타인을 대접하라."는 말은 '자신이 하고 싶지 않은 일은 다른 사람에게 시키지 말라.'는 의미와 다름없다. 또한 성경 구절의 마태복음에도 '내가 남에게 대접을 받으려면 내가 남에게 대접하듯이 하라.'고 한 것처럼 진실한 마음으로 충심을 다하라는 의미이다. 다음은 직장에서 함께 일하고 싶지 않은 리더의 대표적인 유형이다.

첫째, 말이 앞서는 리더. 높지도 않은 지위를 이용해 사사건건 말로만 지시하며 자신이 할 수 있는 일을 직급을 이용해 타인에게 의지하려는 타성이 강한 리더이다. 현장에 문제가 생기면 현장중심의 일을 냉철하게 직시하지 않으면서 문제가 되면 부하직원들을 불러 놓고 말로 모든 일을 시작해서 끝내는 리더는 부하직원의 생각과 행동의 괴리를 가져온다. 지시하는 내용도 정확하지 않고 일에 대한 이해와 전달도 모르면서 적당히 전달하여 상대방의 의도를 떠보거나 책임을 회피하려는 경우이다. 일이 잘 되면 자기의 성과를 가시화하는 데 열을 올리고 지시 덕분이라 하고, 일이 그릇되면 지시를 제대로 이해하지 못한 부하의 탓으로 돌린다. 고객이나 상사를 직접 만나는 것이 효과적인 것을 알면서도 후배사원의 능력을 키워 주고 많은 기회를 준다는 이유를 들어 자신이 만나기 불편한 사람은 아래 직원이 대신 만날 것을 지시한다. 보고서를 만들어야 할 경우, 자기의 아이디어나 속내는 제시하지 않으면서 아랫사람에게 아이디어와 대책을 강구하고 납기만 챙기고 있어 일에 대한 탓의 분위기로 돌린다.

둘째, 성질대로 일을 처리하는 리더. 무조건적으로 모든 일을 앞뒤 안 가리고 좋은 쪽이 아닌 개인의 생각대로 판단하고 결정해서 업무를 지시하는 리더다. 급변하는 사회에서 융통성과 다양성은 필수 조건이라며 수시로 일에 대한 지시사항과 업무처리 기준을 바꾼다. 이를 따라야 하는 사람은 항상 불안하고 갈팡질팡하며 일을 해야 하므로 일에 대한 우선순위도 없고 중요도도 없고 납기에 대한 일정 부분도 없다. 일정이 바뀌는 바람에 야근과 주말근무는 당연하게 여겨진다. 기다리는 고객에게 늘 미안하다는 말을 하며 상사의 변덕에 장단을 맞추어야 한다. 일 자체가 어려운 것보다는 일의 결과를 예측할 수 없어 시작조차 두려운 경우가 많다. 성질대로 하다 보면 분위기와 환경에 따라 불안한 상황에서 업무를 지시하게 되고 이로 인해 자신이 연구나 시간에 대한 자기투자를 등한시 하고 있어 자신감과 미래성에 대한 확신감이 없어 형편없이 게으르다는 것으로 처신한다.

셋째, 분위기를 못 맞추는 리더. 항상 근엄하고 보수적이어서 무게가 있어 보인다. 워낙 접근하기 힘든 사람이라 가까이 가려 하지 않으며 어려운 일이 생겨도 협의할 마음이 생기지 않는다. 속마음을 알 수 없어 가벼운 농담조차 건네기 불편하다. 모처럼 좋은 일을 해서 칭찬이라도 받고 싶은 마음에 말을 건넸다가 계면쩍게 물러나면서 다시는 이런 실수를 하지 않겠다고 다짐을 한다. 많은 사람들이 같은 경험을 하면서 차츰 사람들은 그를 멀리하기 시작한다. 그러다 보니 문제가 발생해도 곧바로 보고하거나 협의하여 해결하려 하지 않게 된다. 자꾸만 감추게 되고 혼자 해결하려고 애쓰다가 일을 더욱 어려운 지경까지 몰고 간다. 물론 회사가 놀이터는 아니다. 항상 웃음이 넘치고 좋은 일만 생기지는 않는다. 그렇다고 항상 무겁고 침울한 분위기가 좋을 리는 없다. 이왕 어려운 여건에서 힘든 장애물을 극복해야 하는 상황이라면 웃음이 사라지고 어깨가 처지는 팀원들에게 웃음과 칭찬, 격려를 아끼지 않음으로써 사기를 높여 주고 용기를 북돋워 주는 것이 생산적이지 않을까? 좋은 방법이 없을까?

리더가 이런 부류의 사람이라면 어떻게 변할 수 있는가? 이런 감성과 마음, 태도의 변화도 노력이 필요하다. 변할 수 있다고 확신하면서 다양한 견문과 지식을 통하여 습득하는 것이 선행되어야 한다. 자기는 원래 그런 사람이라는 틀을 깨고 작은 태도 한 가지라도 바꾸어 나가야 한다.

21세기 글로벌의 리더는 칭찬과 격려가 넘쳐 나고 자유로운 토론과 생기발랄한 웃음이 가득하여야 한다. 유머와 위트가 넘치는 기업, 밝은 표정으로 맞이하는 얼굴이 가득한 직장 분위기, 맑고 분명한 소리가 전해오는 전화의 목소리를 고객은 신뢰한다. 열정과 자신감이 넘치는 팀원들의 목소리와 태도에 미사여구는 불필요할 수도 있다. 서로가 함께 일하고 싶어 하는 사람이 되어 주는 것이 쉬운 일은 아니다.

안전의 5WHY는

WHY? WHY? WHY?는 종합 생산성 운동(TPM: Total Productivity Movement)에서 문제분석을 할 때 원인에 대한 접근을 할 때 사용하는 방법이다. 자주보전단계 활동에서 추진하는 것으로 주체는 자주보전의 생산현장의 사람들(작업자, 엔지니어 혹은 기술자, 관리자)에게 논리적으로 생각하는 능력을 갖게 한다. 안전의 5WHY는 TPM의 WHY를 3번 하지만 안전의 문제점의 분석은 WHY를 5번을 해보자는 것이다. 반복의 횟수를 늘리는 것도 있지만 여러 전문가들이 문제에 대한 해결책의 각도를 넓혀 잠재된 사고의 틀을 기존 방법에서 블링크 해서 틀을 만들어야 한다. 그대로 자기 운영의 설비를 보전하는 활동으로 여러 가지의 설비가동과 고장률과 수리율을 낮추기 위한 활동으로 구성원이 이치에 맞지 않는 결정이나 전달 사항을 배제하게 된다. 논리적으로 가르치는 능력을 키운다. 사람은 남에게 가르침으로써 스스로의 잘못을 깨닫게 되는 것이다.

기계 설비의 구조와 기능을 정확하게 이해할 수 있게 된다. 구조와 기능을 정확하게 이해하지 못하면 설비의 이상을 분별하지 못한다. 생각보다 기술자나 관리자가 현장에 대해 잘 모른다. 분석과정을 통하여 설비나 업무의 원천을 정확하게 판단하고, 작은 개선으로 큰 효과를 얻을 수 있다는 것을 스스로 체득하게 된다.

재발방지를 위한 확실한 사고를 갖게 되고, 유지관리의 필요성을 인식하게 된다. 문제점을 상호 공유하게 되고, 서로의 지식 레벨을 일치화시켜 의사소통이 원활해진다.

과목(過目), 현목(現目), 미목(未目)보다는 안목(安目)

우리의 환경안전 수준은 과거 추종(past-follow)에서 과거 이동(past-move)처럼 과거 지향적이기보다는 답습형식의 형태로 유지하기에 급급한 사항이었다. 반성해보면 전체적인 공유의 개선책이 아니라 일부 관련된 사람만이 상황 변화에 따라 바뀌는 남발형 수준이다.

한국의 안전수준에 대한 의견 차이는 높고 낮음이 있겠지만 전체적인 운영의 흐름은 재발과 문제 시 규모가 크게 일어남을 볼 때 아직은 평준화보다는 형태의 업종과 종류에 따라 레벨의 수준차이가 있음을 여러 지표로 보고 있다. 이런 수준은 국민의 의식과 몸에 배인 심성, 습성, 인성, 타성과 밀접한 관계가 있다. 과거의 잘못된 모든 부분을 개혁하고 현재에서 사고의 끈을 끊어 사고의 연장선이 없도록 해야 한다. 재발되지 않도록 바꾸고 미래를 쳐다보고 안전한 안목을 가지고 정책과 현 수준과 미래의 발전상을 이루도록 해야 한다.

안전의 안목은 미래 지향적인 부분은 사실이지만 과거나 현재를 간과해서는 안 되는 중요한 사실이다. 현실 자체의 관점보다는 업그레이드시키고, 선행적인 업무를 하고, 미래에 대한 확실한 목표점을 가지고 보자는 관점으로 안목의 관점은 많은 기여인자를 내재하고 있다고 본다. 리더의 주위환경을 위해 안전 관련된 안목(安目)을 6개로 정해본다.

- 시간적인 관점으로 볼 때 미래의 안목.
- 지식적이고 노하우 관점으로 볼 때 기술의 안목.
- 의식과 질서와 기준의 관점으로 볼 때 규율의 안목.
- 오류와 실패와 무지의 관점으로 볼 때 지식의 안목.
- 의사소통과 정보공유로 상호 신속한 대응관점으로 볼 때 정보의 안목.
- 스피드하고 현장대응을 신속히 하고 위기대응에 대한 관점으로 볼 때 의사결정의 안목.

안전의 관점으로 볼 때 시각적인 흐름으로 단정 짓지 말고 보는 관점에서의 중요치를 제일 값어치를 우선 순위화하도록 하는 것이 무엇보다 중요하다고 보는 것이다. 과거의 눈(과목)보다는 현재의 눈(현목), 현재의 눈보다는 미래의 눈으로(미목), 미래의 눈보다는 세계관을 볼 수 있는 관점을 가지고 편안하고 안전하게 보는 안전의 눈(안목)이 필요하다.

링겔만 효과(RINGELMANN EFFECT)를 숙지하라

집단에서 작업을 수행할 때 참가자가 늘면 1인당 공헌도가 저하하는 현상을 사회심리학에서 '링겔만 효과'라 부른다. 독일의 심리학자 링겔만은 줄다리기를 집단적으로 실시한 결과를 냈는데, 참가자 수에 따라 1인당 내는 힘이 어떻게 변화하는가를 실험했다. 그 결과 1명의 경우를 100으로 할 때, 2명은 93, 3명은 8, 5명은... 등이 되어 8명이 되면 49, 즉 1명일 때의 반으로 줄었다.

라타네라는 학자는 손뼉치기(Clapping)와 고함치기(Cheering)라는 두 가지 행위를 1명, 2명, 4명, 6명의 4가지 상황 하에서 관찰, 집단의 참가자 수가 증가함에 따라 자신은 최선을 다할 생각임에도 불구하고, 각인의 공헌도가 저하하고 있음을 지적했다. 비슷한 실험들에 의해 링겔만 효과는 집단의 심리현상으로서 일반성이 있음이 확인되었다.

방관자의 심리의 예를 들면 1964년 어느 날, 오전 3시20분, 피해자인 여성(미스 제노베제 살인사건)이 심야까지 일을 하고 귀가하여 아파트 지하주차장에 주차를 시키고 지상으로 올라오다가 1명의 남자에게 칼로 위협을 당했다. 피해자의 비명으로 인근 아파트의 창문에 불이 밝혀지고 문이 열리는 소리에 놀란 범인은 일단 도망갔다. 그러나 사람들이 그 이상의 행동을 보이지 않고 창문들 닫고 소등을 하자 범인은 다시 되돌아왔고, 여자의 비명소리에 다시 창문이 열리자 또 도망갔다. 그 후 범인은 다시 되돌아와 합계 3회의 습격으로 그녀를 완전히 절명시켰다. 그 사이에 30분 이상이 걸렸고, 38명의 목격자가 있었음에도 불구하고 단 한 사람도 경찰에 통보한 사람이 없었고 피해자가 죽은 다음에야 겨우 한 사람이 경찰에 알렸다고 하는 믿기 어려운 실화가 있다. 이 사건을 계기로 '방관자의 심리'가 주목되어 다양한 연구가 이루어졌는데 사람 수가 증가함에 따라서 '책임의 분산'이 일어남이 판명되었다.

또 하나 예를 들면 사회적 손 빼기를 볼 수 있다. 링겔만은 줄다리기 실험과 같은 결과가 나오는 것은 '사회적 손빼기'가 원인이라고 생각했다. '내가 안 해도 누군가 하겠지.', '나 혼자 열심히 한다 해도 인정받지 못한다.', '손을 빼도 비난받지 않을 것이다.' 등의 심리가 집단이라는 상황 하에서 발생하기 때문이다.

링겔만 효과의 교훈은 다음과 같다.

첫째, '소수정예'인데 정예를 소수 갖춘다는 의미가 아니고 '정예는 소수로 하지 않으면 키워지지 않는다.'는 것의 확인이다.

둘째, '사회적 손빼기' 현상은 사람 수가 많은 집단이라 하더라도 방법에 따라서는 충분히 방지할 수 있다는 것이다. 즉, 링겔만이 지적한 바와 같이 사람들이 손을 빼는 것은, 자신이 기타 대세 중의 한 사람에 지나지 않고, 보이지 않으며, 알 수 없을 것이라는 '익명성'의 상황 하에 있는 경우이다. 향후는 리더가 팀원의 한 사람 한 사람에게 부지런히 말을 거는 것이다. 인간에게 가장 중요한 것은 '자신이 인정받고 있다', '주목받고 있다'고 느끼는 것이다. 자신이 주목받고 있다고 생각하는 사람은 절대로 손을 빼지 않는다.

안전의 최대목표는 인류복리 증진에 있다

안전의 좋은 비전은 인간존중이다

비전은 목표로 가기 위한 수단이고 미션은 목표를 달성시키기 위한 요인들이다. 미션은 웹스터 사전에 보면 '한 개인이나 집단이 수행하도록 만들어진 구체적인 과업, 혹은 그러한 사람들이 일하는 장소, 그들의 책임영역, 상급본부에서 내려지는 군사적인 임무, 구체적인 프로그램의 목적을 수행하기 위한 설계나 공군작전, 할당된 혹은 스스로 부여한 의무나 과업이나 소명을 말한다.'고 정의되어 있다.

미션은 해야만 하는 일, 비전은 하고 싶은 일, 가치는 할 만한 가치가 있는 것을 말한다. 많은 사람과 기업들이 비전은 애기를 해도 목표와 미션은 일반적으로 중요하지 않게 생각한다. 버트 나누스 (Burt Nanus)의 〈리더는 비전을 이렇게 만든다〉에서 보면 좋은 비전을 이렇게 제시하고 있다.

- 좋은 비전은 조직과 시대와 조화를 이룬다.
- 탁월성의 기준을 설정하여 높은 이상을 반영한다.
- 목적과 방향을 명료하게 해준다.

- 열정과 헌신적 참여를 고무시킨다.
- 매우 명료하게 표현되며 쉽게 이해한다.
- 조직의 독특성, 조직의 능력, 조직의 대의명분, 조직이 성취할 수 있는 것을 보여 준다. 큰 뜻을 지닌다.

비전은 전략을 역동적으로 활성화시키고 계획과 실행에서 핵심 역할을 한다고 볼 수 있다. 안전의 활동뿐만 아니라 기업의 활동도 조직에 대하여 크게는 회사와 그룹단위에서 작게는 조직의 팀, 소규모 조직에게도 정확한 비전 제시만이 조직의 응집력과 결속력을 다지게 될 것이다.

우리 아이들에게 큰 뜻을 갖게 하고 목적에 필요한 실천항목들을 부모와 선생님들이 구체적인 세부사항에 대하여 잠재요소의 잘하는 부분을 제시하고 유도해 나간다면 비전은 큰 뜻을 갖지 않은 어린 아이보다 실현가능성이 있는 것과 같다. 수목원의 관목들도 옆에 자기하고 견줄 만한 나무가 있으면 햇볕을 먼저 쬐고, 많이 받으려고 경쟁한다고 한다.

비전은 예언도 아니고 사명도 아니고 사실도 아니고 옳고 그름의 문제를 다루는 것도 아니고 일시적인 것도 아니고 행동에 제약을 두지 않는다. 안전의 비전도 중요한 밑바탕에는 인간 즉 조직이 기본 베이스로 되어 있어야 한다. 조직과 조직 간에 의사소통이 이루어져야 되고 인적인 네트워킹을 근간으로 형성되고 우리가 추구해야할 목표와 목적에 접근할 수 있어야 한다. 전략적 사고로 비전을 실현하고 조직문화로 공유함으로서 비전의 궁극적인 목표에 접근한다.

미래를 위한 계획을 블록화하여 자기창조(自創: self creation) 하여라

인간은 미래의 위험과 불확실성을 제거할 수 없다. 불안한 문제에 대비하여 대책을 세우고 예측하기 위하여 과거와 현재의 자료와 경험과 이론적인 정립을 세워 인간의 노력을 수반하게 한다. 인간의 노력은 내일 해야 할 개인과 조직과 국가와 국제간의 역할과 정의가 필요하기 때문에 서로 상생수반이 되어야 하는 것이다. 개인의 노력은 내일 즉 미래를 만들기 위해 오늘 해야 할 일을 결정하는 것이다.

피터 드러커의 〈변화 리더의 조건〉에서 '스스로 미래를 창조하라'는 내용을 보면 '우리는 미래에 대하여 오직 두 가지만을 가지고 있다. 하나는 미래는 알 수 없다는 것이고 또 하나는 미래는 지금 존재하는 것과 우리가 기대하는 것과도 다를 것이다.'는 것이다. 우리 개인이나 조직이나 혹은 국가의 대응은 어떻게 해야 하는가이다. 또한 미래의 접근하는 법을 두 가지로 제시를 하고 있다.

첫 번째는 경제와 사회와 문화에 있어 일어난 시점에서의 시간 차이를 파악하고 활용하는 것이며 '이미 미래의 예측'이라는 것으로 안전에 대한 업무에 대한 부분도 과거 이력을 근거로 분석을 물리적, 화학적으로 하기도 하고 프로그램화하여 시스템화하거나 소프트한 프로세스를 만들어 최소한의 가치추구도 미래에 대응을 하는 방법을 찾는 것이다.

두 번째는 새로운 비전을 부여하고 실현시키는 것으로 '미래 만들기'라는 것이다. 안전에서는 대책의 일환으로 로드맵, 프로세스맵, 장기적인 청사진을 만들어 운영을 해야 한다. 개인적인 면으로 미래는 하나의 추세보다는 주요한 변화이고 적응해야할 시대적 미래의 대응력이다. 미래를 어디서 파악할 것인가를 탐색하는 과정을 6단계로 나누어 본다.

첫 번째는 인구통계학적인 변화로 인구의 변화가 가장 빠른 예측으로 뽑고 있으며, 두 번째는 지식 분야이다. 기업으로 한정 할 것이 아니라 인류복지 증진에 혹은 인류의 재앙에 대하여 서로 대응력이 필요한 것이다. 세 번째는 다른 산업과 다른 국가 혹은 다른 시장일 때 우리나라의 산업과 국가, 시장은 어떻게 변화에 대하여 미래에 미칠 가능성을 찾는 것이다. 네 번째는 산업구조이다. 기업은 우리와 관련된 산업구조로 어떤 구조적인 변화를 가져올 것인가를 보는 것이고, 다섯 번째는 회사 내부에서도 기존의 틀에서 새로운 틀에 대한 변화의 추구에 대응하는 노력의 방향 전환이 있다는 것이다. 여섯 번째는 안전 이상국가를 만들기 위한 계획은 선진화된 국가를 벤치마킹하여 선진수준으로 가기 위한 아이템별로 추구해야 할 항목들을 만드는 것이다. 어린 유아부터 직장인의 조직까지 전인교육으로 기간별과 단계별로 개인과 조직과 국가와 기업 간, 학교 간, 가정 간에 안전에 대한 중요성과 국가 간의 손실을 감안하면 개인의 경쟁력을 미래에 제시한 방법으로 접근해서 프로세스화하여 미래의 좋은 모습을 가지고 실행할 수 있는 리더가 바로 경쟁력이 있는 리더인 것이라 본다.

리더는 미래를 볼 때 행동에 대한 사전지식보다는 갖춰야 할 조건과 알아야 할 조건을 실사구시를 하여 미래예측을 형상화하는 것이 좀 더 리더를 위한 미래의 자신의 투자라고 본다.

미래의 인생계를 로드맵(Road Map)으로 구축하라

리더에게 있어 자기의 인생행로는 얼마만큼 가치를 두고 있느냐가 중요한 요소이고, 안전에 있어 행동과 의식과 기술 이 세 가지의 관점으로 철두철미한 인생항로를 만들어야 한다. 새로운 세계에 대한 적합한 리더는 사회가 요구하는 시대에 부응하고 환경에 적응하는 멀티플레이어가 되어야 한다. 불확실한 미래사회에 좀 더 확실한 목표를 구체화하기 위해 혼돈과 끊임없는 변화와 가상과 현실의 데이터의 홍수 속에 무엇인가를 기본 프레임으로 하는 철학을 가지고 움직여야 하는 시대의 요구가 필요한 것이다.

인생에 있어 살아가는 시간과 사람과의 환경에서 자기만의 세계를 구축해 나가는 인생계와 공학도인 나에게 일의 작업계는 뗄 수 없는 상호 필연의 관계인 것이다.

리더의 인생계는 작은 요소들도 무수히 많이 존재한다. 인생계에 연관되어 있는 연관계는 가족계, 직업계, 친구계이며 다른 양상은 사회계, 문화계, 종교계가 개인적인 것과 연관되어 있는 것들이다. 가족과의 관계로서는 부모, 자녀, 아내, 친인척간의 문제가 존재할 것이며, 직장에서의 관계는 상사, 동료, 부하직원 간의 문제, 일과의 문제, 조직 간의 문제가 관계형성을 구축해 가고 있어야 한다.

안정과 예측 가능한 환경에서 성공적인 삶이 리더의 타입과 요구에 순응했고 과거의 패러다임에서 성공을 한 리더였다면 현재부터는 실패의 확률이 점점 높아지는 환경에서 구체적인 로드맵을 가지고 있지 않으면 미래의 리더는 방향과 목표가 없는 형식적인 껍데기에 지나지 않는 리더로만 회자 될 것이다. 안전의 리더로서 자질을 가지고 있는지를 하루 24시간을 사용하는 사람인지, 1440분을 쪼개어 사용하는 사람인지, 86400초를 나누어 사용하는 사람인지는 시간과 인생의 관계는 밀접한 관계를 만들어야 한다. 직장에서의 관계는 인생의 로드맵이 내재되어 있고, 중요한 부분이고 인생의 로드맵에 많은 시간을 부여하고 있어 간과해서는 안 되는 부분이기도 하다. 직장에서의 관계를 소홀히 하고 있다면 다시 한 번 절실히 생각을 해

볼 필요가 있다. 직장에서의 관계는 내 인생에 중요한 모티브가 되고 한 단계를 업그레이드 하는 좋은 기회가 언제든지 잠재되어 있기 때문이다. 직장에서의 일부 동료는 대기업에서의 생존을 이렇게 표현한다. '대기업에서의 생존은 강한 자가 오래 남는 것이 아니라 오래 있는 자가 강한 자'라고 우리끼리는 얘기로 오고 간다. 인생의 로드맵을 위해 내가 가지고 있는 세 가지 원칙을 말하고자 한다.

➥ 행동(Action)

문제가 발생하여 중요한 의사결정 시 현장의 문제를 직시하라, 그 문제를 부하직원이나 구성원들의 소리로만 판단하지 말고 직접 현장에서 소리를 들어야만 실수에 대한 오판을 방지할 수 있고 재발을 범하지 않는다. 겁내지 말고 행동에 대한 처신을 하되 보고, 느끼고, 들어야만 현장의 소리를 함께 할 수 있다. 불편하거나, 모르거나, 이해가 안 되는 부분은 확실한 행동이 되어야만 그들의 볼멘소리의 해결책을 리더로서 보여 줄 수가 있다.

➥ 의식

리더로서 간과하거나 소홀히 해서는 안 되는 부분이 문제에 대한 사고(思考)가 분명히 진취적이고, 도전적이고, 합리적이고, 고객중심으로 맞추어져 있어야 한다. 일의 진행을 하고자 하는 생각과 의식과 사고가 병행되어야 한다는 것이다. 조직원들의 각 개인의 지능지수는 160을 넘어가는데 의식에 대한 부분이 두 자리로 떨어진다면 문제에 대한 해결책은 묘연해지기 쉬우며 리더의 의식은 불투명해질 수 있다. 조직원의 의식은 연속석이고 지속직인 반면에 리더의 의식은 파트타임에 불과한 상태로 임시적에 가까운 상태가 될 수 있다. 조직의식의 질은 1980년대에서도 높이는 데 기울여 왔던 시기이고,

1990년대에는 리엔지니어링 했던 과정을 거쳐 급격한 21세기를 맞이한 지금은 직장의 급격한 변화와 결점을 줄여 가는 조직의 형태에서 대처할 수 있어야 한다. 의식은 개인의 의식과 타인에 대한 의식과 우리의 의식이 일체가 되는 방법이 되어야 하고 문제의 형식은 문제해결중심을 근간으로 한 것과 성과중심의 의식이 결과를 추구하는 방법으로 되어야 한다. 의식의 상태를 최상으로 가질 수 있는 마음이 필요하다.

🖝 기술

산업화가 점점 진화되고 다양성을 갖춤으로서 지식의 시대가 대두됨으로서 연속되고, 반복되는, 지속되는 상황에서 일의 질과 양의 대처는 지식을 향상시키고 확대해야 한다.

학습능력을 가중화시켜야 하고 적용하기 위한 생존법을 찾지 않으면 안 되는 것이 현재의 시대적 요구이다. 피터 드러커(Drucker)는 "21세기 근로자들은 점점 더 많은 지식근로자들로 구성될 것이며 지식근로자들은 생산방법과 업무관련 지식을 가지고 있기 때문에 조직이나 근로자들의 지식을 활용하고 환경을 마련해야 한다."고 얘기한다. 지식은 사회적인 변동에 대한 분위기 차원이라면 개인의 지식은 개인적 능력과 사회적 능력을 병행해서 갖추어 가야 한다는 것이다. 전문화되는 현대사회에 당신의 조직은, 당신 자신은 지식의 요구에 얼마만큼 부합되는지 특히 당신의 실질적인 지식의 축적은 T(수평적, 수직적 의미)로 가는지, H(다양화된 의미)로 가는지 삶의 진정한 인생의 맵에 지식축적은 얼마나 되는지 확인해보자.

리더에게 요구되는 자질을 얼마나 갖추고 있느냐

유명한 사진작가 한 분이 있는데 그 분은 사진을 찍는데 아용아법(我用我法)을 사용한다고 한다. 자기 나름대로의 원칙과 규칙을 가지고 찍는다는 얘기다. 그래서 좋은 작품의 대상은 무궁무진하다고 한다. 사진작가로서 자질의 기본에 필요충분조건을 가지고 있으니 작품세계가 보이고 모든 피조물들은 작품으로 승화시키기 위해 시간적인 존재의 가치의 대기물인 것이다.

리더에게 요구되는 미래의 자질 조건은 무엇일까? 어려운 얘기이고 답이 이거다고 정의 내리기가 힘들 것이다. 자연의 세계와 비즈니스 세계는 물리학 세계를 기반으로 운영되어 왔고, 원인과 결과가 있고, 파괴와 건설이 양존하고, 사고와 번영이 진행되어 왔다. 안전의 세계는 위험성과 중요성을 더해가고 있으며 과학의 세계 안에 운영이 된다면 통제되고, 예측도 할 수 있다.

각국의 지도자에 의해 인간의 존엄성을 기반으로 가치와 글로벌의 세계를 추구하는 데 함께 노력을 경주한다면 기업은 리더에 의해 보다 나은 생존번영을 위해 윤리적이고 안전적 운영으로 간다면 지구 안에 안전의 발전은 리더의 자질을 높이 평가하는 계기가 될 것이다. 마큐어트와 베이거의 〈21세기의 글로벌 리더십〉에서 보면 리더가 갖추어야 할 자질을 8개로 언급하고 있는데 변화의 내용과 변화에 대응하기 위한 자질을 제시하고 있다.

- 비즈니스사회 / 경제의 세계화: 세계적인 시야.
- 지식시대의 출현: 함께 배우고 가르치는 존재일 것.
- 노동자에게 요구되는 자질 / 역할: 서번트 리더일 것.
- 노동환경의 격변: 시스템 사고를 할 수 있을 것.
- 바이오테크놀로지의 발달: 정신력과 윤리관을 갖출 것.

- 컴퓨터 테크놀로지: 테크놀로지의 가능성과 한계를 이해할 것.
- 고객의 영향력 / 요구의 증대: 위험을 겁내지 않고 새로운 것에 도전할 것.
- 변화속도의 증가: 누구나 공유할 수 있는 비전 구축.

현재의 시대는 근로자 중심의 시대로 가는 행로이자 고객 중심의 시대로 가속도가 붙어 움직이는 변화추구의 변혁의 시대이고, 초미래의 시대로 테크놀로지가 급속하게 지향하고 있는 시대로 가고 있다. 리더의 자질은 산업의 변화, 환경의 변화, 기능과 지식의 변화, 생각의 변화, 고객의 변화의 요인들을 유추해서 개인의 경쟁력을 갖추어 보자. 미래는 자질을 위해 노력하는 리더의 것이다.

눈으로 하는 배려, 귀로 하는 배려, 그리고 무엇보다도 말로 하는 배려가 중요하다. 아무리 경영이나 상술의 전문가로 공부를 했다 하더라도 직장에서 일하는 사람들에게 배려를 할 수 없는 사람은 그들의 마음을 잡을 수 없으며 집단을 뭉치게 하는 것도 움직이는 것도 성공하지 못한다. 어떤 직장이든 방치하면 방관자가 나오며 뒷집짓기가 일어난다. 그러기에 인사부서는 직장의 상사에게 배려, 마음씀씀이의 중요성을 반복해서 역설할 필요가 있다.

▎참고문헌

태드 개벌린·론 시몬스, 『인격의 힘』이지북, 2003.

프랜시스 헤셀바인·마셀 골드스미스, 『미래형리더』, 북@북스, 2007.

피터 드러커, 『변화 리더의 조건』, 청림출판사, 2001.

이승주, 『전략적 리더십』, 시그마인사이트컴, 2005.

척 마틴, 『CEO의 조건』, 랜덤하우스 중앙, 2005.

제임스쿠제스·배리 포스너, 『최고의 리더』, 비즈니스북스

삼성전자, 『시간관리 리더과정』, 1996.

조셉 포크만, 『변화역량을 키우는 피드백의 힘』, 북폴리오, 2007.

버벌리 케이·샤론 조던 에반스, 『인재들이 떠나는 회사. 인재들이 모
        이는 회사』, 푸른솔, 2000.

송재용, 『전략적사고와 전략경영』, credu, 2006.

미카엘 마큐어트&낸시 베이거, 『21세기의 글로벌 리더십』, 신론사, 2003.

김영한, 『창조리더십』, 위즈덤하우스, 2007.

공병호, 『공병호의 희망리더십』, 21세기북스, 2006.

신응섭 외 5명(공저), 『리더십』, 학지사, 1994.

도널드 크리프턴 & 톰래스, 『당신의 물통은 얼마나 채워져 있습니까』,
        해냄출판사, 2005.

존 H.젠거·조셉 포크만(김준성·이승상 옮김), 『기업이 원하는 리더의
        조건』, 김앤김북스, 2005.

마이클 르고, 『think』, 리더스북, 2006.

수잔 베이츠(태인영 옮김), 『사람을 움직이는 리더의 대화법』, 더난출
        판사, 2007.

엔서니 스미스(강수정 옮김), 『리더십의 비밀』, 지형, 2008.

386 고전경영 연구모임, 『공자는 최고 경영자였다』, 은금나라출판사, 2000.

지용희, 『경제전쟁시대 이순신을 만나다』, 2003.

호아킴 데 포사다·엘렌싱어, 『마시멜로 이야기』, 2005.

· 저자 ·

윤용구　　·약 력·

'작은 히틀러', '짧은 바지', '짧은 바지의 스피더', '불도저' 라는 별명처럼 행동이 분명하고, 실사구시의 업무 능력으로 생각이 유연하고, 일에 접하면 집중력이 강하고, 안전의 철학과 소신이 확고하다. 적극적이면서도 남다른 추진력과 남이 따라 오지 못하는 열정, 일에 대한 정열을 가지고 있다. 안전철학, 실천행동을 가지고 있어, 대기업의 환경안전 그룹장으로 있으면서 박사과정 때는 임마누엘 칸트처럼 휴일이면 확고한 목표아래 자정이 넘게 까지 5년 동안의 학교와 도서관생활로 박사과정을 마쳤고, 학계에서는 7년 동안에 인적오류 및 안전관련 25편의 논문을 대내외 발표하고 있다. 현재 삼성전자의 반도체 비메모리에 환경안전에 재직 중이고, 업무의 탁월함으로 삼성전자의 환경안전 연말대상 및 특별상을 받았으며, 대한 설비학회 및 대한안전경영 과학학회 및 한국산업 경영시스템 학회 및 경기도 안전 실천 연합회 회원으로 활동하고 있다. 아주대학교의 일반대학원에서 산업공학의 안전중시의 휴먼웨어 시스템의 분석관련 인적오류로 박사학위를 받았고, 성공하기 위한 공학자 및 안전리더가 되기 위하여 많은 노력을 하고 있다. 저서로는 『산업재해에 대한 인적요인의 모델 및 분석』이 있다.

SAFETY VIEW
리더의 조건
다양성의 7가지 원칙

· 초판 인쇄	2008년 11월 7일
· 초판 발행	2008년 11월 7일
· 지 은 이	윤용구
· 펴 낸 이	채종준
· 펴 낸 곳	한국학술정보㈜
	경기도 파주시 교하읍 문발리 513-5
	파주출판문화정보산업단지
	전화 031) 908-3181(대표) · 팩스 031) 908-3189
	홈페이지 http://www.kstudy.com
	e-mail(출판사업부) publish@kstudy.com
· 등 록	제일산-115호(2000. 6. 19)
· 가 격	30,000원

ISBN　978-89-534-3983-2 93040 (Paper Book)
　　　　978-89-534-3984-9 98040 (e-Book)